Руководство для ведущего

СВОБОДА во ХРИСТЕ

НИЛ Т. АНДЕРСОН и СТИВ ГОСС

13-НЕДЕЛЬНЫЙ КУРС УЧЕНИЧЕСТВА ДЛЯ КАЖДОГО ХРИСТИАНИНА
ПОЛНОСТЬЮ ПЕРЕСМОТРЕННОЕ И ОБНОВЛЕННОЕ ИЗДАНИЕ

БОЛЕЕ 300 ТЫСЯЧ ПОЛЬЗОВАТЕЛЕЙ

Originally published in English under the title
Freedom in Christ
Leader's guide

by Neil T. Anderson and Steve Goss
Copyright © 2004, 2009 Neil T. Anderson and Steve Goss
English ISBN 978-1-85424-939-5

All rights reserved. No portion of this book may be reproduced, stored in a retrieval system, or transmitted in any form or by any means – electronic, mechanical, photocopy, recording, scanning, or other – except for brief quotations in critical reviews or articles, without the written permission of the publisher.

Russian edition
translated and published by arrangement with Freedom in Christ International.

Свобода во Христе
Руководство для ведущего

Нил Т. Андерсон и Стив Госс

Все права сохранены. Никакая часть этого издания не может быть воспроизведена или распространена в какой бы то ни было форме или каким бы то ни было способом, без соответствующего письменного разрешения издателя.

Если не указано иначе, все библейские цитаты приводятся по Синодальному переводу Библии.

Переводчик: Ольга Нел
Редакторы: Владимир Шевченко
Татьяна Томашевская
Художник – оформитель: Айгарс Трухинс

ISBN 978-9984-613-85-7

© 2016 Служение Свобода во Христе
www.FICMinternational.org

Издатель FICMI (Международное служение Свобода во Христе, Inc.)
http://www.ficminternational.org/

Содержание

Подготовка
Для чего нужен этот курс? 6
Как этот курс проводить? 7
Как этот курс устроен? 14

Вводное занятие (по желанию) 19

Часть I. Ключевые истины
Занятие 1. Кем я был? 35
Занятие 2. Кто я теперь? 55
Занятие 3. Выбираю верить истине 69

Часть II. Мир, плоть и дьявол
Занятие 4. Взгляд мира на истину 83
Занятие 5. Наш каждодневный выбор 103
Занятие 6. Разрушение твердынь в разуме 121
Занятие 7. Битва за наш разум 135

Часть III. Освобождение от оков прошлого
Занятие 8. Управление эмоциями 155
Занятие 9. Прощение от всего сердца 175
Проведение практическоого занятия «Шаги к Свободе во Христе» 194

Часть IV. Возрастание в ученичестве
Занятие 10. Жизнь в свободе каждый день 217
Занятие 11. Построение отношений с людьми 235
Занятие 12. Выбор правильной цели 253
Занятие 13. Следование верным путем 273

Добро пожаловать!

Мы рады приветствовать вас на страницах полностью переработанного и обновленного издания курса «Свобода во Христе»!

Мы молимся о том, чтобы этот курс оказал вам большую помощь в передаче верующим христианам знаний и опыта, которые помогут им стать истинными учениками Христа и внести реальные изменения в окружающее их общество.

Помните, что служение «Свобода во Христе» всегда готово помочь ведущим курса советами по его проведению.

Найти более подробную информацию о служении Свобода во Христе и курсе ученичества, а также скачать слайды PowerPoint презентации к этому курсу можно на сайте по ссылке:

http://www.ficminternational.org/country/russia

Полезные сайты:
www. ficminternational.org и www.ficm.org.uk

Для чего нужен этот курс?

Иисус дал нам наставление: «идите, научите все народы» (Мф. 28:19). Хотя у нас и есть **обращенные**, большинство, наверное, согласятся, что среди них совсем немного настоящих **учеников** Христа. Понимание и усвоение основных христианских истин, а также следование им в жизни, вызывает трудности у многих христиан.

Нередко наше возрастание в вере происходит медленно и болезненно. Иногда мы «застреваем» в тяжелых воспоминаниях прошлого или просто движемся по замкнутому кругу духовного смятения или повторяющегося греха.

Нельзя сказать, что у нас нет хороших наставников и ресурсов. Если мы все еще боремся с прошлыми грехами или скорбями, это просто означает, что нам трудно «соединиться» с истиной и что она еще не стала реально действовать в нашей жизни. Ведь, как сказал Христос, «и познаете истину — и истина сделает вас свободными» (Ин. 8:32).

Курс ученичества «Свобода во Христе» поможет каждому христианину разрешить свои внутренние личные или духовные конфликты. Это будет сделано благодаря искреннему покаянию и глубокому осознанию истины о том, кем он является во Христе. Возможно, это приведет его к духовной зрелости намного быстрее, чем он может себе представить.

Цели этого курса:
- Донести удивительную истину о том, что совершил для нас Христос, и сделать это таким образом, чтобы можно было с этой истиной «соединиться» и позволить ей эффективно действовать в нашей жизни.
- Помочь верующим понять природу духовной борьбы, в которой они сейчас пребывают, и вооружить их для этой борьбы, чтобы они могли превозмочь мир, плоть и дьявола.
- Помочь верующим осознать ту власть и внутреннюю силу, которыми они наделены во Христе для разрешения своих личных и духовных конфликтов.
- Научить христиан принимать личную ответственность за продолжение жизни в обретенной свободе, с тем чтобы достигать духовной зрелости и приносить плоды в служении.

Как этот курс проводить?

Сколько недель требуется для проведения курса?

Курс состоит из четырех частей. Каждая часть включает в себя несколько занятий, которые обычно проводятся один раз в неделю. В целом, всего 13 основных занятий плюс вводное занятие по желанию. В дополнение, третья часть курса включает в себя практическое занятие «Шаги к Свободе во Христе», которое проводится в специально выделенный для этого день или в выходные.

Если вы будете проводить курс полностью, включая вводное занятие, каждую неделю, то вам потребуется 14 недель плюс свободный день или выходные. Если вам это покажется слишком долго, то есть разные варианты; самый короткий — семь недель (см. ниже).

Вводное занятие не обязательное и проводится по желанию. Оно помогает привлечь людей на курс, способствует установлению добрых отношений и формированию позитивных ожиданий. Однако его главная цель — это помочь людям, недавно ставшим христианами, понять, насколько обоснованно верить в то, что Библия является богодухновенным Словом Божьим. Проводить это занятие или нет, зависит от состава вашей группы. Если это новая группа, или в ней есть люди, недавно ставшие христианами, то тогда лучше это занятие в курс включить.

Мы очень рекомендуем проводить Занятия с 1-го по 10-е, включая «Шаги к Свободе во Христе», без перерыва, так как в этих занятиях сосредоточены основные знания. Оставшиеся три занятия при желании можно провести через какое-то время как дополнительные.

Если 10 недель все-таки для вас слишком долго, то можно проводить одно или все три занятия, 8, 9 и 10, вместе с «Шагами к Свободе во Христе» в свободный день или в выходные. Это значит, что вы можете провести первые 10 занятий и «Шаги к Свободе во Христе» за семь недель, хотя десять недель все же будет лучше.

Какова структура курса?

Вводное занятие (по желанию)

Цель этого занятия — представить курс, а также создать атмосферу позитивного ожидания. Но за всем этим стоит более важная цель — показать участникам, насколько обоснованно верить в тот факт, что Библия — это послание Бога людям, которых Он сотворил. Без понимания этого, участникам, которые только недавно стали христианами, будет трудно понять, почему мы придаем такое особенное значение истинам, содержащимся в Библии. Это занятие заранее подготавливает их к ответу на вопросы, которые могут возникнуть у них в течение курса.

Часть I. Ключевые истины

Христос сказал, что мы познаем истину, и истина сделает нас свободными! В первых трех занятиях мы рассмотрим основные истины о том, что значит быть христианином.

Занятие 1. Кем я был?

Когда Бог сотворил Адама и Еву, Он обеспечил их всем необходимым во всей полноте. Они ни в чем не знали нужды и чувствовали себя принятыми, защищенными и значимыми. В результате грехопадения их отношения с Богом разрушились, и с тех пор, когда человек приходит в этот мир, он рождается физически живым, но духовно мертвым, и с огромной потребностью быть принятым, защищенным и значимым. Христос пришел, чтобы восстановить былую полноту жизни, а также вернуть потерянное принятие, защищенность и значимость, которыми обладали Адам и Ева до грехопадения.

Занятия 2. Кто я теперь?

Многие христиане думают о себе только как о «прощенных грешниках», однако в Библии ясно говорится, что благодаря тому, что Христос для нас совершил, мы теперь новые творения во Христе. Осознание того, что мы дети Божьи, которые смело, без страха осуждения, могут войти в Его присутствие, изменяет все.

Занятие 3. Выбираю верить истине

Вера занимает важное место в жизни каждого человека, даже тех из нас, кто христианами не являются. Будет ли наша вера действенной, зависит от того, в кого или во что мы верим. Как христианам нам важно, чтобы то, во что мы верим, основывалось на том, о чем Бог говорит в Своем Слове.

Часть II. Мир, плоть и дьявол

Каждый день мы боремся против трех враждебных реальностей, которые пытаются увести нас от истины. Понимание того, как действуют мир, плоть и дьявол, поможет нам обновить собственное сознание и твердо стоять на позициях истины.

Занятие 4. Взгляд мира на истину

Мир пытается заставить нас смотреть на реальность не так, как ее открывает Бог. Он пытается нас привлечь «похотью плоти, похотью очей и гордостью житейской». Мир формирует наше мировоззрение — полную, но обманчивую картину реальности, которая изменяется в зависимости от того, где и когда мы росли. Став христианином, человек должен принять радикальное решение — перестать воспринимать мир так, как он воспринимал его раньше, и начать смотреть на него с точки зрения Бога, посредством принятия библейского мировоззрения, которое человеку открывает сам Бог.

Занятие 5. Наш каждодневный выбор

Христианам дано новое сердце и новый дух, но при этом мы продолжаем бороться со старыми стереотипами мышления и поведения, к которым привыкли с детства (главная характеристика того, что в Библии называется плотью). Однако уступать плоти мы не обязаны. Каждый день у нас есть возможность делать выбор: следовать желаниям плоти или побуждениям Духа Святого.

Занятие 6. Разрушение твердынь в разуме

Окружение, в котором мы росли, травмирующие события прошлого, уступчивость искушениям привели к формированию в нашем разуме «твердынь» (искаженного образа мышления и ложных убеждений), которые мешают нам жить в соответствии с истиной. Когда мы становимся христианами, наш привычный образ мышления сразу не изменяется. Тем не менее, мы сможем эти твердыни разрушить, если примем решение активно обновлять свой разум истиной Слова Божьего.

Занятие 7. Битва за наш разум

Важно понимать, что мы не просто изменяем собственное мышление, мы ведем духовную борьбу, которая создает значительные сложности в нашей работе по разрушению твердынь разума. Битва за наш разум идет каждый день. И в этой борьбе нам помогут знания о том, каким образом действует сатана и как понимание нашего изумительного положения во Христе, способно нас вооружить и привести к победе.

Часть III. Освобождение от оков прошлого

Бог не меняет нашего прошлого, но Своей благодатью Он помогает нам освободиться от его болезненного влияния. В этой части курса мы рассмотрим, как мы можем это сделать с Божьей помощью через глубокое осознание того, что совершил для нас Христос. Кроме того в эту часть входит выездное практическое занятие «Шаги к Свободе во Христе».

Занятие 8. Управление эмоциями

Управлять своими эмоциями напрямую мы не в состоянии, однако главным образом наши эмоции — это следствие того, во что мы верим. Если мы плохо понимаем Бога и Его Слово, а также свое положение во Христе, то это отразится на наших эмоциях. Неспособность хорошо справляться с эмоциями делает нас уязвимыми для духовных атак. Чем больше мы будем верить тому, что Бог называет истиной, тем с меньшей вероятностью наши эмоции будут выходить из-под контроля.

Занятие 9. Прощение от всего сердца

(Часто объединяется с «Шагами к Свободе во Христе» во время практического занятия.)
Наши отношения с людьми должны иметь ту же основу, что и отношения с Богом. Ничто иное не держит вас в такой зависимости от вашего прошлого или не позволяет врагу войти в вашу жизнь, как нежелание простить. Кризис непрощения имеет место не столько между вами и вашим обидчиком, сколько между вами и Богом. Искреннее, сердечное прощение помогает нам освободиться от влияния прошлого и исцеляет нашу душевную боль. На самом деле вы прощаете ради самого себя.

Выездное практическое занятие «Шаги к Свободе во Христе»

Это «практический» компонент курса. Участники шаг за шагом пройдут процесс покаяния, используя «Шаги к Свободе во Христе». Этот процесс поможет им разрешить личные и духовные конфликты путем подчинения воле Божьей и противостояния дьяволу, тем самым обретая истинную свободу во Христе (Иак. 4:7). Этот процесс достаточно простой, мягкий и спокойный. Участники смогут распознать твердыни, присутствующие в их разуме, что поможет им работать над их устранением.

Мы рекомендуем либо выбрать один день и пройти с участниками все эти «Шаги» в группе, либо (в идеале) дать возможность каждому участнику проработать шаги к свободе лично. Лучше всего это сделать между занятиями 9 и 10. У каждого участника должен быть собственный экземпляр буклета «Шаги к Свободе во Христе».

Часть IV. Возрастание в ученичестве

Обретя свободу во Христе, мы теперь призваны не только ее сохранить, но и укрепляться и развиваться в ней. В этой части курса мы научимся, как не потерять достигнутое, как строить отношения с другими и как продолжать становиться все более подобными Христу.

Занятие 10. Жизнь в свободе каждый день

Если мы честно проработаем те проблемные сферы своей жизни, на которые нам укажет Дух Святой в процессе прохождения «Шагов к Свободе во Христе», то мы обретем ту свободу, которую нам даровал Христос. Сможем ли мы продолжать жить в этой свободе и укрепляться в вере, зависит от того, насколько мы будем обновлять свой разум и учиться отличать добро от зла.
Жизнь в свободе должна стать нашей повседневной реальностью. На этом занятии мы рассмотрим стратегии обновления разума и стратегии защиты от нападок сатаны. Участники научатся работать над ложными мыслительными процессами, так называемыми твердынями в разуме, выявленными во время прохождения «Шагов к Свободе во Христе».

Занятие 11. Построение отношений с людьми

Наиболее важная заповедь Христа гласит о том, что мы должны возлюбить Господа Бога нашего всем сердцем, всей душой и всем разумением, а также ближнего своего, как самого себя. Эта заповедь вбирает в себя весь смысл библейского послания. Мы призваны любить Господа и друг друга. Невозможно иметь праведные отношения с Богом и при этом не иметь их с другими людьми. Правильные отношения с Богом должны вести к правильным отношениям с ближними. На этом занятии мы рассмотрим такие вопросы, как права и обязанности в отношениях, разница между осуждением и исправлением, степень ответственности перед другими людьми и важность восполнения нужд ближних.

Занятие 12. Выбор правильной цели

Важно понимать разницу между Божьими целями для нашей жизни и нашими благочестивыми желаниями и осознавать, что нет такой Божьей цели, которую невозможно было бы достичь во Христе. Наши желания, с другой стороны, какими бы благородными они ни были, могут либо осуществиться, либо нет. Управлять этим нам не дано, и поэтому мы не должны поддаваться искушению оценивать собственную жизнь с позиции того, осуществились наши желания или нет. Цель, которую Бог поставил перед каждым из нас — это становиться все более подобными Иисусу Христу, и если мы приведем свои цели в соответствие с этой Божьей целью, мы сможем жить в реальной свободе.

Занятие 13. Следование верным путем

Чтобы быть по-настоящему счастливыми, реализованными и довольными жизнью, нам необходимо избавиться от ложного толкования этих понятий и принять решение верить тому, что открывает нам Бог. На этом занятии мы рассмотрим восемь аспектов жизни в свете Слова Божьего. Основная цель этого занятия — помочь участникам понять, каким образом их внутренние убеждения действуют в повседневной жизни, и вдохновить их становиться все более подобными Иисусу Христу.

Что такое «Шаги к Свободе во Христе»?

«Шаги к Свободе во Христе» представляют собой практический компонент курса «Свобода во Христе». Этот метод дает участникам возможность разложить всю свою жизнь перед Богом и с Его помощью разобраться с аспектами, которые мешают строить с Ним отношения.

Участники курса начинают с того, что просят Бога указать им на те сферы своей жизни, в которых существуют проблемы, требующие решения. Затем они принимают решение покаяться в том, что Господь им открывает, и это приводит к разрушению тех твердынь, за которые все еще держится враг. Данный процесс основан на том, к чему нас призывает Слово Божье: «Итак, покоритесь Богу; противостаньте диаволу, и убежит от вас» (Иак. 4:7). Этот процесс очень простой и мягкий, но удивительно эффективный!

«Шаги к Свободе во Христе» являются неотъемлемой и очень важной частью нашего курса. Пожалуйста, не поддавайтесь искушению пропустить их и старайтесь убедить каждого участника в необходимости этого процесса.

Самый лучший вариант прохождения «Шагов к Свободе во Христе» — это индивидуальное занятие или личная встреча, во время которой наставник помогает человеку совершить эти «Шаги» в присутствии молитвенного партнера. Обычно на это уходит от 3 до 5 часов.

Если ваша группа большая, то помочь каждому совершить эти «Шаги» индивидуально может оказаться невозможным. Поэтому личная встреча не является в данном случае единственным вариантом. Тем не менее нужно заметить, что зачастую ведущие бывают приятно удивлены количеству желающих помочь в качестве наставника, особенно если ключевые лидеры церкви уже прошли необходимую подготовку. Так что не отметайте эту возможность с самого начала.

Альтернативный вариант — это проработать данные «Шаги» всей группой в свободный день или выходные. Это нужно сделать между 9 и 10 занятиями. Одно или несколько занятий с 8 по 10 могут проводиться одновременно с «Шагами», если вам нужно сэкономить время. Дополнительную информацию вы найдете в разделе «Шаги к Свободе во Христе» данного Руководства для ведущего.

Как начать проведение этого курса в вашей церкви?

Заручитесь поддержкой руководства

Опыт показывает, что заинтересованность и поддержка руководства церкви, и в особенности пастора, является главным фактором того, станет ли «Свобода во Христе» неотъемлемой частью церковной жизни. Мы настоятельно рекомендуем лидерам церкви пройти обучение и «индивидуальное занятие по освобождению» первыми, раньше всех остальных. Если служители вашей церкви не до конца убеждены в необходимости этого курса, то лучше подождать, пока они будут к этому готовы. Вы можете предложить им посетить сайт «Свобода во Христе» (www.ficminternational.org) и ознакомиться с опытом церквей и свидетельствами служителей по поводу проведения этого курса.

Заинтересуйте других лидеров

Постарайтесь заинтересовать других ключевых людей церкви: ведущих домашних групп, помощников пастора и так далее, пригласите их пройти этот курс. Наш опыт показывает, что результаты будут намного лучше, если лидеры пройдут весь курс сначала сами, прежде чем преподавать его другим. Мы понимаем, что подобные люди всегда очень заняты, однако время, потраченное на хорошую подготовку принесет плоды, которыми ваша церковь будет пользоваться долгие годы, и жизнь многих людей изменится навсегда.

Приобретите личный опыт прохождения процесса «Шаги к Свободе во Христе»

В идеале лидеры курса должны сначала сами пройти индивидуальные занятия по программе «Шаги к Свободе во Христе». Это позволит им стать наставниками для других, которые, в свою очередь, также станут наставниками для других участников программы. Вскоре вы поймете, что этот процесс определяется не умением наставника, а присутствием Иисуса Христа. Ведущие курса могут пройти свои индивидуальные занятия в церквях, которые уже этот курс освоили, и потом организовать курс в своей церкви.

Проведите курс в первый раз

Мы рекомендуем начинать с малого, с одной или двух небольших групп. Однако если ваши служители хорошо подготовлены и вам так удобнее, вы можете провести курс для всей церкви сразу. Если вы начнете с малого, то вскоре увидите, что спрос на этот курс будет расти, т.к. окружающие станут замечать реальные перемены в жизни людей, которые его уже прошли. Если же вы проведете курс для всей церкви, то обнаружите, что кто-то обязательно захочет пройти его еще раз, а у кого-то возникнет желание стать членом команды, которая будет вести этот курс далее. Опыт показывает, что очень редко данный курс проводится в церкви только один раз.

Планируйте проведение «занятий по освобождению»

В процессе обучения познакомьте участников с концепцией работы по программе «Шаги к Свободе во Христе» и запланируйте, каким образом вы собираетесь проводить «занятия по освобождению». Во время лекций курса начинайте предлагать «индивидуальные занятия по освобождению». Перед тем, как заниматься с участниками, испытывающими серьезные проблемы, наберитесь опыта, работая с теми, чье состояние проще. Мы рекомендуем предлагать личные встречи, даже если вы планируете провести «Шаги» всей группой вместе.

Создайте команду наставников

Завершив курс и пройдя «индивидуальное занятие по освобождению», участники могут достаточно быстро сами стать наставниками (ведущими индивидуальных занятий).

Подчеркните необходимость сделать это образом жизни

В особенности сосредоточьте внимание участников на том, что для закрепления достигнутого и дальнейшего развития им необходимо постоянно обновлять свой разум с помощью стратегии «Разрушитель твердынь» (см. Занятие 10). Полезной будет организация групп поддержки. Подчеркните необходимость прохождения «индивидуальных занятий по освобождению» хотя бы раз в год — что-то вроде «духовной профилактики».

Как подготовиться к ведению курса?

Пройдите курс сами

Самый лучший способ подготовиться к ведению курса — это сначала пройти данный курс самому. На английском языке можно прочитать серию сопроводительных книг Стива Госса по курсу «Свобода во Христе». Каждая книга соответствует одному разделу и дает более подробную и глубокую информацию по теме. Кроме того, будет полезно прочитать книги основателя данного курса, Нила Андерсона, «Разрывающий оковы» и «Победа над тьмой», доступные на русском языке.

Пройдите «индивидуальное занятие по освобождению»

Исключительно важно для вашей подготовки пройти «Шаги к Свободе во Христе» самому. Свидетельство ведущего о том, что он сам пережил весь этот процесс и многое для себя вынес, будет мощным стимулом для других участников курса. В идеале лучше всего, если эти «Шаги» получится пройти у себя в церкви. Однако если это невозможно, то можно обратиться в церкви, уже освоившие этот курс.

Научитесь пользоваться стратегией «Разрушитель твердынь»

Это стратегия направлена на обновление сознания; она рассматривается в Занятии 10. Если вы будете говорить о ее использовании, исходя из собственного опыта, то влияние на участников будет более действенным.

Рассмотрите возможность дальнейшего обучения

Чтобы вести этот курс, специального обучения не требуется. Предоставленных материалов будет вполне достаточно. Однако если ведущие смогут периодически проходить тренинги, организованные служением «Свобода во Христе», то с каждым разом проводимые ими курсы будут более эффективными.

Зарегистрируйтесь в служении «Свобода во Христе»

Главная цель служения «Свобода во Христе» — это подготовка и обучение христианских лидеров, которые смогут помочь людям жить в свободе и возрастать во Христе. Если вы проводите данный курс регулярно, то мы рекомендуем вам зарегистрироваться у нас в качестве ведущего этого курса. Вы будете получать новости, полезные советы и подсказки, а также вам будет открыт доступ к специальному разделу нашего сайта. Регистрация бесплатная.

Другие советы и рекомендации

- Руководству церкви — покажите пример: пройдите обучение и процесс «Шаги к Свободе во Христе» первыми, и этим самым дайте людям понять, что «этот курс для всех и каждого».

- Несмотря на то, что воздействие курса на участников может быть впечатляющим, не пытайтесь представить этот курс как «быстрое решение проблем».

- Особо отметьте, что каждому человеку, желающему жить в свободе, будет необходимо прилагать постоянные усилия, чтобы сохранить обретенную свободу и продолжать расти в ученичестве.

- Не торопитесь — пусть этот курс станет неотъемлемой частью церковной жизни, а не пройдет как одноразовое «мероприятие».

- Будьте готовы к нападкам врага, часто они будут исходить от людей, от которых вы этого не ожидаете.

- Постоянно поддерживайте занятия в молитве; для этого зарегистрированные пользователи смогут скачать «Молитвенный план».

- Примите решение заранее, какой подход вы собираетесь использовать в проведении процесса «Шаги к Свободе во Христе» (дополнительную информацию вы найдете в разделе «Шаги к Свободе во Христе»). Если вы решите проводить это практическое занятие «на выезде», то договоритесь об аренде помещения заблаговременно и как можно раньше объявите дату. Убедите участников, что это обязательная часть курса, которую не следует пропускать.

- Постоянно напоминайте, что этот курс ученичества предназначен абсолютно для всех, а не только для «тяжелых случаев» или какой-то особой группы прихожан.

- Некоторые участники могут настаивать на том, чтобы пройти только процесс «Шаги к Свободе во Христе», а не весь курс. Не поддавайтесь ни на какие уговоры и настаивайте на том, что сначала необходимо усвоить базовый материал, а лишь потом проходить «Шаги»; в противном случае люди не будут знать, как сохранить и не потерять обретенную свободу. Для того чтобы продолжать жить в свободе, абсолютно необходимо лично усвоить ключевые принципы этого подхода, а не рассматривать его как служение, которое оказывает вам кто-то другой.

- Измененная жизнь одного человека изменяет жизни других — будьте готовы к тому, что этот курс будет оказывать положительное влияние на всю церковь и в дальнейшем, поскольку обретенная свобода будет чудесным образом преобразовывать жизни людей. Если христиане получат глубокое убеждение в том, что Иисус на самом деле является реальным ответом на их жизненные проблемы, представьте, какое влияние это может оказать на общество, в котором эти христиане живут.

- Помните, что служение «Свобода во Христе» создано для подготовки и обучения христианских лидеров. Обращайтесь к нам без колебаний, если вам понадобится совет или возникнет какой-либо вопрос.

Как этот курс устроен

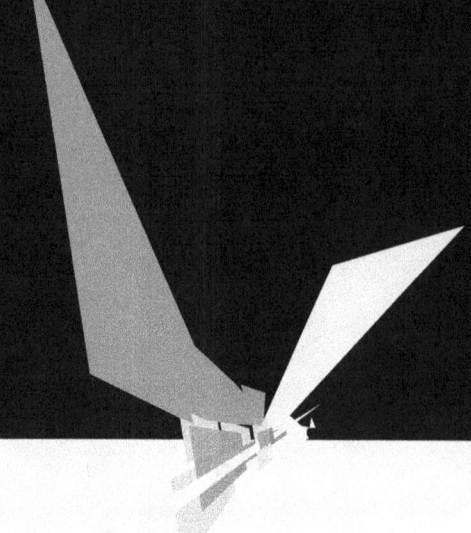

Как этим курсом пользоваться?

Большинство церквей используют этот курс, чтобы помогать христианам возрастать в ученичестве (независимо от того, как долго они являются верующими).

Когда курс «Свобода во Христе» только начал преподаваться, мы рекомендовали проводить его для всей церкви сразу с подачей основного материала по воскресеньям и в идеале с обсуждением его в малых группах в течение недели. И сегодня при определенных обстоятельствах такой метод может оказаться наиболее подходящим. Тем не менее, наблюдая за различными вариантами проведения курса и оценивая полученные результаты, мы пришли к выводу, что наиболее эффективным действие курса было в тех церквях, где его основные принципы преподавались как образ жизни каждого христианина и как неотъемлемая часть жизни всей церкви. Обычно работа начиналась с малых групп, часто одной или двух, которые затем быстро росли из-за того, что окружающие начинали видеть в участниках положительные перемены и просили записать их на курс.

В таких церквях на подготовку курса уходит много времени и сил, но все эти старания окупаются многократно в течение последующих лет, так как главные идеи пускают корни, и жизни людей изменяются. Эта подготовка подразумевает, прежде всего, прохождение курса ключевыми лидерами вместе с соответствующим обучением и усвоение ими его основных принципов. В итоге, собирается команда ведущих, и курс проводится два-три раза в год, в соответствии с потребностями церкви. Мы знаем церкви, которые начали с малого, а сейчас обучили команду лидеров, которые проводят курс восемь или девять раз в год. Многие церкви проводят курс из года в год и отмечают постоянное улучшение результатов.

Некоторые церкви успешно совмещают этот курс с евангелизационными программами типа «Альфа-курс» или «Исследование христианства». Сначала люди собираются на ужин, а затем пока еще неверующие члены группы проходят «Альфа-курс» или «Исследование христианства», верующие идут в другую комнату и изучают курс «Свобода во Христе». Даже если участники этих курсов не станут христианами во время евангелизационного курса, это не значит, что они не смогут пойти на курс «Свобода во Христе», который в течение первых двух занятий ясно показывает, какие перемены могут произойти с человеком, уверовавшим во Христа. Часто именно эти занятия помогают людям принять окончательное решение по поводу своей веры.

Курс «Свобода во Христе» достаточно гибкий и предполагает различные варианты проведения:

В малых группах
Опыт показывает, что это самый эффективный подход к проведению данного курса.

Серия проповедей с последующим обсуждением в малых группах
Продолжительность лекций обычно 30–40 минут. Поэтому вполне возможно использовать их в качестве проповеди (например, в воскресенье) с последующим обсуждением в малых группах среди недели.

Недостаток этого подхода в том, что не все смогут присутствовать на каждом занятии, и будет сложно помогать пропустившим не отставать от группы.

Богослужение среди недели
Если проводить курс на служении среди недели, то можно сначала прослушать тему всем вместе, а потом разделиться на группы для ее обсуждения. Возможен также вариант прослушивания материала по разделам, останавливаясь после каждого раздела для дискуссий по вопросам из «Паузы для размышления»..

Что для этого курса нужно?

Мы рекомендуем, чтобы у каждого ведущего группы был свой экземпляр **Руководства для ведущего**.

Каждому участнику необходимо иметь собственный экземпляр **Руководства для участника** (в него входит конспект каждого занятия, вопросы из «Паузы для размышления», перечень библейских истин) и буклет «Шаги к Свободе во Христе». Кроме того мы рекомендуем всем слушателям приобрести набор из трех **карточек с библейскими истинами**, которые выдаются после каждого из трех первых занятий.

Формат занятий

Каждое занятие построено по одному и тому же формату и включает следующие элементы:

Заметки для ведущего
Заметки, помогающие ведущему подготовиться к занятию.

Знакомство
В основном это касается малых групп. Задается вводный вопрос, направленный на то, чтобы помочь участникам лучше узнать друг друга, выработать более тесные отношения и завязать разговор.

Прославление
Это также касается малых групп. Мы предлагаем тему прославления, но выбор остается за вами. Самое главное, чтобы Христос был в центре каждого занятия.

Слово
Основная часть занятия. Каждая лекция в целом длится 40–50 минут (не считая «Пауз для размышления»). Весь материал распределен на три-четыре раздела, между которыми проводятся обсуждения вопросов из «Пауз для размышления». Однако, при желании, можно прослушать весь материал без перерывов.

Вам в помощь даны полные конспекты всех лекций вместе с некоторыми полезными дополнительными материалами. Мы рекомендуем читать лекции близко к тексту, но в «свободном стиле» и, в идеале, дополняя их иллюстрациями из своего опыта. Также к каждому занятию разработана презентация в формате Power Point, которая доступна онлайн. В конспекте показано правильное место каждого слайда и указывается момент перехода к следующему пункту или слайду.

Пауза для размышления
В разделе «Слово» находятся две или три «Паузы для размышления», содержащие несколько вопросов. Для маленьких групп мы рекомендуем останавливаться для каждой «Паузы» и давать время для обсуждения вопросов. Каждое занятие строится на основе предыдущего, и важно, чтобы у участников была возможность усвоить его главные моменты. В начале заметок по каждому занятию мы предлагаем расклад занятия по времени «Расчет времени занятия», включая «Паузы для

размышления». Для ситуаций, в которых основная лекция проводится в другое время (например, на воскресном богослужении), и требуется только закрепление материала, вы можете проводить занятие исключительно на основе вопросов из «Паузы для размышления».

Свидетельство
Вопрос этого раздела нацелен на то, чтобы участники задумались, каким образом полученные ими знания могут помочь тем, кто еще не стал христианином, и начали применять эти знания на практике. Фактически, он действует как еще один вопрос из «Пауз для размышления», и может использоваться в дополнение к ним или вместо них.

На следующей неделе
Это несколько упражнений или заданий, предлагаемых для выполнения в течение недели. Нам бы хотелось порекомендовать участникам каждый день выделять время для молитвы и чтения Библии, если они еще этого не делают. Однако, пожалуйста, дайте им ясно понять, что эти задания выполняются исключительно по желанию, чтобы они не чувствовали себя под каким бы то ни было давлением.

Проведение курса малой группой

Структура занятия выглядит примерно следующим образом:

Приветствие
Предложите чай или кофе и дайте возможность людям пообщаться и лучше узнать друг друга. В это время вы можете рассмотреть вопрос из раздела Знакомство.

Знакомство
Вопрос этого раздела используется в качестве «ледокола», для того чтобы участники расслабились и начали принимать участие в разговоре. Хорошо помогает разделение группы на подгруппы из двух-трех человек. На этом этапе нет никакой необходимости начинать обучение. Полезно вспомнить прошлое занятие и узнать впечатление участников о нем. Что особенно их поразило? Помогло ли в их повседневной жизни то, над чем они работали в течение недели?

Прославление
Для маленьких групп. Лучше, если это проведет кто-то другой, а не сам ведущий. Включите сюда песни прославления — если у вас нет лидера прославления, то можно использовать песни на диске. Кроме того можно вместе вслух прочитать цитаты из Библии.

Ключевая истина и Стих
Озвучьте Ключевую истину и Стих этого занятия. Нет необходимости добавлять что-либо к тому, что написано в Руководстве для ведущего. Затем сразу переходите к разделу Слово.

Слово
Проведите лекцию, останавливаясь в указанных местах для обсуждения вопросов из «Пауз для размышления». Следите за временем и старайтесь не слишком отклоняться от материала, чтобы не упустить главных моментов. Расчет времени занятия для малых групп поможет вам контролировать время.

Пауза для размышления
Если в вашей группе больше восьми человек, то для дискуссии по заданным вопросам разбейтесь на подгруппы из не более, чем семи-восьми человек. На каждом занятии перемешивайте подгруппы. Иногда может быть полезно разделить участников по полу (особенно во время обсуждения темы искушений, Занятие 6). Возможен также вариант деления на совсем маленькие группы, из трех-четырех человек, с целью привлечения к обсуждению даже самых неразговорчивых

участников. Главная задача лидера дискуссионной группы — дать возможность другим высказать свое мнение.

В дополнение к предложенным вопросам, вы можете начать дискуссию со следующих вопросов:

- Что вы думаете о том, что только что услышали в презентации?
- Было ли в ней что-то, чего вы не поняли, или что нуждается в дальнейшем разъяснении?
- Каким образом то, что вы слышали, относится к вам?

Постарайтесь, чтобы разговор не слишком отклонялся от основных вопросов, и поглядывайте на время (приблизительное время для каждой «Паузы» дается в начале каждого занятия). Закройте дискуссию, коротко обобщив основные мысли.

Заключение
Обсудите вопрос раздела «Свидетельство», укажите на предложенные задания в разделе «На следующей неделе» (но помните, что выполнять эти задания можно только по желанию) и сделайте необходимые объявления, например, о деталях выездного занятия.

Проведение занятий по Руководству для ведущего

Заметки в Руководстве для ведущего говорят сами за себя. Там отведено место и для ваших собственных записей. Рамки с символом '+' содержат дополнительную информацию, которую вам, может быть, захочется включить.

Все слайды из презентации также показаны на страницах Руководства, но не по каждому пункту. Символ ▶ означает, что презентация должна перейти к следующему пункту или слайду. Метки «черные квадраты» содержат дополнительные замечания и объяснения, которые могут оказаться вам полезными.

Вводное занятие

СВОБОДА ВО ХРИСТЕ

Вводное занятие

КЛЮЧЕВОЙ СТИХ:
Евр. 4:12: Ибо слово Божие живо и действенно и острее всякого меча обоюдоострого: оно проникает до разделения души и духа, составов и мозгов и судит помышления и намерения сердечные.

ЦЕЛЬ ЗАНЯТИЯ:
Занятие проводится по желанию. Основная задача — дать представление о курсе и создать атмосферу позитивного ожидания. За всем этим стоит более важная цель — помочь участникам понять, насколько обоснованно верить в тот факт, что Библия — это послание Бога людям, Им сотворенным.

КЛЮЧЕВАЯ ИСТИНА:
Библия занимает совершенно особое положение среди всех остальных книг, и существуют веские основания для утверждения, что она является посланием Бога людям, которых Он сотворил.

> **Заметки для ведущего**
>
> На этом занятии каждый участник сможет для себя найти что-то интересное. Но особенно важно проводить его в группах, где есть люди, знающие о христианстве мало.
>
> Материал укрепит веру того, кто уже является христианином. Тот же, кто еще не пришел к вере, узнает, почему так важно то, что курс этот основан на Библии.
>
> Постарайтесь сначала сами продумать ответы на вопросы, поднимаемые на занятии, так как, возможно, кто-то из участников захочет обсудить их более подробно.
>
> Для тех, кто прошел курс «Свобода во Христе» раньше, это занятие предоставляет хорошую возможность поделиться своими впечатлениями и рассказать, как он повлиял на их жизнь.

Расчет времени занятия для малых групп:
(дополнительную информацию см. на стр. 37)

Знакомство	15 мин.	0:15
Прославление	13 мин.	0:28
Слово. Часть 1	8 мин.	0:36
Пауза для размышления 1	25 мин.	1:01
Слово. Часть 2	14 мин.	1:15
Пауза для размышления 2	30 мин.	1:45
Слово. Часть 3	15 мин.	2:00

 ## ЗНАКОМСТВО

Самая лучшая книга, которую вы когда-либо читали (кроме Библии)?

 ## ПРОСЛАВЛЕНИЕ

Предлагаемая тема: попросите Бога присутствовать среди вас и откройте Ему свои сердца.

Прочитайте одну-две цитаты из Библии:
Евр. 4:12; Иер. 29:11–13; Пс. 33:4–7.

Затем произнесите вслух все вместе Фил. 1:6 и попросите каждого участника применить этот стих к себе, сказав с верой: «Уверен в том, что начавший во мне доброе дело будет совершать (его)...».

Предложите группе провести несколько минут в молитве, благодаря Бога за Его верность.

 ## СЛОВО

Вводное занятие

I. Зачем нужен курс «Свобода во Христе»?

▶ Иисус сказал своим ученикам: «идите, научите все народы» (Мф. 28:19). Кто такой ученик? Это не то же самое, что «обращенный» или «верующий». Это тот, кто непрерывно учится и приобретает новые знания.

Под знаниями здесь подразумевается не только накопленная в голове информация. Наиболее важным является все более глубокое познание личности Иисуса Христа, познание сердцем, и осознание того, как это преобразует жизнь человека во всех ее сферах.

«Свобода во Христе» подходит абсолютно для каждого христианина. Недавно пришедшего, зрелого в вере, и, особенно, для самого обычного христианина. Этот курс не предлагает «быстрое решение всех проблем». Он учит необходимости изменения образа жизни, принятия за ее основу истин и принципов Библии.

Мы часто слышим от бывших участников, что посещение групп сильно изменило их самих и преобразовало их жизнь. И это серьезное утверждение.

Возможно, вы уже начинаете думать, что наш курс похож на одну из тех сомнительных книг из серии «Я все могу» (например, «Как стать знаменитым за время обеда»), или на один из тех безумных тренингов типа «Помоги себе сам», обещающих панацею от всех бед (например, «Всего 10 минут в день полного сосредоточения внимания на скрепке для бумаг увеличит вашу уверенность в себе, заставит незнакомых людей послать вам большие суммы денег и излечит вас от вросших ногтей на ногах»).

К настоящему времени в различных странах мира этот курс прошли около 250 000 человек. Все они открыли для себя один и тот же факт — то, что написано в книге, которой более 2000 лет, является откровением и для нашего XXI века. Люди избавляются от физических и психологических зависимостей, разрушенные семьи восстанавливаются, и самое главное, христиане обретают настоящее единение с Богом.

На этом курсе мы не открываем ничего нового. Вместо этого мы рассматриваем некоторые удивительные истины, известные человечеству уже более двух тысяч лет. Истины, никогда не являвшиеся секретом.

Тем не менее, я понимаю, что для кого-то Библия может оказаться чем-то совсем новым. Может быть, вы стали христианином совсем недавно. Возможно, вы все еще над этим размышляете. Поэтому, перед тем, как

ПАУЗА ДЛЯ РАЗМЫШЛЕНИЯ 1

ЗАДАЧА :

ЗАДУМАТЬСЯ НАД ТЕМ, КАК МЫ ОПРЕДЕЛЯЕМ, ЧЕМУ МОЖНО ВЕРИТЬ.

▶ ВОПРОСЫ:

САМЫЙ ЛУЧШИЙ СОВЕТ В ВАШЕЙ ЖИЗНИ?

ЕСЛИ БЫ ВАМ НУЖЕН БЫЛ ОЧЕНЬ ВАЖНЫЙ СОВЕТ, И ВЫ СПРОСИЛИ БЫ НЕСКОЛЬКИХ ЧЕЛОВЕК, А У НИХ БЫЛИ БЫ РАЗНЫЕ МНЕНИЯ, КАК БЫ ВЫ РЕШИЛИ, КАКОМУ ИЗ НИХ ДОВЕРИТЬСЯ?

ВСПОМНИТЕ СЛУЧАЙ, КОГДА КТО-ТО ДАЛ ВАМ НЕПРАВИЛЬНУЮ ИНФОРМАЦИЮ. К ЧЕМУ ЭТО ПРИВЕЛО?

перейти к основному материалу курса и рассмотрению главных его компонентов, мне хочется объяснить, почему вполне обоснованно верить тому, что Библия в самом деле является посланием Бога людям, которых Он сотворил.

К счастью, хоть я и веду этот курс, то, о чем я рассказываю — не мое изобретение. Я просто передаю вам то, о чем говорится в Библии. Но, если «Свобода во Христе» целиком основывается на Библии, нам сначала нужно ответить на один фундаментальный вопрос.

▶ Почему мы должны доверять Библии?

Библейские Общества — хороший источник фактической информации о Библии. Посетите их сайты, например www.biblia.ru (Российское Библейское Общество) или www.unitedbiblesocieties.org (Объединенные Библейские Общества). Порекомендуйте их участникам, желающим узнать больше.

Некоторые люди думают, что Библия — это собрание мифов и легенд, другие — что хорошая религиозная книга с мудрыми учениями, третьи — никогда о ней не задумывались.

Но по статистическим данным, Библия занимает совершенно особое место среди всех книг мира. Ее легко можно назвать самой влиятельной книгой всех времен.

Библия никогда не сходит с высшей строчки списка книжных бестселлеров, ее даже перестали в нем упоминать. Напечатано около 6 миллиардов ее экземпляров. Конечно, у нее есть преимущество — Библия была первой в мире книгой, вышедшей в печатном издании.

В мире каждую минуту продается 50 Библий.

А какая книга, по вашему мнению, была переведена на самое большое количество языков? Совершенно верно, Библия. А на сколько языков? Я дам вам подсказку: третья по списку книга «Приключения Буратино» переведена на 260 языков. А Библия? Более чем на 2500! Вторая – «Путешествие Пилигрима» (основанная на Библии), переведена на 2000 языков.

Несмотря на то, что Библия была написана 40 различными авторами (от царей до рыбаков), жившими в разные времена на протяжении 1500 лет на трех различных континентах, она претендует на то, чтобы являться посланием Самого Бога к людям, Им сотворенным. «Все Писание богодухновенно» (2 Тим. 3:16) («Писание» – это синоним Библии). Но будучи написана различными авторами, эта Священная Книга абсолютно едина в главной своей идее, пронизывающей ее от начала и до конца. Богодухновенность (т.е. вдохновленность Богом) означает, что, хотя авторы и писали каждый на своем языке и в своем стиле, то, что они писали, было вдохновлено свыше. Теперь, читая Библию, каждый из нас может узнать, что именно Сам Бог хочет нам сказать. Если это правда, то Библия в самом деле является уникальной книгой.

Что за поразительное утверждение! Оно может казаться не слишком правдоподобным. Но я и не ожидаю, что вы сразу поверите.

Мы не обязаны слепо доверять тому, что Библия — Божье послание к нам. Я хочу вам показать, что мы основываем свое мнение на очень веских доказательствах.

В противном случае я бы сам был не склонен верить Библии.

1. Библию подтверждает история

▶ В Библии содержится огромное количество исторической информации. Если эта книга в самом деле является тем, на что она претендует, то эта информация не должна быть ложной.

Тем не менее, в течение многих лет некоторые эксперты утверждали, что авторы Библии сами придумали множество деталей, поэтому ее нельзя считать фактически точной. Например, в одной из самых старых историй Ветхого Завета, первой части Библии, рассказывается о Содоме и Гоморре, разрушенных Богом. Долгие годы это считалось мифом, так как не было никаких подтверждений их существования. Однако в середине 70-х годов прошлого века группа итальянских археологов, работающих по поручению Римского университета, наткнулась на библиотеку, состоящую из 15 тысяч глиняных табличек, относящихся к 2500 году до н.э., в которых содержится упоминание об этих городах.

Или народ, называемый хетты, упоминается в Ветхом Завете более 50 раз. Довольно долго люди не верили в реальное существование этого народа, так как в других источниках этому не было никаких доказательств. Если бы хетты на самом деле не существовали, то фактическая достоверность Библии могла быть подвергнута сомнению. Но в течение XIX-го и XX -го столетий археологии нашли большое количество подтверждений существования древнего народа. Была обнаружена столица хеттов — Хаттуса, в северной части Турции, а также договор между ними и фараоном Рамзесом II. Сейчас никто не сомневается в том, что в Библии говорится об этом народе.

> Таблички Эбла были найдены на севере Сирии итальянской археологической экспедицией. В них упоминаются не только Содом и Гоморра, но и три других «города равнины», о которых говорится в Бытие 14:8, достоверность существования которых также подвергалась сомнению. Эти таблички показывают, что это был богатый регион с патриархальной культурой, точно такой, как и описано в Ветхом Завете.

> Точность описания купальни Вифезды Иоанном хорошо подтверждена. В интернете вы можете найти информацию про ее раскопки с фотографиями, на которых ясно видны колоннады.

В Новом Завете, второй части Библии, Иоанн дает достаточно подробное описание купальни, вокруг которой было пять крытых проходов — колоннад (Ин. 5:1-15). Он объясняет, что это было место, где собирались инвалиды, так как, по слухам, время от времени воды купальни сверхъестественным образом приходили в движение, и первый вошедший в нее человек выздоравливал от любой болезни. По рассказу евангелиста, Иисус, проходя мимо купальни, заговорил с человеком, который был парализован 38 лет, и затем исцелил его. Тот встал и пошел без посторонней помощи, впервые за долгие годы.

Важно, чтобы слова Иоанна о существовании подобной купальни соответствовали истине. В этом случае у нас есть основания верить и второй части его рассказа — чудесному исцелению. Мы не можем исследовать чудо научным путем, но можем проверить правдивость исторических фактов, связанных с этим событием.

Многие столетия не было доказательств существования такого места в Иерусалиме. Находили купальни, но вокруг них не было крытых колоннад. Тем не менее, в XIX веке купальня с пятью колоннадами была обнаружена примерно в 13 метрах под землей. Точно такая, как ее описал Иоанн. И угадайте что еще? Там нашли надпись о предполагаемых целительных свойствах воды.

Как вы видите, снова и снова появляются доказательства правдивости исторической информации, данной в Библии. Но если это так, то почему мы не должны доверять другой информации, пусть даже и необычной, например, о чудесном исцелении, только потому, что «такое не могло случиться»?

Реальность такова, что, до настоящего времени, археологические открытия всегда подтверждали историческую правдивость Библии и ни разу ее не опровергли. Не поразительно ли это?!

2.1. Библейские предсказания сбываются

▶ Другая причина, делающая Библию совершенно особенной книгой, заключается в том, что Ветхий Завет полон множества предсказаний — пророчеств, которые удивительным образом осуществились.

Пророк Иезекииль в 586 году до н.э. предсказал падение города Тира: «...Я — на тебя, Тир, и подниму на

Что Библия предсказала, в самом деле случилось.

Например, она предсказала смерть Христа за сотни лет до того, как это произошло.

СВОБОДА ВО ХРИСТЕ 25

тебя многие народы, как море поднимает волны свои. И разобьют стены Тира, и разрушат башни его; и выметут из него прах его, и сделаю его голою скалою» (Иез. 26:3–4).

Вскоре вавилонский царь Навуходоносор начал осаду Тира, которая продолжалась 13 лет. Город пал, как и предсказывалось. Жители бежали на укрепленный остров у побережья и основали там новый город.

Но это еще не все: Иезекииль добавил, что захватчики «...разграбят богатство твое, и расхитят товары твои, и разрушат стены твои, и разобьют красивые дома твои, и камни твои, и дерева твои, и землю твою бросят в воду» (Иез. 26:12).

Спустя 250 лет Александр Македонский подошел к городу на острове. Чтобы захватить крепость он построил дамбу, для строительства которой старый Тир разобрали до основания, до самой скалы, и бросили в море, как и говорилось в предсказании.

Еще одно осуществленное предсказание Ветхого Завета — пророчество Иеремии, который родился около 645 года до н. э. Вместе с другими пророками он предупредил евреев, что, если они не оставят свои греховные пути и не вернутся к Богу, то попадут в плен. Он сказал так: «И вся земля эта будет пустыней и ужасом; и народы сии будут служить царю Вавилона семьдесят лет» (Иер. 25:11).

Как и предсказал пророк, евреи были уведены в плен в Вавилон в 605 г. до н.э. Надо сказать, что их жизнь в изгнании оказалась не такой уж и плохой. Да, они были рабами, но с ними неплохо обращались. Им разрешалось осесть и обзавестись семьями. Такое часто случалось в истории. Обычно, это знаменовало конец существования определенной народности – она поглощалась доминирующей культурой.

Но Иеремия сказал, что изгнание будет продолжаться только 70 лет. Какова была вероятность того, что евреи вернутся в свою землю, как пророчествовал Иеремия? Бесконечно малой.

Угадайте, что произошло примерно через 66 лет. Вавилон, могучая сверхдержава, которая считалась абсолютно непобедимой, оказалась завоеванной другой сверхдержавой, Персией, под руководством ее основателя – царя Кира Великого.

Уже на следующий год Кир Великий издал указ,

> В 2007 году было проведено научное исследование того, каким образом Александру Македонскому удалось прорвать защиту укрепленного островного города. Оно было напечатано в работах Национальной Академии Наук США (www.pnas.org). В ее заключении говорится, что талантливый военачальник искусно воспользовался естественным рельефом местности (географической косой), дополнив его камнями и землей из разрушенного Тира для сооружения дамбы.

разрешающий евреям вернуться в свою страну. Он даже позволил восстановить их Храм и заплатил за работу из царской казны. Не правда ли удивительно!

Но самые замечательные примеры пророчеств Ветхого Завета, осуществившихся через несколько веков, относятся к личности Иисуса Христа. Таких пророчеств несколько десятков. В них предсказано место, где Он будет рожден, что совершит, как примет смерть и как восстанет из мертвых.

ПАУЗА ДЛЯ РАЗМЫШЛЕНИЯ 2

ЗАДАЧА:

ПОКАЗАТЬ УЧАСТНИКАМ, КАК ПОЛЬЗОВАТЬСЯ БИБЛИЕЙ И ПОЗНАКОМИТЬ ИХ С УДИВИТЕЛЬНЫМИ ПРОРОЧЕСТВАМИ, ОПИСАННЫМИ В НЕЙ.

ПРИМЕЧАНИЕ ДЛЯ ВЕДУЩЕГО. РАЗДЕЛИТЕ УЧАСТНИКОВ НА ГРУППЫ ИЗ 3–4 ЧЕЛОВЕК. УБЕДИТЕСЬ, ЧТО В КАЖДОЙ ГРУППЕ ЕСТЬ ЧЕЛОВЕК, ХОРОШО ЗНАЮЩИЙ БИБЛИЮ.

ЕСЛИ В ГРУППЕ ЕСТЬ УЧАСТНИКИ, МАЛО ЗНАКОМЫЕ С БИБЛИЕЙ, ПОСВЯТИТЕ НЕКОТОРОЕ ВРЕМЯ ОБЪЯСНЕНИЮ, КАК ОНА УСТРОЕНА: ВЕТХИЙ И НОВЫЙ ЗАВЕТЫ, ГЛАВЫ И СТИХИ; КАК ПОЛЬЗОВАТЬСЯ ССЫЛКАМИ.

ЕСЛИ У КОГО-ТО ЕЩЕ НЕТ СОБСТВЕННОГО ЭКЗЕМПЛЯРА БИБЛИИ, ПОДСКАЖИТЕ, ГДЕ ЕГО МОЖНО КУПИТЬ, А ТАКЖЕ ПОРЕКОМЕНДУЙТЕ ПОДХОДЯЩИЙ ПЕРЕВОД. ПРЕДЛОЖИТЕ ЛЮДЯМ ЧИТАТЬ ПО НЕБОЛЬШОМУ ОТРЫВКУ КАЖДЫЙ ДЕНЬ, НАЧАВ С ЕВАНГЕЛИЯ.

▶ ВОПРОСЫ:

ПРОЧИТАЙТЕ СЛЕДУЮЩИЕ ВЕТХОЗАВЕТНЫЕ ПРОРОЧЕСТВА:
МИХ. 5:2; ИС. 7:14; ИЕР. 31:15; ПС. 40:9; ЗАХ. 11:12, 13; ПС. 21:18 И ЗАХ. 12:10; ИСХ. 12:46 И ПС. 33:20; ПС. 21:18.

КАК ЭТИ ПРОРОЧЕСТВА ОСУЩЕСТВИЛИСЬ ЧЕРЕЗ ИИСУСА ХРИСТА?

3. Заявление Библии, что Христос воскрес из мертвых, заслуживает доверия

▶ В Новом Завете утверждается, что Иисус Христос воскрес из мертвых. Это поразительное заявление, и многие могут просто отмести его как невозможное, даже не взглянув на факты. Но люди более любопытные, наверняка захотят посмотреть на доказательства.

Факты, относящиеся к медицине, доказывают, что Христос был в самом деле мертв, когда его клали в гробницу – его осматривали римские солдаты, знающие свое дело. Также в равной степени очевидно, что через три дня гробница была пуста. Даже власти признали этот факт, предположив, что тело было похищено последователями Христа.

Он явился своим ученикам всего через несколько дней, после того, как подвергся самой жестокой казни, которую мир знал в то время. Иисус выглядел совершенно нормально, а не как человек, который чуть не умер. Через какое-то время он также явился перед группой из более чем 500 человек.

Петр, один из учеников Христа, писал: «Ибо мы возвестили вам силу и пришествие Господа нашего Иисуса Христа, не хитросплетенным басням последуя, но быв очевидцами Его величия» (2 Пет. 1:16).

Многие из тех свидетелей пошли на смерть за веру в то, что Христос воскрес, и автор послания в том числе. Ориген, греческий теолог и один из ранних отцов церкви, сообщает, что Петр был распят вверх ногами на месте, где сейчас находится Собор Святого Петра в Ватикане. Вы не пойдете на смерть за то, в чем не до конца уверены!

4. Церковь никогда не переставала расти

Наконец, чтобы понять, что из себя представляет Библия, вы можете посмотреть на людей, искренне следующих ее принципам. Если это истинное Слово Божье, то можно ожидать, что оно будет в самом деле замечательно преобразовывать человеческие жизни, и что все больше и больше людей захотят того же. Разве это не происходит? Разве церковь не растет?

Примерно на рубеже нового тысячелетия Статистическая комиссия при Лозаннском движении приступила к изучению исторической информации, чтобы определить как можно точнее, сколько настоящих христиан было в мире за всю историю Церкви. Они не просто подсчитывали население так называемых «христианских стран», а поставили задачей выяснить количество людей, принявших личное решение следовать Христу.

▶ В начале 1800-х годов, когда население Земли впервые достигло миллиарда, количество верующих христиан было порядка 20 миллионов. В настоящее время, когда все население быстро приближается к семи миллиардам, такое же количество людей становятся христианами всего за несколько месяцев. Около миллиона человек в неделю принимают решение следовать за Христом. На самом деле, сейчас христиан в мире больше, чем живших и умерших за всю историю человечества.

Христианская церковь – самая динамично развивающаяся организация в мире. Она никогда не преставала расти и сейчас растет быстрее, чем когда-либо.

Если вы живете в одной из западных стран, то, наверное, качаете головой в недоумении, ведь здесь в течение последних десятилетий церковь приходила в упадок. Но это является исторической аномалией, последствия которой с лихвой компенсируются в других частях света. Мы наблюдаем рост церквей почти в каждой развивающейся стране.

В коммунистическом Китае, несмотря на жестокую оппозицию правительства, христианами становятся 28 тысяч человек в день! Сейчас там насчитывается 80 –100 миллионов верующих. В Китае уже больше христиан, чем членов коммунистической партии.

В Африке число последователей Христа выросло от 3-х на 100 человек в прошлом веке до 45-ти на 100 человек в настоящее время.

В Южной Корее за последние несколько десятилетий наблюдался феноменальный рост церкви, когда миллионы приходили к вере. ООН официально переклассифицировала эту страну из буддийской в христианскую.

Все это Иисус предсказал в Библии. Он сказал: «...Я создам Церковь Мою, и врата ада не одолеют ее» (Мф. 16:18).

ⓘ Важное исследование Статистической комиссии при Лозанском движении не так просто найти. О нем рассказывается в «Be A Hero: The Battle For Mercy And Social Justice», авторы — W. Campbell и S. Court (Destiny Image 2004), стр. 156.

ⓘ Книга «Operation World» и другие ресурсы являются хорошим источником информации о распространении христианства в различных странах мира. См. www.operationworld.org.

5. Библейские истины преобразуют жизнь людей и сегодня

Как я уже сказал ранее, если Библия не правдива, я сам не буду ей доверять.

▶ Но, если то, о чем она говорит, правда, то мы можем ожидать, что Библия будет влиять на жизни людей. В заключение я хочу предложить вам послушать, какие изменения произошли в жизни нескольких человек после того, как они прошли курс «Свобода во Христе» и приняли решение верить Библии и довериться Христу.

[В идеале хорошо было бы пригласить людей с предыдущего курса. Также можно прочитать отрывки из писем на стр. 36].

Никто не может сказать, что у людей, верящих в Библию как в Послание от Бога, вера «слепая». Для этой веры существуют вполне логичные и разумные основания. Я коснулся этой темы только поверхностно. Есть множество ресурсов, из которых, при желании, вы можете получить информацию по этому вопросу.

О чем курс «Свобода во Христе»

Почему вопрос «Чем является Библия?» представляется таким важным? Потому что, если Библия является именно тем, на что она претендует, тогда те принципы, о которых она говорит, должны быть поистине преобразующими жизнь людей. И так оно и есть.

В основной части курса мы и будем рассматривать эти принципы. Это не длинный список правил «делай это» — «не делай то». Мы не будем обсуждать, как себя вести, а сконцентрируемся на более важном — во что верить. Христос сказал, что именно тогда, когда мы узнаем правду, мы станем по-настоящему свободными (Ин. 8:32).

Мы увидим, что приход к вере является определяющим событием нашей жизни.

▶ Внутренне мы становимся совершенно новыми людьми.

▶ Мы можем входить в Божье присутствие без страха и в любое время.

▶ Никакие наши действия не заставят Его любить нас больше или меньше.

▶ Мы узнаем, как устранять последствия даже самых серьезных проблем прошлого.

▶ Как осознать, в чем мы «застряли» и навсегда разобраться с этим, а также вырваться из замкнутого круга повторяющегося греха.

▶ И наконец, мы поймем, какова Божья цель для нашей жизни. Возможно, совсем не та, которую вы себе представляете.

Библейские принципы, о которых мы будем говорить, в корне изменили мою жизнь. И я счастлив, что могу поделиться ими с вами.

 ## СВИДЕТЕЛЬСТВО

Если бы кто-то вам сказал, что считает Библию «просто коллекцией мифов и легенд», то что бы вы на это ответили?

 ## НА СЛЕДУЮЩЕЙ НЕДЕЛЕ

Если вам все еще не удается читать Библию регулярно, почему бы не попробовать уже сейчас читать короткие отрывки каждый день? Можно начать с любого Евангелия: от Матфея, Марка, Луки или Иоанна. В процессе чтения напоминайте себе о фактах, которые мы сегодня рассмотрели, и, главное, что Сам Создатель Вселенной хочет сегодня разговаривать с вами через Свое Слово, Библию. Не поразительно ли это?!

Часть I

КЛЮЧЕВЫЕ ИСТИНЫ

Иисус сказал, что мы познаем истину, и истина сделает нас свободными! На первых трех занятиях мы рассмотрим некоторые ключевые истины о том, что значит быть христианином.

Занятие 1

КЕМ Я БЫЛ?

Занятие 1. Кем я был?

КЛЮЧЕВОЙ СТИХ:
1 Ин. 5:12: Имеющий Сына (Божия) имеет жизнь; не имеющий Сына Божия не имеет жизни.

ЦЕЛЬ ЗАНЯТИЯ:
Понять, как непослушание Адама и Евы привело к тому, что мы рождаемся духовно мертвыми, отделенными от Бога, и поэтому испытываем потребность быть принятыми, защищенными и значимыми.

КЛЮЧЕВАЯ ИСТИНА:
До того, как мы стали христианами, наши действия определялись потребностями быть принятыми, защищенными и значимыми. Теперь, во Христе, мы духовно живые дети Божьи, которые приняты, защищены и значимы.

Заметки для ведущего

На первом занятии вы поможете участникам ответить на вопрос: «Кто я?» На первый взгляд вопрос кажется простым. Тем не менее, то, как верующие отвечают на него, показывает, насколько они понимают, что значит быть христианином.

Участникам важно осознать, почему даже привлекательная внешность, успешная деятельность или высокое социальное положение не смогут дать то, что им необходимо: чувствовать себя значимыми в жизни, защищенными от невзгод и принятыми окружающими. Вы будете подводить слушателей к осознанию того, что все это люди могут достичь только тогда, когда станут детьми Божьими. Об этом мы поговорим подробнее на втором занятии.

В том случае, если вы планируете выездной день после 8-го занятия, не забудьте проинформировать об этом участников, чтобы они оставили день свободным.

Мы рекомендуем, чтобы на этом занятии вы сами, либо кто-то из бывших участников поделились своими впечатлениями о курсе. Если возможности это сделать нет, то можно прочитать отрывки из писем, посланных служению Свобода во Христе, которые вы найдете в следующем разделе.

Свидетельства

В данном разделе представлены отрывки из писем, присланных служению «Свобода во Христе». Если у вас нет возможности использовать «живые» свидетельства участников, то можете воспользоваться этими письмами. .

1. «Могу честно сказать, что после того, как я приняла Иисуса Христа, как своего Спасителя, вторым по значимости событием моей жизни стало обретение полноты свободы, которую дает Христос. Я очень рекомендую вам этот курс».

2. «Обретение свободы во Христе изменило всю мою жизнь».

3. «До того, как я прошла этот курс, я была христианкой уже много лет и старалась делать все, что требуется от верующего человека. Но довольно длительное время мной владело тяжелое чувство, что моей вере чего-то не хватает. Я предполагала, что если за меня помолится «правильный» человек или если у меня будет сильное духовное переживание, то я стану более хорошей и более духовной христианкой.

Тем не менее, слушая лекцию на прошлой неделе, я осознала, что уже знаю и понимаю все эти истины, и это меня очень обнадежило.

В субботу, проходя «Шаги к свободе во Христе», я ничего особенного не ощущала, но позже поняла, что причина этого была в том, что у меня не было серьезных проблем, требующих разрешения, так как Бог уже раньше помог мне с ними разобраться. Я просто этого не понимала. Зато теперь я знаю что делать, если возникнет какая-то проблема. В воскресенье на службе я проплакала все время прославления».

4. «Я пишу вам с благодарностью и хвалой в сердце! Прошлой ночью, первый раз в жизни я лег спать, хваля Бога, говоря, как я Его люблю. А сегодня утром я проснулся с сердцем, наполненным Его любовью».

5. «Те истины, с которыми я познакомился на курсе, оказались освободительными. Несмотря на то, что я «знал» о многих из них, они не были в моем сердце. Я был отделен от истины Божьей любви ко мне и освобождения, обретаемого во Христе, высокой стеной боли, душевных ран и обмана — лжи о самом Боге. Но на этой неделе стена рухнула».

Расчет времени занятия

Этот расчет времени занятия разработан в помощь ведущим малых групп. Предполагается, что занятие будет проходить примерно 2 часа, и предлагается примерная продолжительность каждой его части, а также время, прошедшее с начала занятия. Расчет времени вы найдете в материале каждого занятия.

Знакомство	5 мин.	0:05
Прославление	8 мин.	0:13
Слово. Часть 1	20 мин.	0:33
Пауза для размышления 1	25 мин	0:58
Слово. Часть 2	17 мин	1:15
Пауза для размышления 2	15 мин.	1:30
Слово. Часть 3	8 мин.	1:38
Пауза для размышления 3	15 мин.	1:53
Слово. Часть 4	7 мин.	2:00

Примечание:

Раздел «Свидетельство» не включен в Таблицу расчета времени, так как обычно он используется вместо одного из разделов «Паузы для Размышления». Если вы хотите использовать его отдельно, добавьте 5–10 мин к общему времени занятия.

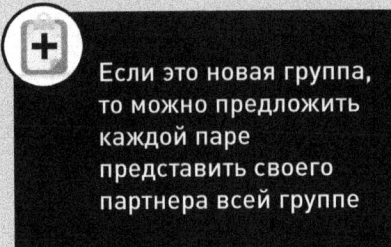

Если это новая группа, то можно предложить каждой паре представить своего партнера всей группе

 ## ЗНАКОМСТВО

Проведите несколько минут в парах, стараясь выяснить как можно больше друг о друге. Затем, недолго думая (не больше 30 секунд), ответьте на такой вопрос о вашем партнере: «Кто он/она?»

 ## ПРОСЛАВЛЕНИЕ

Предлагаемая тема: Божьи планы и обещания. Пс. 32:10-11; Иов. 42:2; Прит.19:21.

Предложите участникам назвать характерные черты Бога, например, мудрость, святость, верность, или Его имена.

 ## СЛОВО

Кто вы на самом деле?

Цель курса «Свобода во Христе» — помочь каждому христианину жить в свободе, которую Христос нам открыл. Как мы можем это сделать? Иисус сказал, что вы «познаете истину, и истина сделает вас свободными» (Ин. 8:32). Мы должны убедиться, что на самом деле **знаем** истину, что это знание находится не только у нас в голове, но, главное, и в наших сердцах.

Первая истина, которую нам необходимо понять, — это то, кем мы являемся на самом деле.

Итак, кто вы на самом деле? Вопрос кажется очень простым.

[Вставьте сюда ваши собственные данные]

«Ну, я Николай Иванов». Но вы можете справедливо указать: «Нет, это только ваше имя. Кто вы?»

«Я работаю в служении «Свобода во Христе». «Нет, это то, чем вы занимаетесь».

«Я — россиянин». «Нет, это где вы живете».

Тот человек, на кого вы смотрите сейчас, — это в самом деле я?

СВОБОДА ВО ХРИСТЕ 39

[Опишите свой внешний вид, например, рост 180 см, волосы черные, и так далее]

▶ Вы можете положить меня на операционный стол, чтобы попробовать выяснить, кто я на самом деле.

▶ Если вы отрубите мне одну руку, это все еще буду я?

▶ Если вы также отрубите мне одну ногу, это все еще буду я?

▶ А если вы сделаете мне пересадку сердца, почек и печени, буду ли это все еще я?

Где же все-таки я? Если вы будете продолжать отрубать еще и еще части моего тела, найдете ли вы меня в конце концов?

▶ Вопрос в том, что же все-таки я такое, что является сутью моего «Я»? Мое тело? Моя собственность? Мои действия? Мои мысли? А что является вашей сутью?

Вы созданы по образу и подобию Божьему

Апостол Павел сказал: «Потому отныне мы никого не знаем по плоти; если же и знали Христа по плоти, то ныне уже не знаем» (2 Кор. 5:16). «Знать по плоти» значит мерить себя и других человеческими мерками. Мы, к сожалению, часто так и делаем! Мы склонны судить себя и других по внешнему виду, роду занятий или социальному положению. Однако, Библия ясно дает нам понять, что плоть — это не то, кто мы на самом деле.

▶ В Библии сказано, что мы созданы по образу и подобию Божьему (Быт. 1:26). Но ведь Он — не плоть и кровь. ▶ Бог — это дух.

Наша истинная природа — духовная. Наша сущность — это то, что у нас внутри — «внутренний человек» (или дух, душа). Конечно же, у нас есть и тело, но в какой-то момент оно умрет, и мы его покинем. Не внешний человек создан по образу Божию, а внутренний, обладающий способностью думать, чувствовать и выбирать. Глубоко внутри мы являемся духовными существами.

Библия уверяет нас, что высшая реальность во Вселенной — духовная. Невидимый мир такой же реальный, как и видимый (Евр. 11:3). Каждый видимый физический предмет имеет только временный характер и когда-то исчезнет, а духовное будет жить вечно (2 Кор. 4:18).

ВСЕГО ДВА СЛАЙДА

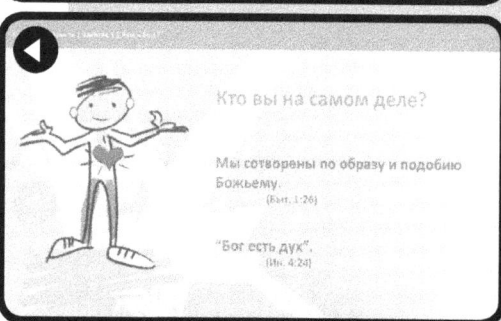

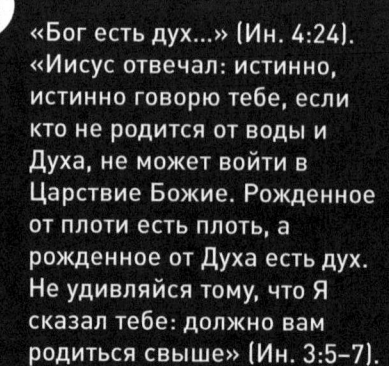

«Бог есть дух...» (Ин. 4:24). «Иисус отвечал: истинно, истинно говорю тебе, если кто не родится от воды и Духа, не может войти в Царствие Божие. Рожденное от плоти есть плоть, а рожденное от Духа есть дух. Не удивляйся тому, что Я сказал тебе: должно вам родиться свыше» (Ин. 3:5–7).

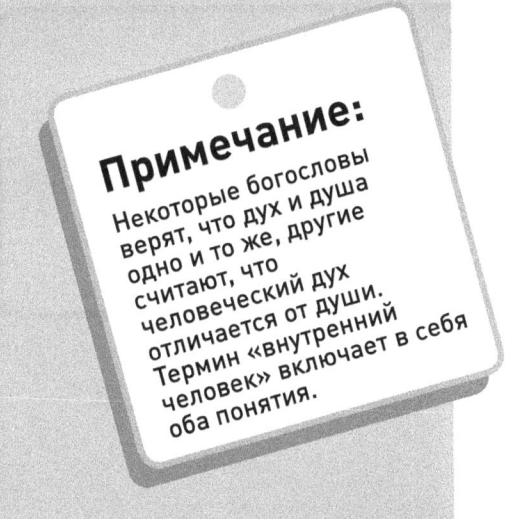

Примечание: Некоторые богословы верят, что дух и душа одно и то же, другие считают, что человеческий дух отличается от души. Термин «внутренний человек» включает в себя оба понятия.

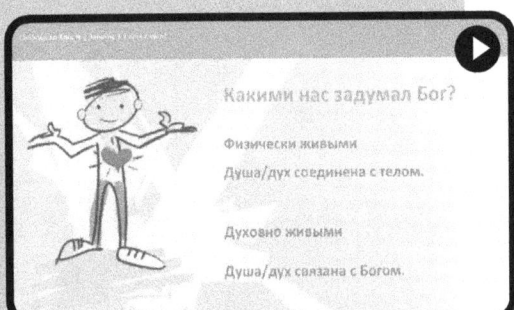

Какими нас задумал Бог?

▶ Физически все человечество происходит от одной пары — Адама и Евы. Интересно заметить, что анализ так называемой «митохондриальной ДНК» показал ученым, что все человеческие существа произошли от одной женщины (хотя ученые и не утверждают, что она была единственной живущей женщиной в то время), а анализ Y-хромосом показал, что все человеческие существа также произошли от одного мужчины. Приятно сознавать, что открытия науки в биологии подтверждают то, о чем говорит Библия.

Жизнь Адама и Евы до грехопадения довольно сильно отличалась от нашей. В чем же причина? Давайте рассмотрим вопрос, что значило для Адама «быть живым».

Ответ состоит из двух частей. Адам был:

Живой физически

▶ Прежде всего, Адам был живым физически. Это означает, что его дух (внутренний человек, его сущность) был соединен с его телом. После смерти дух Адама должен был «выйти из тела и водвориться у Господа» (2 Кор. 5: 8).

Так же, как и у Адама, у нас есть физическое тело, имеющее различные чувства, такие как зрение, слух, вкус, осязание и обоняние.

Живой духовно

▶ Кроме того, что Адам был живым физически, он был живым духовно. Это означает, что его дух был соединен с Богом.

Мы были задуманы также: с духом, соединенным с телом, с одной стороны, и связанным с Богом, с другой.

▶ Духовное единение с Богом придало жизни Адама следующие важные качества:

1. Значимость

▶ Бог дал Адаму цель его существования — «владычествовать над рыбами морскими, и над птицами небесными, и над скотом, и над всею землею» (Быт. 1:26). Адаму не пришлось искать смысл жизни: он у него уже был и придавал ему значимость.

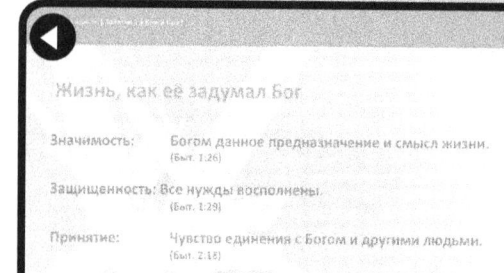

2. Защищенность

▶ Адам находился в полной безопасности и чувствовал себя защищенным в Божьем присутствии. У него было все: пища, кров, общение — во всей их полноте! Адам не знал, что такое нужда.

3. Принятие

▶ У Адама были близкие отношения с Творцом. Он мог общаться с Ним в любое время и наслаждаться Его безраздельным вниманием (Быт. 1:27, 28). После того, как Бог создал Еву, у Адама появилось чувство единения не только с Ним, но и с другим человеком.

Таким образом, Адам и Ева были полностью приняты и признаны Богом и друг другом. Они были наги и не знали чувства стыда: им нечего было скрывать, нечего стыдиться.

Точно также Бог задумал и вас. Вы были предназначены для такого же образа жизни. Без тревог, в полной безопасности, с высокой жизненной целью и с чувством единения с Богом и людьми.

ПАУЗА ДЛЯ РАЗМЫШЛЕНИЯ 1

ЗАДАЧА:

ВЫЗВАТЬ УЧАСТНИКОВ НА РАЗГОВОР И ЗАКРЕПИТЬ МЫСЛЬ О ТОМ, ЧТО У АДАМА И ЕВЫ БЫЛА ПОЛНАЯ УВЕРЕННОСТЬ В СВОЕЙ ЗНАЧИМОСТИ, ЗАЩИЩЕННОСТИ И ПРИНЯТИИ.

▶ ВОПРОСЫ:

РАССКАЖИТЕ, ПОЖАЛУЙСТА, ПОЧЕМУ ВЫ ПРИШЛИ НА ЭТОТ КУРС? И ЧТО ВЫ ОТ НЕГО ОЖИДАЕТЕ?

ПОПРОБУЙТЕ ПРЕДСТАВИТЬ ЖИЗНЬ АДАМА И ЕВЫ ТАКОЙ, КАКОЙ ОНА БЫЛА ВНАЧАЛЕ. ЧЕМ БЫ ОНА ОТЛИЧАЛАСЬ ОТ ВАШЕЙ?

О ЧЕМ, ПО ВАШЕМУ МНЕНИЮ, ОНИ МОГЛИ ДУМАТЬ В КОНЦЕ ДНЯ ПЕРЕД СНОМ?

Последствие грехопадения

Духовная смерть

▶ Адам и Ева поддались обману сатаны и ослушались Бога — Библия называет это «грехом». Создатель предупредил: «а от дерева познания добра и зла, не ешь от него, ибо в день, в который ты вкусишь от него, смертью умрешь» (Быт. 2:17). Они все-таки съели. И умерли. Физически? Да, но не сразу. Физическая смерть наступила, в конце концов, но только через 900 лет.

▶ Самым страшным результатом грехопадения было то, что у них наступила духовная смерть. Та связь, которая соединяла их дух с Божьим, была разорвана, и они потеряли единение с Творцом. После этого все их потомки приходят в мир физически живыми, но духовно мертвыми. В Еф. 2:1 говорится о нас, как о «мертвых по преступлениям и грехам». Мы рождаемся физически живыми, но с мертвым духом, то есть отчужденные от Бога (Рим. 5:12; 1 Кор. 15:21, 22).

Последствия греха первых людей многочисленны и разнообразны, но могут быть выражены одним словом: «смерть». Духовная смерть для них (а значит, и для нас) означала следующее:

▶ 1. Утрата знания Бога

Люди утратили мудрость, данную им Богом, и вынуждены были искать свою индивидуальность, цель и смысл жизни уже независимо от своего Создателя. О том, каким ущербным стало мышление Адама говорит то, что он пытался спрятаться от Бога, зная, что Тот вездесущ! (Быт. 3:7, 8).

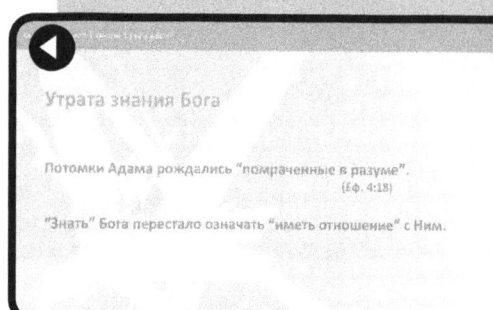

▶ Послушайте, как апостол Павел описывает потомков Адама: «помрачены в разуме, отчуждены от жизни Божией, по причине их невежества и ожесточения сердца их» (Еф. 4:18).

Разум людей помрачен из-за того, что их дух уже не связан с Богом. Павел также говорит, что физически живой, но духовно мертвый человек не может понять «того, что от Духа Божия», так как это можно понять только духом (1 Кор. 2:14).

▶ Чтобы иметь отношения с Богом, нужно Его знать. После грехопадения и изгнания от Божьего присутствия Адам и Ева утратили то близкое знание Творца, которым они раньше обладали. С тех пор мы приходим в этот мир без истинного понимания Бога. Мы можем что-то узнать о Создателе (накопить информацию), но мы не можем познать Его самого, если только не восстановим отношения с Ним через Иисуса Христа.

Истинное познание Бога означает установление с Ним личных отношений, а не только знание каких-то фактов о Нем. Мы часто слышим о браках через интернет, когда люди знакомятся через сайты и затем вступают в брак. Но представьте, какие отношения были бы у супругов, если бы они так и не встретились лично, а общались только через электронную почту?

В определенный момент эта истина стала откровением и для апостола Павла. Он обладал такими обширными знаниями о законе и о Боге, что, наверное, мог бы претендовать на титул «Богослова года». Но однажды Господь внезапно вошел в его жизнь лично, остановив его и заговорив с ним на дороге в Дамаск. После этого Павел открыл для себя, что значит иметь личные отношения с Богом, а не просто богословское представление о Нем. Вот какое влияние эта встреча оказала на апостола: «Да и все почитаю тщетою ради превосходства познания Христа Иисуса, Господа моего: для Него я от всего отказался, и все почитаю за сор, чтобы приобрести Христа» (Фил. 3:8).

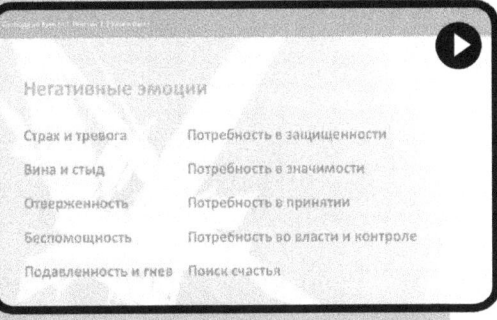

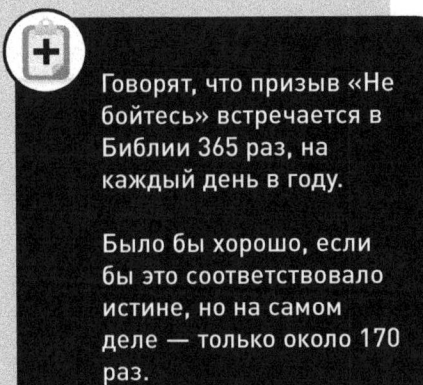

Говорят, что призыв «Не бойтесь» встречается в Библии 365 раз, на каждый день в году.

Было бы хорошо, если бы это соответствовало истине, но на самом деле — только около 170 раз.

2. Негативные эмоции

▶ Грехопадение, кроме того, что Адам и Ева утратили истинное общение с Богом, также привело к тому, что они стали испытывать различные негативные эмоции, которых не знали ранее.

▶ Они испытывали страх и тревогу

Первое, что почувствовал Адам после грехопадения, был страх (Быт. 3:10). «Не бойтесь!» — одно из наиболее повторяющихся воззваний в Библии. Неврозы страха и тревоги занимают первое место среди психических расстройств в мире. До того, как Адам и Ева согрешили, они не испытывали страха или беспокойства, так как знали, что были полностью защищены. Поэтому мы рождаемся со страстным желанием вернуть себе то состояние защищенности, которое они утратили.

▶ Они испытывали вину и стыд

Вначале Адам и Ева обладали чувством собственной значимости. Но в результате разрушенных отношений с Богом это чувство заменилось на негативные эмоции вины и стыда. Поэтому в каждом из нас есть сильная врожденная тяга чувствовать себя значимыми. То, что было неотъемлемым качеством Адама и Евы, стало кричащей потребностью для нас.

Предположим, что на этом курсе у меня будет возможность узнать вас очень близко, по-настоящему близко. Как вы думаете, вы бы мне понравились?

[Сделайте длинную паузу]

Конечно, понравились бы! Хотя бы по той причине, что Бог есть как во мне, так и в вас. Но мне интересно, что вы почувствовали, когда я задал вам этот вопрос? Чувства вины и стыда, которые мы унаследовали от Адама, заставляют большинство из нас пугаться до смерти при мысли о том, что кто-то узнает, какие мы есть на самом деле.

Кризис личности и негативная самооценка стали неотъемлемыми проблемами человека, начиная с грехопадения.

▶ Они чувствовали себя отверженными

До грехопадения Адама и Еву радовало чувство полного принятия, принадлежности Богу и друг другу. С разрушением отношений с Богом пришло и сокрушительное чувство отверженности. Теперь каждый человек рождается с этим чувством отверженности, что создает в нем сильную потребность быть принятым — другими, обществом. Опять же то, что во всей полноте было у Адама и Евы, стало глубокой необходимостью для нас.

▶ Они чувствовали себя слабыми и беспомощными

Адам и Ева обладали внутренней Божьей силой, которая была им дана для осуществления их предназначения — руководства всем миром. Однако, оторвавшись от Бога, они были вынуждены полагаться только на свои собственные силы и ресурсы. И каждый человек рождается с чувством одиночества в мире, который он не в силах контролировать. Вот почему с раннего возраста мы стараемся быть сильными и пытаемся осуществлять контроль над своей жизнью. Правда в том, что мы были задуманы полностью зависимыми от Бога. Но, не имея Его в своей жизни, человек пытается сам контролировать свою судьбу, что часто приводит к попытке управлять другими людьми. Это бесполезное занятие, и по иронии судьбы нет более неуверенного в себе человека, чем тот, кто пытается контролировать других.

▶ Они чувствовали подавленность и гнев

После всего, что произошло, совсем не удивительно, что люди чувствовали себя подавленными и испытывали гнев. В Библии мы читаем об этих эмоциях очень рано, уже в том месте, где Каин и Авель принесли свои дары Богу, но Он не принял дар старшего брата. Тогда «Каин сильно огорчился, и поникло лицо его» (Быт. 4:5). Депрессия занимает второе место среди всех психических расстройств в мире. Это болезнь настолько широко распространена, что ее часто называют «простудным» психическим заболеванием. Несмотря на все наши технологические достижения, мы живем в «эпоху тревоги».

Всемирная организация здравоохранения сообщает, что к 2020 году депрессия выйдет на второе место среди причин инвалидности и смертности людей во всем мире после болезней сердца.

«По оценкам специалистов, в течение всей жизни 8–12% мужчин и 20–26% женщин будут иметь, по крайней мере, один эпизод депрессии». Ричард Хорнсби, директор Доверительного фонда памяти сэра Роберта Монда, Лондон.

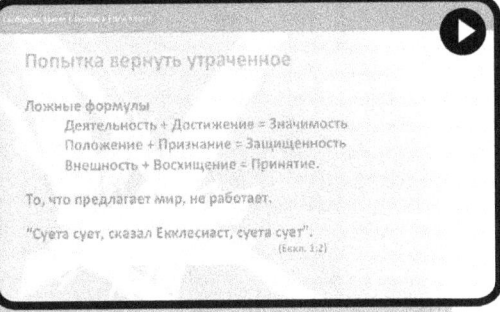

Попытка вернуть утраченное

То, что предлагает мир, не работает

▶ Как мы с вами видим, одним из последствий грехопадения Адама и Евы оказалось то, что нами движут сильные врожденные потребности в принятии, защищенности и значимости. Но, потеряв мудрость от Бога, мы не знаем, что нужно делать, чтобы эти нужды удовлетворить. Поэтому неудивительно, что мы запутались, не знаем, кто мы есть на самом деле и что может сделать нас счастливыми. Безуспешно пытаясь найти цель своего пребывания на Земле, мы напоминаем автомобили без топлива. Какой бы красивой машина ни была, она не может осуществить свое предназначение, не имея бензина.

▶ Мир предлагает для жизни ряд ложных формул, обещающих восстановить то, что было утрачено Адамом и Евой:

Деятельность + Достижение = Значимость
Положение + Признание = Защищенность
Внешность + Восхищение = Принятие

▶ Никакие человеческие усилия — успешная деятельность, привлекательная внешность, или высокое социальное положение — не смогут вернуть то, что было потеряно в Эдеме.

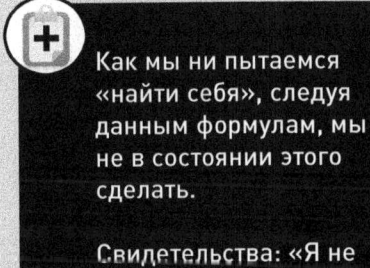

Как мы ни пытаемся «найти себя», следуя данным формулам, мы не в состоянии этого сделать.

Свидетельства: «Я не могу найти никакого удовлетворения» (Rolling Stones), «Я до сих пор не нашел то, что ищу» (U2).

Давайте вспомним царя Соломона, управлявшего израильским народом в период его расцвета. Соломон обладал всем, что человек только может пожелать в этой жизни: положением, властью, а также огромным богатством для оплаты любой своей прихоти (мы все слышали про «копи царя Соломона»). Его окружало множество прекрасных женщин. Однако, во всем этом он пытался найти цель и смысл жизни без Создателя. Бог дал Соломону больше мудрости, чем любому живущему на земле. Что же этот исключительно мудрый человек понял, испробовав все радости и наслаждения мира? Он написал об этом книгу, которая называется «Книга Екклесиаста» (Библия, Ветхий Завет). И какое же было его заключение? ▶ «Суета сует, сказал Екклесиаст, суета сует, — все суета!» (Еккл. 1:2).

Бернхард Лангер, один из сильнейших в мире игроков в гольф, ставший христианином, пришел к тому же:

> К 28 годам я добился практически всего, что хотел в жизни. Но тогда я понял, что материальные вещи не делают нас счастливыми и что должно быть что-то большее в жизни,

чем копить деньги в банке, или машины, или дома, что угодно. Всегда будет хотеться все больше и больше, и никогда не приходит удовлетворение.

Какие бы усилия мы не прилагали, чтобы добиться большего в жизни, произвести лучшее впечатление, получить общее признание и так далее, мы не в состоянии вернуть то, что было утрачено нашими прародителями. Проблема в том, что мы рождаемся отчужденными от Бога.

Следование правилам не работает

▶ Бог падшее человечество не оставил. У Него был план по его возрождению. Но сначала людям было необходимо убедиться на собственном опыте, что никакие человеческие старания и попытки помочь самим себе не могут дать то, что им необходимо. Для этой цели Бог заключил соглашение с человечеством (завет), основанное на букве закона, своде правил. Если бы мы смогли жить по всем требованиям закона, то получили бы благословение, если нет — проклятие. Конечно, мы не смогли, и закон стал для нас проклятием. Он оказался бессилен вернуть нам ту полноту жизни, которую мы утратили в Адаме и Еве (Гал. 3:10, 21). Это было частью высшего плана, так как Бог предназначил закону быть наставником, который в итоге приведет нас ко Христу. Попытка следования закону должна была привести нас к осознанию своей беспомощности, вызванной отделением от Творца и духовной смертью. По своей милости Бог создал систему жертвоприношений во искупление грехов, которые в конечном счете указывали на окончательную жертву за искупление грехов всего человечества — Иисуса Христа.

У нас всех есть глубокая потребность, чтобы нас любили такими, какие мы есть — по определению понятно, что мы не можем сделать ничего, чтобы заслужить это.

Таким образом, мы все приходим в этот мир не такими, какими были задуманы, а полностью отрезанными от Источника истинной духовной жизни.

ПАУЗА ДЛЯ РАЗМЫШЛЕНИЯ 2

ЗАДАЧА:

ПОМОЧЬ УЧАСТНИКАМ ОСОЗНАТЬ, ЧТО ГРЕХ АДАМА И ЕВЫ ИМЕЛ ПОСЛЕДСТВИЯ ЛИЧНО ДЛЯ ИХ ЖИЗНИ, И ЧТО ОНИ НЕ В СОСТОЯНИИ СПРАВИТЬСЯ С ЭТИМИ ПОСЛЕДСТВИЯМИ БЕЗ ИИСУСА ХРИСТА.

▶ **ВОПРОСЫ:**

КАКОВЫ ПОСЛЕДСТВИЯ ГРЕХА АДАМА И ЕВЫ ДЛЯ НАШЕЙ ЖИЗНИ?

КАКИЕ ИЗ НИХ ВЫ ВИДИТЕ В СВОЕЙ ЖИЗНИ И ПОЧЕМУ?

ПОСМОТРИТЕ НА ЛОЖНЫЕ ФОРМУЛЫ В РАЗДЕЛЕ «ТО, ЧТО ПРЕДЛАГАЕТ МИР...». КАКИМ ОБРАЗОМ ЛЮДИ ПЫТАЮТСЯ УДОВЛЕТВОРИТЬ ГЛУБОКО ЗАЛОЖЕННЫЕ ПОТРЕБНОСТИ ЧУВСТВОВАТЬ СЕБЯ ЗНАЧИМЫМИ, ЗАЩИЩЕННЫМИ И ПРИНЯТЫМИ? ПРИВЕДИТЕ ПРИМЕР ИЗ СВОЕЙ ЖИЗНИ ИЛИ ИЗ НАБЛЮДЕНИЙ ЗА ДРУГИМИ.

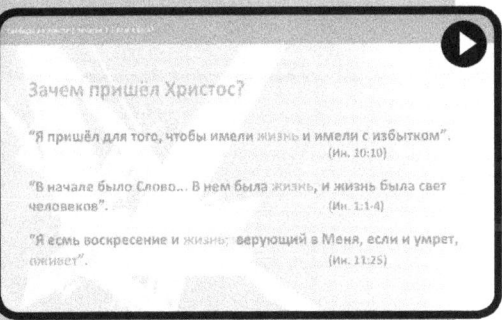

Зачем пришел Христос?

Возвратить нам духовную жизнь

Возвращение нам жизни, утраченной Адамом, возможно только путем восстановления отношений с Богом и воссоединения нашего духа с Его Духом. Только так мы опять станем духовно живыми. Нам самим это сделать невозможно. ▶ Поэтому Бог послал Иисуса Христа, чтобы разрушить дела сатаны, который обманул Еву и подвел ее и Адама ко греху, отделившему их от Бога.

Иисус, как и Адам, был жив не только физически, но и духовно. Однако, в отличие от Адама, Он был безгрешен. Христос показал пример, как духовно живой человек может существовать в этом падшем мире, если будет полностью полагаться на Отца Небесного.

Важно отметить, что Христос пришел, чтобы дать нам намного большее, чем просто пример. Он пришел, чтобы... Для чего же Он пришел? Как вы думаете? Большинство людей, наверное, скажут: «Он пришел простить наши грехи». И, конечно, будут правы. Но прощение грехов является только средством для достижения главной, конечной цели. Сам Иисус сказал следующее:

▶ «Я пришел для того, чтобы имели **жизнь** и имели с избытком» (Ин. 10:10) (Выделено нами).

Что потерял Адам? — Жизнь. Что пришел нам дать Иисус? — Жизнь. Вы увидите, что слово «**жизнь**» встречается в Новом Завете постоянно:

▶ «В начале было Слово... В Нем была **жизнь**, и **жизнь** была свет человеков. (Ин. 1:1–4) (Выделено нами).

▶ «Иисус сказал ей: Я есмь воскресение и **жизнь**; верующий в Меня, если и умрет, оживет» (Ин. 11:25). (Выделено нами). Другими словами, его дух будет продолжать жить, даже когда тело умрет.

Когда мы приходим к вере в Иисуса Христа, наш дух воссоединяется с Духом Божьим, это означает, что мы рождаемся вновь духовно и получаем возможность близко познать Бога (так, как Его первоначально знали Адам и Ева). Это также позволяет нам строить гармоничные отношения с людьми (такие, какие вначале были у Адама и Евы).

▶ В Адаме мы потеряли **жизнь**. Христос пришел, чтобы возвратить нам **жизнь**.

Вернуть нам значимость, защищенность и принятие

▶ Вы предполагали, что вечная жизнь — это то, что нас ждет после смерти? Нет,

▶ Это гораздо большее — совершенно другое качество жизни сегодня, здесь и прямо сейчас. На самом деле, это возвращение нам той жизни, которую Адам потерял после грехопадения. Апостол Иоанн писал: «Имеющий Сына (Божия) имеет жизнь; не имеющий Сына Божия не имеет жизни» (1 Ин. 5:12). В тот момент, когда мы принимаем Христа, мы обретаем право называться детьми Божьими (Ин. 1:12). И с этого времени мы имеем жизнь Христа в нас самих, и это делает возможным восстановление того, что Адам и Ева потеряли в результате грехопадения.

▶ Наши врожденные потребности найти свою индивидуальность, быть принятыми, защищенными и значимыми могут полностью реализоваться во Христе уже сейчас.

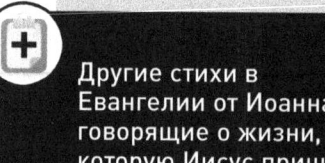
Другие стихи в Евангелии от Иоанна, говорящие о жизни, которую Иисус пришел дать: Ин. 6:48 и Ин. 14:6.

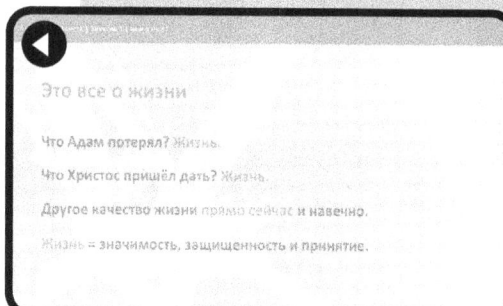
Это все о жизни

Что Адам потерял? Жизнь.

Что Христос пришёл дать? Жизнь.

Другое качество жизни прямо сейчас и навечно.

Жизнь = значимость, защищенность и принятие.

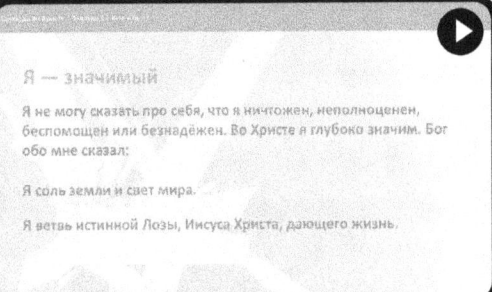

ВСЕГО 9 СЛАЙДОВ

«Чему вы будете доверять, своим ощущениям или тому, что говорит о вас Творец всей Вселенной?» Это фундаментальный вопрос всего курса. Не уставайте побуждать участников отвечать на вопрос: «Чему они доверяют больше, своим чувствам или Слову Божьему?»

Давайте посмотрим, что об этом говорится в Библии.

▶ [Прочитайте все вместе утверждения из раздела «Значимость, Защищенность и Принятие, восстановленные во Христе» на стр. 17 и 18 «Руководства для участника».]

Возможно, трудно представить, что все эти слова относятся к вам. Но если вы являетесь христианином, то Бог говорит, что все это для вас! Чему вы будете доверять, своим собственным ощущениям или тому, что говорит о вас Творец Всей Вселенной?

В дальнейшем на этом курсе вы еще больше узнаете о том, что значит быть христианином и что это означает для вашей повседневной жизни. Почему вам больше не нужно стремиться быть принятыми людьми; почему, вне зависимости от обстоятельств, во Христе вы всегда защищены; и почему вам не стоит беспокоиться о ваших нуждах.

На этот момент важно понять, что если Бог о чем-то говорит, что это правда, то так оно и есть. Бог есть Истина, а наша задача поверить истине, даже если наши чувства или обстоятельства пытаются убедить нас в обратном.

ПАУЗА ДЛЯ РАЗМЫШЛЕНИЯ 3

ЗАДАЧА:

ОСОЗНАТЬ, ЧТО УТВЕРЖДЕНИЯ БИБЛИИ О НАС НЕ ВСЕГДА КАЖУТСЯ ПРАВДОЙ, ОДНАКО, ЕСЛИ ТАК ГОВОРИТ САМ БОГ, ЗНАЧИТ ТАК ОНО И ЕСТЬ.

▶ **ВОПРОСЫ:**

КАКИЕ УТВЕРЖДЕНИЯ, ПРОЧИТАННЫЕ НАМИ, ВАС УДИВИЛИ? ПОЧЕМУ?

КАКИЕ ИЗ НИХ ВАС ВДОХНОВИЛИ? ПОЧЕМУ?

ЕСЛИ БОГ ЧТО-ТО О НАС ГОВОРИТ, А НАМ КАЖЕТСЯ, ЧТО ЭТО НЕ ТАК, КАК МЫ ДОЛЖНЫ РЕАГИРОВАТЬ?

Краткое изложение занятия

Мы рассмотрели, что Адам и Ева были духовно живыми, это означало, что у них были близкие отношения с Богом и полное принятие, значимость и защищенность. Но все это было утрачено, в том числе и нами.

Христос пришел, чтобы вернуть нам потерянную жизнь. У христиан она уже есть. Они начинают испытывать полноту жизни, которую дает Христос, когда всей душой верят тому, о чем Бог говорит в своем Слове.

«Имеющий Сына (Божия) имеет жизнь; не имеющий Сына Божия не имеет жизни» (1Ин. 5:12).

На следующем занятии мы вернемся к вопросу «Кто я?» и рассмотрим истину, что значит быть христианином. ▶

На протяжении всего курса рассматривается отличие между христианами и пока-еще-не-христианами. В зависимости от состава группы в этом месте можно подчеркнуть, что мы обретаем «жизнь» только после того, как принимаем Христа. Вы можете сказать примерно следующее: «если вы еще не уверены, христианин вы или нет, то, чтобы им стать, вам нужно просто принять то, что вам предлагает Бог — Его великодушный дар. Поблагодарите Бога всей душой за то, что Он послал Иисуса Христа умереть за вас, чтобы дать вам жизнь, и примите Христа как своего Господа и Спасителя». Также вы можете это сделать и на следующем занятии (или на обоих).

СВИДЕТЕЛЬСТВО

Каким образом люди пытаются добиться принятия, значимости и защищенности?

Как вы объясните неверующему соседу то, что в конечном счете все это мы можем найти только во Христе?

НА СЛЕДУЮЩЕЙ НЕДЕЛЕ

Каждый день постарайтесь читать вслух истины о вас из списка «Значимость, Защищенность и Принятие, восстановленные во Христе». Затем выберите одну из этих истин, имеющую особенное отношение к вашей жизни, и посвятите немного времени чтению соответствующего отрывка из Библии, прося Бога помочь понять эту истину во всей полноте.

Значимость, Защищенность и Принятие, восстановленные во Христе

Я — значимый

Я не могу сказать о себе, что я ничтожен, неполноценен, беспомощен или безнадёжен. Во Христе я особенно значим. Бог обо мне сказал:

Мф. 5:13, 14	Я соль земли и свет мира.
Ин. 15:1, 5	Я ветвь истинной Лозы, Иисуса Христа, дающего жизнь.
Ин. 15:16	Я избранник Божий и предназначен приносить плоды.
Деян. 1:8	Я свидетель Христа, обладающий силой Духа Святого.
1 Кор. 3:16	Я храм Божий.
2 Кор. 5:17–21	Я посланник Бога, давшего мне служение примирения.
2 Кор 6:1	Я соработник Богу.
Еф. 2:6	Я посажен с Христом на небесах.
Еф. 2:10	Я Божье творение и создан на добрые дела.
Еф. 3:12	Я могу смело входить в Божье присутствие.
Фил. 4:13	Я все могу в укрепляющем меня Иисусе Христе.

Я — защищенный

Я не могу сказать о себе, что я виновен, незащищен, одинок или оставлен. Во Христе я полностью защищен. Бог обо мне сказал:

Рим. 8:1, 2	Я свободен от осуждения.
Рим. 8:28	Все содействует к моему благу.
Рим. 8:31–34	Я свободен от любых обвинений против меня.
Рим. 8:35–39	Ничто не может отлучить меня от любви Божьей.
2 Кор. 1:21, 22	Я помазан Богом и на мне печать Духа Его.
Фил. 1:6	Я уверен, что Бог завершит доброе дело, начатое во мне.
Фил. 3:20	Я гражданин Небес.
Кол. 3:3	Я сокрыт со Христом в Боге.
2 Тим. 1:7	Я имею дух не боязни, но силы, любви и целомудрия.
Евр. 4:16	Я получу милость и благодать для благовременной помощи.
1 Ин. 5:18	Я рожден от Бога, и лукавый не может прикоснуться ко мне.

Я — принятый

Я не могу сказать о себе, что я отвержен, нелюбим, грязен или унижен. Во Христе я полностью принят и прощен. Бог обо мне сказал:

Ин. 1:12	Я дитя Божье.
Ин. 15:15	Я друг Христа.
Рим. 5:1	Я оправдан.
1 Кор. 6:17	Я соединен с Господом и един духом с Ним.
1 Кор. 6:19, 20	Я куплен дорогой ценой и принадлежу Богу.
1 Кор. 12:27	Я член Тела Христова.
Еф. 1:1	Я свят во Христе.
Еф. 1:5	Я усыновлен Богом.
Еф. 2:18	Я имею прямой доступ к Богу через Иисуса Христа и Духа Святого.
Кол. 1:14	Я искуплен, и грехи мои прощены.
Кол. 2:10	Я имею полноту во Христе.

Занятие 2

КТО Я ТЕПЕРЬ?

Занятие 2. Кто я теперь?

КЛЮЧЕВОЙ СТИХ:
2 Кор. 5:17: Итак, кто во Христе, тот новая тварь; древнее прошло, теперь все новое.

ЦЕЛЬ ЗАНЯТИЯ:
Осознать, что глубоко внутри мы теперь новые создания во Христе.

КЛЮЧЕВАЯ ИСТИНА:
Решение следовать за Иисусом Христом было определяющим моментом вашей жизни и полностью изменило природу вашей личности.

Заметки для ведущего

Это занятие для вас как ведущего очень приятное. На ваших глазах люди, которые считали, что в глубине души они все еще нечисты и недостойны, начнут осознавать, что для них сделал Христос, а именно в корне изменил их сущность. Они стали теми, кто радует Бога. Некоторым христианам сложно принять эту мысль, поскольку они не **чувствуют** себя праведными. Таким людям важно постоянно напоминать, что о них говорит Слово Божье.

РАСЧЕТ ВРЕМЕНИ ЗАНЯТИЯ:

ЗНАКОМСТВО	10 мин	0:10
ПРОСЛАВЛЕНИЕ	15 мин	0:25
СЛОВО. ЧАСТЬ 1	11 мин	0:36
ПАУЗА ДЛЯ РАЗМЫШЛЕНИЯ 1	25 мин	1:01
СЛОВО. ЧАСТЬ 2	20 мин	1:21
ПАУЗА ДЛЯ РАЗМЫШЛЕНИЯ 2	15 мин	1:36
СЛОВО. ЧАСТЬ 3	24 мин	2:00

 Цель этого вопроса — выяснить, понимают ли участники, что Евангелие — это больше, чем весть о том, что Христос умер за наши грехи. Нужно узнать, осознают ли люди, что Он также дает нам новую «жизнь» и победу над врагом.

 ЗНАКОМСТВО

Представьте, что вы разговариваете с неверующим человеком. Как вы можете рассказать о своей вере в двух предложениях?

Или: Когда вы приходили к вере, как вам преподнесли смысл Евангелия?

 **ПРОСЛАВЛЕНИЕ**

Предлагаемая тема: осознать силу Божьей любви и благоволения к нам.

Прочитайте одно или два из следующих стихов:
Еф. 3:16–19; Соф. 3:17; 2 Кор. 3:18; Евр. 12:1–2.

Предложите открыть Псалом 102:8–17 и прочитать его про себя, а затем вслух произнести истины о Божьей любви к нам, удивительной и неизменной, и поблагодарить Бога за эту любовь.

 **СЛОВО**

Кто я теперь?

Давайте вернемся к вопросу, который мы начали обсуждать на прошлом занятии: «Кто мы на самом деле?»

Когда-то мы «были по природе чадами гнева» (Еф. 2:3). Другими словами, мы были неприемлемы для Бога и ничего не могли с этим поделать. Момент, когда мы стали христианами, стал в нашей жизни определяющим. Тогда для нас изменилось все. В Библии очень выразительно описывается это событие:

▶ «Итак, кто во Христе, тот новая тварь; древнее прошло, теперь все новое» (2 Кор. 5:17).

Разве можно быть одновременно старым и новым?

▶ «Вы были некогда тьма, а теперь — свет в Господе...» (Еф. 5:8).

СВОБОДА ВО ХРИСТЕ **57**

Разве можно быть одновременно тьмой и светом?

▶ «...избавившего нас от власти тьмы и введшего в Царство возлюбленного Сына Своего...» (Кол. 1:13).

Разве можно находиться одновременно в обоих царствах?

Праведник — не грешник

Ответьте, пожалуйста, на такой вопрос: «Вы бы описали себя сейчас, как «грешника, спасенного по благодати»? [Выдержите паузу, чтобы участники могли отреагировать — предложите поднять руку тем, кто согласен].

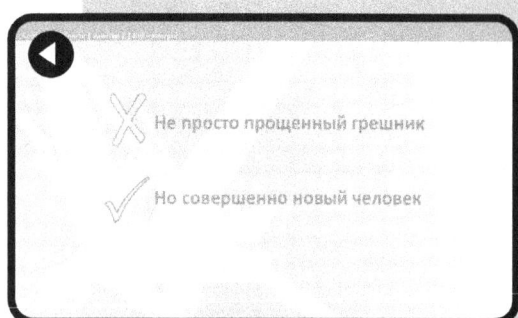

▶ Теперь давайте посмотрим на следующий стих из Библии:

«Но Бог Свою любовь к нам доказывает тем, что Христос умер за нас, когда мы были еще грешниками» (Рим. 5:8). Похоже, что этот стих подразумевает, что мы более не грешники.

▶ Конечно, вы были грешником и затем спасены благодатью Божьей. Если вы больше не грешник, то кто же вы теперь?

В Новом Завете слово «грешники» используется по отношению к неверующим (более 300 раз).

А верующие, с другой стороны, называются ▶ «святыми» или «праведниками» (более 200 раз) и никогда наоборот. Если вы приняли Иисуса Христа, как своего Господа и Спасителя, вы теперь не прощенный грешник, но искупленный праведник или даже святой!

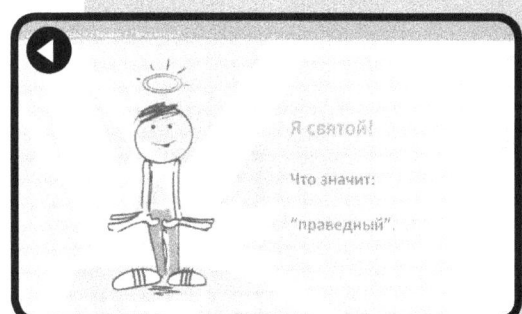

▶ Именно так — святой и праведник! И это не просто название. Оно отражает тот факт, что, когда вы стали христианином (даже если вы не уверены, когда именно произошло это событие), вы стали новым созданием во Христе. Сама природа вашего существа кардинально изменилась. Вы были тем, кто был неприемлем Богу. Теперь вы стали тем, кто принят, защищен и значим во Христе.

Одна женщина выразила это так: «Я раньше думала о себе, как о «грязной собаке в белых одеждах». Я знала, что покрыта праведностью Христа, но думала, что глубоко внутри я все еще отвратительна Богу. Теперь я начинаю понимать, что я, на самом деле, «собака чистая».

В Гал. 3:27 говорится, что мы «во Христа облеклись». Читая эту фразу, многие представляют, что мы только покрылись (или замаскировались) праведностью Христа, а внутри все еще грязные и недостойные. Понять, что это не так, поможет следующая аналогия из притчи о блудном сыне. Когда он возвратился домой, на него надели лучшие одежды (Лк. 15:22). Разве сыном своего отца его сделала красивая одежда? Нет, как раз наоборот, ему дали одежду, потому что он уже был сыном!

Внутри мы больше не грязные, а праведные. Мы можем облачиться во Христа, потому что Он изменил нашу сущность, сделав нас детьми Божьими.

Когда Бог Отец смотрит на вас, Он улыбается. Он вас любит. Он видит не Христа, покрывающего вас. Он видит вас самого, новое творение, праведное и святое.

Во Христе

Мы праведные не из-за своих заслуг, а из-за своего положения «во Христе». В одном только Послании к Ефесянам в шести главах фраза «во Христе» встречается более 40 раз. Это значит, что, приняв Христа, наша личность совершенно изменилась: если раньше мы «были по природе чадами гнева», то теперь стали «причастником Божеского естества» (2 Пет. 1:4).

Даже только начинающий христианин — праведный во Христе. Этот термин определяет наше положение во Христе, но не обязательно зрелость в вере.

ПАУЗА ДЛЯ РАЗМЫШЛЕНИЯ 1

ЗАДАЧА:

ЗАКРЕПИТЬ В УЧАСТНИКАХ ИСТИНУ, ЧТО ХРИСТИАНИН СТАНОВИТСЯ СОВЕРШЕННО НОВОЙ ЛИЧНОСТЬЮ. УТВЕРЖДЕНИЯ БИБЛИИ, КОТОРЫЕ МЫ ЧИТАЛИ НА ПРОШЛОМ ЗАНЯТИИ, ПОКАЗЫВАЮТ, НАСКОЛЬКО ФУНДАМЕНТАЛЬНО МЕНЯЕТСЯ НАШЕ ПОЛОЖЕНИЕ ПОСЛЕ ТОГО, КАК МЫ ПРИХОДИМ К ВЕРЕ. ОНИ ТАКЖЕ ПОМОГАЮТ ОСОЗНАТЬ, ЧТО САМЫМ ВАЖНЫМ ЯВЛЯЕТСЯ НЕ ТО, ЧТО МЫ ДЕЛАЕМ, А ТО, КЕМ МЫ ТЕПЕРЬ СТАЛИ.

Примечание:
Последние два вопроса подготавливают почву для последующей информации. Не тратьте на них слишком много времени. На этом этапе важно, чтобы участники над этими вопросами задумались. А их обсуждение можно на некоторое время отложить.

▶ **ВОПРОСЫ:**

ПОСМОТРИТЕ ЕЩЕ РАЗ НА СПИСОК «ЗНАЧИМОСТЬ, ЗАЩИЩЕННОСТЬ И ПРИНЯТИЕ, ВОССТАНОВЛЕННЫЕ ВО ХРИСТЕ». КАКИЕ ИЗ УТВЕРЖДЕНИЙ ПОРАЗИЛИ ВАС БОЛЬШЕ ВСЕГО? ПОЧЕМУ?

ЧТО НА САМОМ ДЕЛЕ ПРОИЗОШЛО, КОГДА ВЫ СТАЛИ ХРИСТИАНИНОМ? [ЗДЕСЬ МОЖЕТ БЫТЬ ПОЛЕЗНО ПРОЧИТАТЬ ВСЛУХ 2 КОР. 5:17; ЕФ. 5:8; КОЛ. 1:13].

КАКИЕ ИЗМЕНЕНИЯ В СЕБЕ ВЫ ЗАМЕТИЛИ? [ПОПРОСИТЕ УЧАСТНИКОВ ПРИВЕСТИ ПРИМЕРЫ ИЗ СВОЕЙ ЖИЗНИ, КАК ИЗМЕНИЛИСЬ ИХ УБЕЖДЕНИЯ ИЛИ ПОВЕДЕНИЕ].

ПРИНИМАЯ ВО ВНИМАНИЕ ТОТ ФАКТ, ЧТО ХРИСТИАНЕ ЯВНО ГРЕШАТ, МОЖНО ЛИ СКАЗАТЬ, ЧТО «МЫ БОЛЬШЕ НЕ ГРЕШНИКИ, НО ПРАВЕДНИКИ, КОТОРЫЕ ИНОГДА ГРЕШАТ», ИЛИ ЭТО ПРОСТО ИГРА СЛОВ? ПОЧЕМУ?

ПОЧЕМУ ТАК ВАЖНО ВИДЕТЬ СЕБЯ БОЛЬШЕ, ЧЕМ ПРОЩЕННЫМИ ГРЕШНИКАМИ?

Не просто прощенный грешник, но совершенно новый человек

Осознание того, что мы становимся новыми людьми, приводит к изменению нашего поведения

Если вы будете думать о себе, как о прощенном грешнике (но все-таки грешнике), то как вы, скорее всего, будете себя вести? Грешить! Чтобы изменить свое поведение вам нужно начать смотреть на себя по-другому, видеть себя ▶ более, чем только прощенным грешником.

Представьте такую ситуацию. Допустим, вы проститутка и в один прекрасный день узнаете о том, что король издал указ о прощении всех продажных женщин. Хорошая новость — вы прощены! Но если в указе только одна эта новость, изменит ли она ваше представление о себе? Нет, ведь вы все еще остаетесь проституткой. Изменит ли эта новость ваше поведение? Наверное, нет. А теперь представьте, что король объявляет, что он не только прощает вас, но и хочет сделать вас своей невестой и королевой? В этом случае станете ли вы видеть себя по-другому? Конечно: «Я королева!» Изменит ли это ваше поведение? Несомненно: «Неужели я захочу вернуться к жизни проститутки теперь, когда стала королевой?»

Как христиане вы прощены. Более того, вместе с другими верующими Христос назвал вас Своей невестой. ▶ Вы совершенно новый человек. В нашем понимании истины Евангелия, мы часто концентрируемся только на первой ее части, а именно, что Христос умер за наши грехи, забывая, что Он также изменил нашу сущность. Тогда мы начинаем видеть это событие только, как внешнее для нас, и предполагать, что внутри мы остались теми же. Но, на самом деле, все еще лучше!

Как мы помним, грех есть причина того, что люди рождаются духовно мертвыми. ▶ Предположим такую ситуацию: вы наткнулись на мертвеца и захотели вернуть его к жизни. Что нужно сделать? Две вещи:

▶ 1. Найти средство от болезни, которая вызвала смерть. Апостол Павел сказал, что ▶ «возмездие за грех — смерть» (Рим. 6:23). В нашем случае болезнь и причина смерти — грех. Чтобы победить эту болезнь Христос пошел на крест. Он искупил наши грехи.

2. Но это еще не все. Хорошо, конечно, найти лекарство, скажем, от СПИДа, но оно не поможет тем, кто от него уже умер. ▶ Этому человеку нужно вернуть жизнь. Послушайте, как Апостол Павел заканчивает свои слова: ▶ «дар Божий – жизнь вечная во Христе Иисусе, Господе нашем».

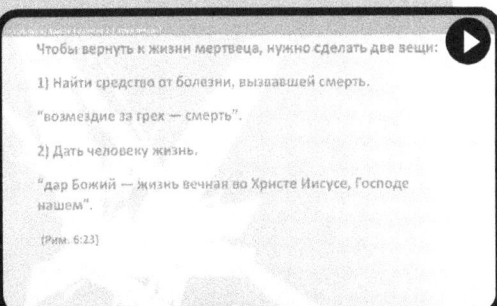

Знание только половины истины — что Христос умер, чтобы разрешить проблему греха, — приводит к тому, что мы видим себя только как прощенных грешников.

Полная же истина заключается в том, что Христос также вернул нам утраченную Адамом жизнь, которая делает нас праведными. Осознание этого исключительно важно, если мы хотим вести жизнь, достойную Бога. Если мы этой истины не поймем, наше поведение вряд ли изменится.

Тот факт, что вы праведный во Христе, конечно, не дает вам повода похваляться — вы это не заработали, это просто дар Божий. Неверующие тоже в любой момент могут получить этот дар — после того, как доверятся Иисусу Христу.

> Здесь хорошо вспомнить и еще раз обсудить два последних вопроса из «Паузы для размышления».

Непонимание того, что вы теперь новый человек, приводит к поражению

▶ Побежденный христианин — это тот, кто не знает удивительной правды о том, что его сущность полностью изменилась во Христе. Сатана ничего не может сделать с этим фактом, но он может заставить вас поверить лжи о том, кто вы есть, исказить ваше представление о себе. Это может серьезно повредить вашей жизни христианина, так как вы не можете постоянно **вести себя** в несоответствии с тем, что вы **думаете** о себе.

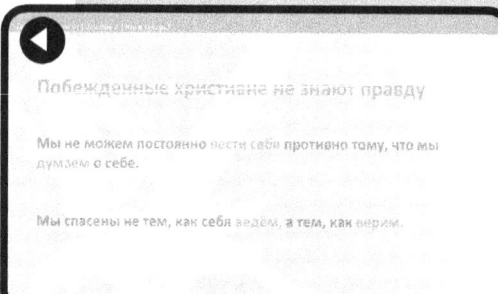

Никакое дитя Бога не может быть бесполезным или недостойным. Но если сатана убедит вас в обратном, вы будете себя вести, как будто вы такой и есть.

Никакое дитя Бога не может быть грязным или отверженным. Но если сатана убедит вас в обратном, вы будете себя вести, как будто вы такой и есть.

Покажите мне побежденного христианина, и я не сомневаюсь, что это будет тот, кто не смог по настоящему осознать этих истин и перестать вести себя, как будто ничего в нем самом не изменилось.

Многим из нас трудно понять, что Бог простил наши грехи навсегда и никогда за них не осудит, что мы можем смело входить в Его присутствие, потому что Он нас любит.

Некоторые скажут:

«Вы не знаете, как я страдал».

Это не изменит того, кто вы теперь во Христе.

«Вы не знаете, что я вытворял».

Это не изменит того, кто вы теперь во Христе.

«Вы не знаете, как часто я был плохим христианином».

Это не изменит того, кто вы теперь во Христе.

Бог любил вас даже тогда, когда вы были грешником, и

будет любить вас теперь, когда вы стали праведным во Христе.

«Но как насчет моих будущих грехов?»

Когда Христос умер за наши грехи, какие из них были будущими грехами? Все!

«А не загоржусь ли я, если буду так думать о себе?»

Ни в коем случае! Потому что наша новая личность и положение во Христе — это дар Божий, мы не заработали его сами. Мы получили его только Божьей благодатью. Бог хочет, чтобы в ответ мы верили в то, что Он сделал для нас и сказал о нас. Если вы в это не верите, это значит, что вы считаете Бога лжецом!

▶ Вы спасены не тем, как вы себя **ведете**, а тем, во что вы **верите**. Этот курс не о том, как себя вести по-другому, а о том, как верить по-другому.

Новый человек, угодный Богу

Что происходит, если мы поступаем плохо?

▶ Нам трудно начать видеть себя праведниками, а не грешниками по той простой причине, что мы с болью понимаем, что все равно иногда поступаем неправильно. Раз мы грешим, то мы делаем вывод, что мы грешники. У меня иногда случается отрыжка, но это не значит, что я есть «отрыгатель». Вопрос в том, какова ваша сущность. И если вы христианин, то это вопрос решенный. Теперь вы разделяете Божественную природу. Вы уже новый человек.

Иногда мы все-еще поступаем неверно

Быть праведным означает, что в нас есть способность не поддаваться греху. ▶ «Дети мои! сие пишу вам, чтобы вы не согрешали» (1 Ин. 2:1). Мы можем не грешить. На самом деле мы «умерли для греха» и у него над нами больше нет власти (Рим. 6:2).

Тем не менее, то, что мы праведники во Христе, не означает, что мы находимся в состоянии блаженного совершенства. ▶ «Если говорим, что не имеем греха, — обманываем самих себя, и истины нет в нас» (1 Ин. 1:8). Мы обманываем себя, если заявляем, что никогда не поступаем неправильно. Правда заключается в том, что мы праведники, которые иногда, к сожалению, грешат.

Нам больше не нужно жить в постоянном страхе перед Богом: «Если я сделаю ошибку, то гнев Божий падет на меня». Но гнев Божий уже пал. Он пал на Христа. Вы не грешники в руках гневливого Бога. Вы праведники в

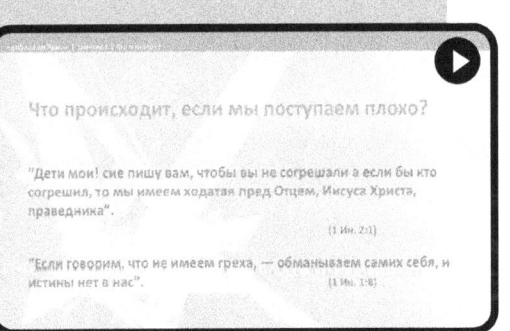

Что происходит, если мы поступаем плохо?

"Дети мои! сие пишу вам, чтобы вы не согрешали а если бы кто согрешил, то мы имеем ходатая пред Отцем, Иисуса Христа, праведника". (1 Ин. 2:1)

"Если говорим, что не имеем греха, — обманываем самих себя, и истины нет в нас". (1 Ин. 1:8)

руках любящего Бога. Он позвал вас прийти в Его присутствие смело, уверенно и с чистым сердцем.

Мы не потеряем отношений с Отцом Небесным, если согрешим

То, что мы иногда поступаем неправильно, не разрушает вновь обретенных отношений с Богом. «Дети мои! сие пишу вам, чтобы вы не согрешали; ▶ а если бы кто согрешил, то мы имеем ходатая пред Отцом, Иисуса Христа, праведника» (1 Ин. 2:1). Ваша вечная жизнь в безопасности — Иисус искупил ваш грех.

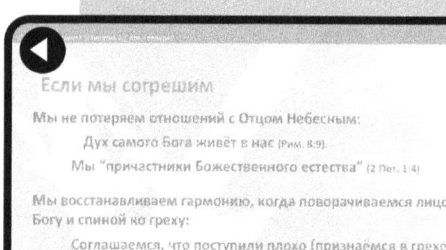

▶ Может что-нибудь изменить тот факт, что вы ребенок ваших родителей? Нет, что бы вы ни делали, ваше ДНК не изменится. Вы можете отказаться от своих родителей или вести себя неугодно им. Может быть вы никогда их не видите, потому что они живут на другом конце света. Или они умерли. Но ничто это не изменит того факта, что вы их сын.

▶ Когда вы рождаетесь свыше, вы становитесь чадом Божьим. В каком-то смысле вы получили Его ДНК — в вас живет Дух самого Бога (Рим. 8:9), и теперь вы «причастник Божеского естества» (2 Пет. 1:4). Ничто не может отлучить вас от любви Божьей (Рим. 8:39). Никто не может похитить вас из руки Его (Ин. 10:28). Если вы действительно родились свыше, то ваши отношения с Богом — это решенный вопрос. Они не разрушатся, даже если вы когда-нибудь допустите ошибку.

Мы восстанавливаем гармонию отношений, когда поворачиваемся лицом к Богу и спиной ко греху

Можно ли нарушить гармонию отношений, сделав что-то неугодное Богу? Конечно! Она основывается на доверии и послушании Творцу. Отсутствие одного или другого условия неизбежно влияет на качество отношений.

Как же правильно поступить, если мы сделали что-то неправильное и нам стыдно?

▶ Нужно просто прийти к любящему отцу, согласиться с Ним, что мы поступили дурно (признаться в грехе), всей душой покаяться и отвернуться от греха, зная, что он уже прощен благодаря смерти Христа.

Бог нас не осуждает

▶ «Итак нет ныне никакого осуждения тем, которые во Христе Иисусе живут не по плоти, но по духу» (Рим. 8:1). Мы не должны бояться открыть Богу самые сокровенные уголки своего сердца, потому что мы уже прощены, и нет осуждения тем, кто в Иисусе Христе.

Бог — не грозящий пальцем инспектор. Нам не нужно пытаться заслужить свое место в Его хорошем списке, например, молясь семь раз в день или делая что-то подобное. Мы уже в Его хорошем списке благодаря тому, что совершил для нас Христос. Осознание того, что, согрешив, мы можем с покаянием прийти прямо к Богу, зная, что уже прощены, — ключ к духовной зрелости.

ПАУЗА ДЛЯ РАЗМЫШЛЕНИЯ 2

ЗАДАЧА:

ПОСТАРАТЬСЯ, ЧТОБЫ УЧАСТНИКИ ПОНЯЛИ, ЧТО ЕСЛИ ОНИ СОГРЕШАТ, БОГ НЕ ОСУДИТ И НЕ ОТВЕРГНЕТ ИХ. ОНИ МОГУТ ВЕРНУТЬ БЛИЗОСТЬ ОТНОШЕНИЙ С НИМ ВСЕГО ЛИШЬ МОЛИТВОЙ ПОКАЯНИЯ. РИМ. 8:1, 2.2

▶ **ВОПРОСЫ:**

ПРЕДСТАВЬТЕ, ЧТО ВЫ ПОДДАЛИСЬ НА ИСКУШЕНИЕ И СДЕЛАЛИ ЧТО-ТО ДУРНОЕ. КАК ДОЛЖЕН ХРИСТИАНИН ПОВЕСТИ СЕБЯ В ТАКОЙ СИТУАЦИИ?

ЕСЛИ, ПОСТУПИВ ПЛОХО, ВЫ ЧУВСТВУЕТЕ ОСУЖДЕНИЕ, ЧТО ВЫ МОЖЕТЕ СДЕЛАТЬ? (ПРОЧИТАЙТЕ РИМ. 8:1; ЕВР. 10:16-22; 1 ИН. 1:8-2:2).

Нам не нужно пытаться стать теми, кем мы уже являемся

Мы подошли к очень важному вопросу:

▶ Что я могу сделать, чтобы быть принятым Богом?

Можно сказать очень коротко: ▶ «Абсолютно ничего!» Правда заключается в том, что вы ▶ уже полностью приняты Богом благодаря тому, что совершил Христос.

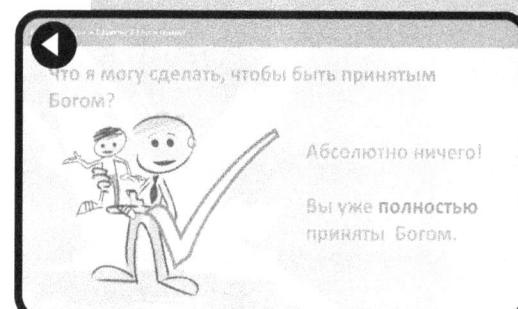

Если мы не поймем, что такое Божья благодать и рождение свыше, то будем продолжать стараться стать тем, кем мы уже являемся.

Христиане будут двигаться по замкнутому кругу, если они не поймут и не поверят всей душой, что они **уже** дети Божьи, что все уже сделано для их спасения и жизни в победе.

▶ Не то, что мы **делаем** определяет, кто мы **есть**.

▶ Кто мы **есть** определяет то, что мы **делаем**.

Давайте посмотрим на послания апостола Павла. Каждое их них можно разделить на две части. В начале посланий Павел объясняет истину о том, кем мы являемся и что Бог для нас сделал. И только затем — какие из этого вытекают последствия для нашей повседневной жизни.

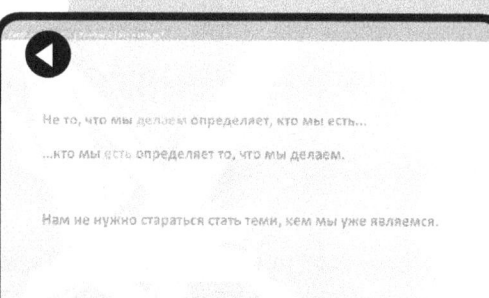

Часто мы уделяем больше внимания второй части, так как хотим узнать, как жить христианской жизнью. Однако такой подход может привести к пониманию христианства, как «правильного/неправильного» поведения, а не к осознанию того, что значит быть духовно живым и освобожденным христианином. Если мы твердо усвоим то, что в первой части посланий Павел говорит о нашем положении во Христе, то будем естественным образом (а скорее сверхъестественным) выполнять то, о чем он говорит во второй их части. Нам не нужно **вести себя**, как христиане. Нам нужно быть теми, кем мы является — детьми Бога. ▶ Мы не должны пытаться стать теми, кем мы уже являемся.

Учение христианства — не о том, как постепенно становиться другим человеком. Оно о том, что в тот самый момент, когда вы приняли Христа, вы стали другим человеком.

Вы уже приняты Богом! Он радуется вам. Он Добрый Пастырь. Его заботят даже незначительные детали вашей жизни. Ничто не сможет этого изменить.

Бог есть любовь. Это значит, что Он не может вас не

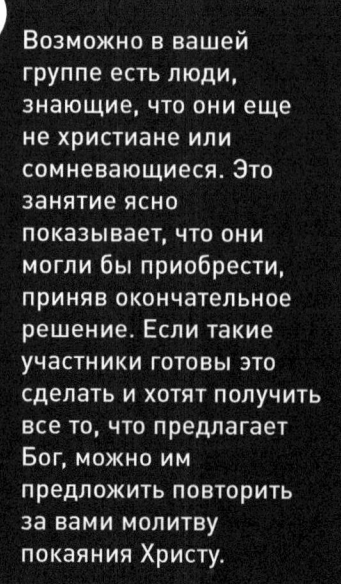

Возможно в вашей группе есть люди, знающие, что они еще не христиане или сомневающиеся. Это занятие ясно показывает, что они могли бы приобрести, приняв окончательное решение. Если такие участники готовы это сделать и хотят получить все то, что предлагает Бог, можно им предложить повторить за вами молитву покаяния Христу.

любить. Как бы вы ни поступили, Бог не будет вас любить больше или меньше. Если бы вы были единственным человеком в мире, за которого Христу нужно было умереть, Он бы сделал это для вас. Так вы дороги Богу!

Ключ к вашему росту во Христе — это понимание того, кем вы уже являетесь. Вы хотите расти быстрее? Это нетрудно. Просто примите решение верить тому, что Бог о вас говорит!

Много путаницы в этой области происходит из-за ложных представлений о Боге. Давайте закончим занятие тем, что решительно отвергнем ложные представления, которые, возможно, у нас были о Боге, и вместе объявим о Нем правду.

▶ Прочитайте все вместе список из «Мой Бог Отец» на стр. 25 и 26 «Руководства для участника» и стр. 68 «Руководства для ведущего».

> По поводу списка «Мой Бог Отец» вы можете объяснить, что, когда участники заявляют, что «отрекаются от лжи», это значит, что они навсегда отказываются ей верить.

 **СВИДЕТЕЛЬСТВО**

Если ваш сосед попросил бы вас объяснить разницу между христианином и нехристианином, как бы вы это сделали? Как вы думаете, когда человек становится христианином, приобретает ли он что-то лучшее в жизни? Что вы ответили тому, кто вас спросит: «Почему мне нужно стать христианином?»

ВСЕГО 6 СЛАЙДОВ

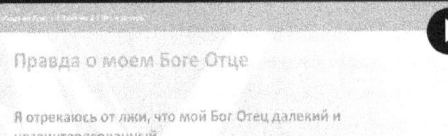

 **НА СЛЕДУЮЩЕЙ НЕДЕЛЕ**

Каждый день прочитывайте вслух утверждения из списка «Мой Бог Отец». Выберите одно, особенно относящееся к вашей жизни, и посвятите немного времени чтению этой истины в контексте, прося Бога помочь понять ее во всей полноте.

Мой Бог Отец

Я ОТРЕКАЮСЬ ОТ ЛЖИ, ЧТО МОЙ БОГ ОТЕЦ:	Я С РАДОСТЬЮ ПРИНИМАЮ ИСТИНУ, ЧТО МОЙ БОГ ОТЕЦ:
далекий и незаинтересованный;	близкий и вовлеченный в каждую деталь моей жизни (см. Пс. 138:1–18);
бесчувственный и равнодушный;	добрый и сострадательный (см. Пс. 102:8–14);
суровый и взыскательный;	принимающий меня и радующийся мне (см. Рим. 15:7; Соф. 3:17);
пассивный и холодный;	ласковый и заботливый (Ис. 40:11; Ос. 11:3, 4);
отсутствующий или слишком занятый;	всегда со мной и жаждущий быть со мной (см. Евр. 13:5; Иер. 31:20; Иез. 34:11–16);
нетерпимый, гневный и отвергающий;	терпеливый, милосердный и благоволящий ко мне (см. Исх. 34:6; 2 Пет. 3:9; Пс. 146:11);
злобный и жестокий;	любящий и оберегающий (см. Иер. 31:3; Ис. 42:3; Пс. 17:2);
отнимающий все радости в жизни;	дающий полноту жизни, и воля Его благая и совершенная (см. Плач. 3:22, 23; Ин. 10:10; Рим. 12:1, 2);
контролирующий или манипулирующий;	дающий милость, благодать и свободу совершать ошибки (Евр. 4:15, 16; Лк. 15:11–16);
осуждающий или непрощающий;	милосердный и прощающий, всегда готовый принять меня обратно (см. Пс. 129:1–4; Лк. 15:17–24);
придирчивый перфекционист;	помогающий мне духовно расти и учащий меня праведности, содействуя все ко благу (см. Рим. 8:28, 29; Евр. 12:5–11; 2 Кор. 7:14).

Я зеница Его ока!
(Втор. 32:9–10)

Занятие 3

ВЫБИРАЮ ВЕРИТЬ ИСТИНЕ

Занятие 3. Выбираю верить истине

КЛЮЧЕВОЙ СТИХ:

Евр. 11:6: А без веры угодить Богу невозможно; ибо надобно, чтобы приходящий к Богу веровал, что Он есть, и ищущим Его воздает.

ЦЕЛЬ ЗАНЯТИЯ:

Осознать, что вера занимает важное место в жизни каждого человека, даже у того, кто христианином не является. Понять, что вера в Бога — это не что иное, как осознание, что уже есть истина, принятие решения верить этой истине и действовать в соответствии с ней.

КЛЮЧЕВАЯ ИСТИНА:

Бог — сама Истина. Если вы хотите, чтобы ваша жизнь кардинально изменилась, узнайте то, что Бог назвал истиной, и примите решение верить этому, независимо от того, чувствуете вы так или нет.

Заметки для ведущего

На этом занятии мы надеемся подвести участников к принятию окончательного решения верить тому, что сказал Бог, вне зависимости от того, что им говорят их чувства. Некоторые возможно удивятся, узнав, что каждый человек живет какой-то верой, и что это просто вопрос выбора — верить в Бога, в то, что Он говорит, или верить в себя или других.

РАСЧЕТ ВРЕМЕНИ ЗАНЯТИЯ:

ЗНАКОМСТВО	15 мин.	0:15
ПРОСЛАВЛЕНИЕ	15 мин.	0:30
СЛОВО. ЧАСТЬ 1	11 мин.	0:41
ПАУЗА ДЛЯ РАЗМЫШЛЕНИЯ 1	25 мин.	1:06
СЛОВО. ЧАСТЬ 2	10 мин.	1:16
ПАУЗА ДЛЯ РАЗМЫШЛЕНИЯ 2	15 мин.	1:31
СЛОВО. ЧАСТЬ 3	13 мин.	1:44

 ## ЗНАКОМСТВО

Есть ли среди вас те, кто недавно получил явный ответ на молитву? Расскажите, пожалуйста, об этом.

> Цель этого вопроса — только открыть тему. Не начинайте его обсуждение, просто дайте участникам возможность высказаться, что они об этом думают.

Как вам кажется, у кого больше веры, у атеиста или у христианина? У индуса или мусульманина? А как насчет тех, кто говорит, что «просто не знает»?

 ## ПРОСЛАВЛЕНИЕ

Предлагаемая тема: замечательный характер нашего Бога Отца. Прочитайте все вместе вслух утверждения «Мой Бог Отец», можно на фоне музыки. Делайте паузы после каждого утверждения, чтобы оно проникло глубоко в душу.

Предложите участникам сказать своему Богу Отцу о своих чувствах к Нему.

 ## СЛОВО

Живая вера — ключ к успеху в христианской жизни

Вера — фундаментальный вопрос христианской жизни

Ваша вечная жизнь находится в безопасности. Ничто не может отделить вас от любви Божьей. Однако, успех вашей каждодневной жизни христианина, ваш духовный рост и зрелость зависят от того, действительно ли вы живете верою в Христа и полагаетесь на Его силу.

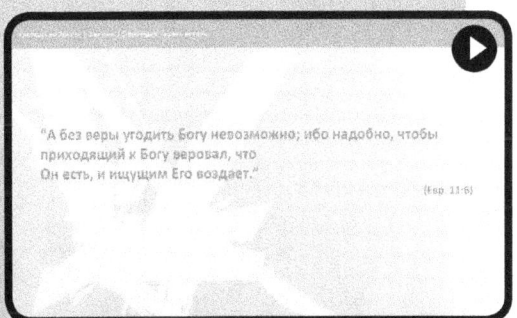

▶ «А без веры угодить Богу невозможно; ибо надобно, чтобы приходящий к Богу веровал, что Он есть, и ищущим Его воздает» (Евр. 11:6).

Когда мы слышим о живой активной церкви или о человеке, действительно близком к Богу, что мы часто делаем? Пытаемся узнать, как они этого достигли, какие методы использовали? Покупаем книгу или смотрим видео о них? Это полезно, но не это главное. «Поминайте наставников ваших, которые проповедовали вам слово Божие, и, взирая на кончину их жизни, подражайте вере их» (Евр. 13:7). Обратите внимание, акцент делается не на подражание их делам, а на подражание их вере.

Изменения в нас и нашем поведении следуют за укреплением нашей веры.

Вера — критический, решающий вопрос. Мы спасены верой. В Библии нам постоянно напоминается, что мы «ходим верой». Глубокая, живая вера — ключ к успеху в христианской жизни.

Вера в Бога — это вера в то, что уже есть истина

Что такое вера? Один мальчик сказал так: «Вера — это старание поверить в то, что мы считаем неправдой»! В нашем случае, все наоборот.

▶ Вера в Бога — это вера в то, что уже есть истина.
▶ Роль Бога — **быть** Истиной. ▶ Наша задача — **поверить** истине, независимо от того, кажется она нам таковой или нет.

Но это не всегда так просто...

Выдержка из «Сокровенного дневника» Адриана Пласса:

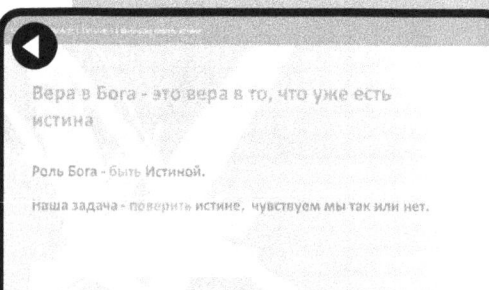

Понедельник, 6 января

Купил по-настоящему классную книжку. Называется «Связывая и развязывая земное и небесное или Как пробить небеса залпами нашей веры».

Ничего себе названьице. Прикольное.

Оказывается, любой христианин, если он действительно ходит с Богом и слышит Его голос, должен уметь передвигать своей верой целые горы.

Сразу же ощутил новый прилив сил и вдохновения.

Подождал, пока все уйдут, и решил попробовать на канцелярской скрепке. Положил её на стол и не мигая уставился на неё, мысленно приказывая ей сдвинуться. Безрезультатно. Громким голосом приказал ей немедленно переместиться.

Вторник, 7 января

Сегодня вечером ещё раз попробовал верой сдвинуть скрепку. Взял над ней власть, как сказано в книжке. Ничего не вышло.

Сказал Богу, что откажусь от чего угодно, если Он

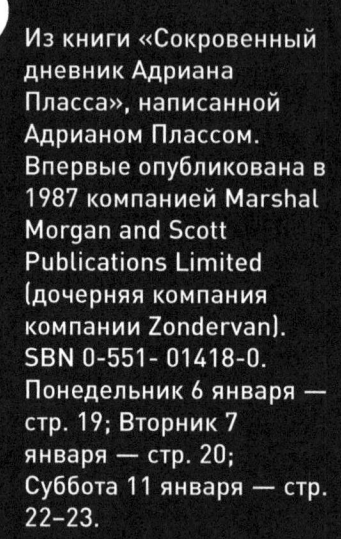

Из книги «Сокровенный дневник Адриана Пласса», написанной Адрианом Пласcом. Впервые опубликована в 1987 компанией Marshal Morgan and Scott Publications Limited (дочерняя компания компании Zondervan). SBN 0-551-01418-0. Понедельник 6 января — стр. 19; Вторник 7 января — стр. 20; Суббота 11 января — стр. 22-23.

сдвинет её хотя бы на сантиметр.

Бесполезно.

Ну, и что мне теперь остаётся думать? Что я за христианин, если веры размером с горчичное зерно достаточно для того, чтобы сдвинуть с места целую гору, а я даже скрепку не могу передвинуть?

Суббота, 11 января

Сегодня встал пораньше, чтобы ещё один, последний, раз попробовать сдвинуть эту несчастную скрепку. Закончилось всё тем, что я начал неистово и злобно на неё шипеть, чтобы никого не разбудить. Когда я, наконец, понял, что ничего не выйдет, и открыл дверь, чтобы пойти на кухню, то нос к носу столкнулся с Энн и Джеральдом. Они стояли под дверью прямо в пижамах, и лица у них были довольно озабоченные.

— Адриан, дорогой, — сказала Энн, — почему ты разговаривал со скрепкой и угрожал, что всыплешь ей по первое число, если она не смирится и не подчинится твоей духовной власти?

Главное, что мы хотим донести до вас на этом занятии: узнайте то, что уже есть истина, примите решение верить ей, даже если она вам таковой не кажется, и тогда ваша жизнь христианина изменится удивительным образом.

Будет ли вера действенной, зависит от того, во что или в кого мы верим

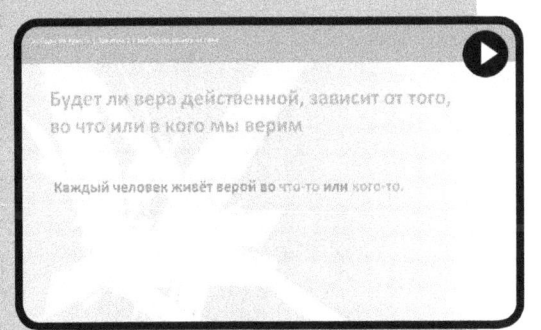

Вера есть в жизни каждого человека

Вопрос не в том, верим ли мы. ▶ Вера есть в жизни каждого человека — каждый из нас смотрит на реальность определенным образом, решает для себя, во что верить, и совершает соответствующие поступки. Любое наше решение или действие говорит о вере во что-то.

▶ Когда вы подъезжаете на машине к светофору и видите, что его свет зеленый, что вы делаете? Наверное, едете дальше. Почему? Потому что, хоть вы и не видите светофор на другом направлении движения, вы верите в то, что его свет будет красным! «Вера же есть осуществление ожидаемого и уверенность в невидимом» (Евр. 11:1). Если бы вы не были уверены, что на другой стороне перекрестка свет светофора будет красный, что водители его увидят и остановятся, что бы вы сделали? Наверное, остановились бы, внимательно осмотрелись и очень медленно поехали бы по перекрестку. Но вы верите и поступаете в соответствии со своей верой.

Некоторые люди считают, что человек — это животное, только на более высокой ступени развития, и что духовного мира и Бога в реальности не существует. Это тоже вера, как и любая другая религиозная вера.

Отличие христианской веры от нехристианской — только в объекте веры

▶ Будет ли наша вера действенной и эффективной зависит от того, во что или в кого мы верим (от объекта нашей веры).

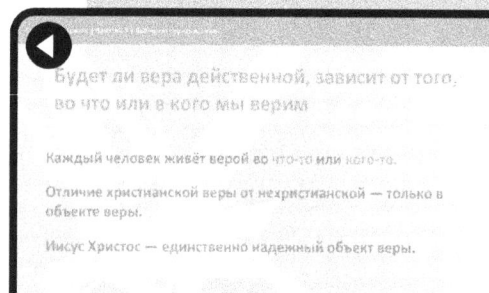

Посмотрите на историю спора Илии, пророка Живого Бога, и пророков Ваала (3 Цар. 18). Илия, с одной стороны, и пророки Ваала — с другой соорудили костры и положили на них тельцов. Обе стороны с верой воззвали к своему богу, чтобы тот доказал свое существование, послав огонь с неба и приняв жертвоприношения. Ваал не существовал, поэтому, сколько его пророки ни взывали к нему, все оказалось бесполезно. А вот у Илии объект веры был реальный — Живой Бог, который и послал с неба огонь. По этой причине его вера оказалась действенной.

Некоторые удивляются словам Иисуса Христа, что достаточно веры с горчичное зерно, чтобы передвинуть гору (Мф. 17:20). Это высказывание подразумевает, что важно не количество веры или ее сила, а то, в кого мы эту веру вкладываем. Не наша вера движет гору, а Бог.

Иисус Христос — единственно надежный объект веры

Светофоры могут не работать. Другие объекты веры могут вас подвести: родители, церковь, друзья. Только один объект веры никогда вас не подведет —
▶ Иисус Христос. Почему? Потому, что Он неизменен. «Иисус Христос вчера и сегодня и во веки Тот же» (Евр. 13:8). Христос — есть Истина, и Он не меняется. Он ни разу не обманул ожиданий и всегда выполнял, выполняет и будет выполнять все Свои обещания. Он — единственно надежный объект веры.

ПАУЗА ДЛЯ РАЗМЫШЛЕНИЯ 1

ЗАДАЧА:

ПОНЯТЬ, ЧТО ДЕЙСТВЕННОСТЬ НАШЕЙ ВЕРЫ ЗАВИСИТ НЕ ОТ ЕЕ СИЛЫ ИЛИ КОЛИЧЕСТВА, А ОТ ТОГО, ВО ЧТО ИЛИ В КОГО МЫ ВКЛАДЫВАЕМ СВОЮ ВЕРУ. КРОМЕ ТОГО, ОСОЗНАТЬ, ЧТО ВЕРА ПРЕДПОЛАГАЕТ НЕ ТОЛЬКО ТЕОРЕТИЧЕСКОЕ СОГЛАСИЕ С ЧЕМ-ТО, НО И «ШАГ ДОВЕРИЯ», ТО ЕСТЬ ДЕЙСТВИЕ В СООТВЕТСТВИИ С ТЕМ, ВО ЧТО ВЫ ВЕРИТЕ. ВЕРА БУДЕТ ЭФФЕКТИВНОЙ, ЕСЛИ МЫ, ПОНИМАЯ, ЧТО БОГ СКАЗАЛ НАМ В ДАННОЙ СИТУАЦИИ, ДОВЕРИМСЯ ЕМУ И БУДЕМ ДЕЙСТВОВАТЬ СООТВЕТСТВЕННО, ДАЖЕ ЕСЛИ ЧУВСТВА ГОВОРЯТ НАМ ПРОТИВОПОЛОЖНОЕ.

▶ **ВОПРОСЫ:**

КАК ВЫ ДУМАЕТЕ, У КОГО БОЛЬШЕ ВЕРЫ, У АТЕИСТА ИЛИ ХРИСТИАНИНА? У ИНДУСА ИЛИ МУСУЛЬМАНИНА? А КАК НАСЧЕТ ТЕХ, КТО «ПРОСТО НЕ ЗНАЕТ»?

РАССКАЖИТЕ ГРУППЕ СЛУЧАЙ, КОГДА ВЫ ДОВЕРИЛИСЬ БОГУ И СДЕЛАЛИ ТО, К ЧЕМУ ОН ВАС ПОБУЖДАЛ. ЧЕМ ЭТО ЗАКОНЧИЛОСЬ?

ОДИН МАЛЬЧИК СКАЗАЛ, ЧТО «ВЕРА — ЭТО СТАРАНИЕ ПОВЕРИТЬ В ТО, ЧТО, МЫ СЧИТАЕМ НЕПРАВДОЙ». ЧТО ВЫ СКАЖЕТЕ НАСЧЕТ ТАКОЙ МЫСЛИ: «ВЕРА — ЭТО РЕШЕНИЕ ВЕРИТЬ В ТО, ЧТО УЖЕ ЕСТЬ ПРАВДА»?

Каждый человек может расти в вере

Сила веры зависит от глубины познания Того, в кого мы верим

▶ В вере может расти каждый из нас. ▶ Вы хотите, чтобы ваша вера усилилась? Это зависит только от того, насколько хорошо вы будете знать объект своей веры и доверять ему. ▶ Вера — это решение верить тому, что Бог называет истиной, и следование этому в жизни. Нам не нужно придумывать, во что верить. У нас есть Бог, который есть Истина. А наша роль — верить Ему.

В любой вере есть границы. Но расширение этих границ зависит не от Бога, а от нас самих. Вера будет расти каждый раз, когда мы выучим стих из Библии, прочитаем христианскую книгу, посетим курс по ученичеству и тому подобное. ▶ Но особенно сильно вера возрастет, если мы начнем действовать в соответствии с ней. Например, если почувствуем, что Бог побуждает нас что-то сделать, и, преодолевая страх или сомнение, доверимся Ему, сделаем «шаг веры», то есть поступим по этому побуждению. Иногда то, что наш Создатель просит вас сделать, может показаться странным или превышающим ваши возможности. И все-таки, если вы доверитесь Ему и сделаете это, то получите удивительное благословение. Для многих подобный опыт становится ярким доказательством реальности Бога и далеко расширяет границы их веры.

Пророк Илия сказал: «долго ли вам хромать на оба колена? если Господь есть Бог, то последуйте Ему; а если Ваал, то ему последуйте» (3 Цар. 18:21). Вера — это выбор верить тому, что Бог называет истиной, и жить в соответствии с этим выбором.

Кстати, отсутствие веры во что-то не означает, что этого нет на самом деле. Кто-то скажет: «Ах, я не верю в ад». Но эти слова ни на один градус не уменьшат температуры в нем!

Вы будете узнавать Бога все лучше, и ваша вера будет расти, когда вы начнете предпринимать поступки в соответствии с тем, что говорит Господь, и убедитесь, что это работает.

▶ Допустим у вас есть двухлетняя дочь. Вы ставите ее на стол, отходите немного и говорите:

« Прыгай! Я тебя поймаю!». Девочке нужно сделать шаг с верой, что вы ей говорите правду. Она может сначала немного поколебаться, но затем прыгнет, и вы ее поймаете. Потом вы отойдете еще немного и скажете опять: «Прыгай, я тебя ловлю!» Она прыгнет опять, и вы, конечно, ее снова поймаете. Затем отойдете еще дальше. Девочка будет продолжать прыгать, если каждый раз вы ее будете ловить.

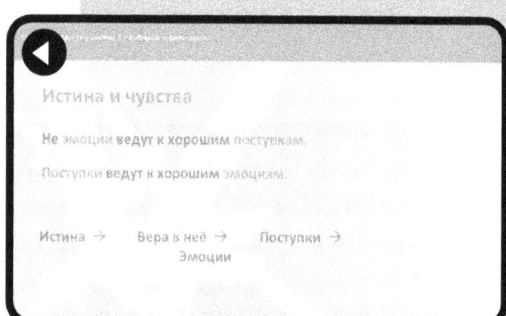

Постепенно, убеждаясь на собственном опыте, что объекту вашей веры можно доверять, вы будете совершать все большие и большие шаги. Почему бы не сделать первый шаг прямо сейчас!

Вас когда-нибудь удивляло, как Авраам смог не только допустить мысль, но и согласиться принести в жертву своего сына Исаака? Просто, он уже знал опытным путем, что Бог — любящий и заслуживает полного доверия.

«О, если бы только у меня была такая вера!» — скажете вы. Она может быть у любого. Вера — это выбор, который делаете вы.

Начните с того, что Бог назвал истиной, и решите этому верить. Ваша вера отразится на ваших поступках, что в конце концов приведет к изменению того, что вы чувствуете. Не начинайте с обратного, со своих эмоций, это может привести к полному хаосу.

Мы не можем силой воли изменить свои чувства. Нам следует начать с изменения поведения, что, в свою очередь, приведет к изменениям в эмоциях.

▶ Не эмоции ведут к хорошим поступкам. Поступки ведут к хорошим эмоциям. ▶ Поверьте истине, поступайте по этой вере, и ваши эмоции и чувства изменяться.

Стоит отметить, что наша вера не может выйти за пределы того, что говорит Бог в Своем Слове. Все сводится к тому, чтобы узнать, что есть истина, и потом принимать решения на основе этого знания.

Примечание:

Постарайтесь, чтобы дискуссия не застряла на проблеме, почему Бог не исцеляет каждый раз, когда мы просим. Направляйте участников к мысли о том, что пути Господни несравнимо выше, чем наши.

ПАУЗА ДЛЯ РАЗМЫШЛЕНИЯ 2

ЗАДАЧА:

ПОНЯТЬ, ЧТО СТЕПЕНЬ НАШЕГО ДОВЕРИЯ БОГУ ЗАВИСИТ ОТ ТОГО, НАСКОЛЬКО ХОРОШО МЫ ЕГО ЗНАЕМ. ОСОЗНАТЬ, ЧТО ИНОГДА БОГ ДОПУСКАЕТ ИСПЫТАНИЕ НАШЕЙ ВЕРЫ, ТАК КАК ОНА ДЛЯ НЕГО ИСКЛЮЧИТЕЛЬНО ВАЖНА. ЗАПОМНИТЬ ПРАВИЛО «ИСТИНА - ВЕРА В НЕЕ - ПОСТУПКИ - ЧУВСТВА».

▶ ВОПРОСЫ:

ЧТО ПОМОГАЕТ РОСТУ ВЕРЫ?

ВЫ МОЖЕТЕ ПРИПОМНИТЬ СЛУЧАЙ, КОГДА ВЫ ПОПРОСИЛИ БОГА О ЧЕМ-ТО, НО БЫЛИ РАЗОЧАРОВАНЫ, ТАК КАК ОН ЭТОГО НЕ СДЕЛАЛ, ИЛИ СДЕЛАЛ НЕ ТАК, КАК ВАМ ХОТЕЛОСЬ? КАК ВЫ ДУМАЕТЕ, ПОЧЕМУ ТАК ПРОИЗОШЛО?

▶ Вера растет в трудные времена

Большинство из нас вспомнит ситуацию, когда Бог не сделал того, о чем мы Его просили. Иногда нужно просто признать, что наши мышление и познание Творца слишком ограничены, чтобы понять, молимся ли мы в соответствии с Его волей и Его характером. Бесполезно просить Господа сделать что-то неправедное или то, что противоречит Его совершенной воле.

По той причине, что вопрос веры фундаментально важный для каждого христианина, одна из главных целей Бога — это рост и развитие в нас реальной живой веры. Поэтому каждый день Он ставит нас в ситуации выбора — кому довериться, Ему или чему-то еще.

Мы стоим перед выбором в таких обстоятельствах, как внезапная болезнь, финансовые проблемы, неопределенность будущего.

Роль Бога — быть Истиной и открыть нам то, что есть истина. Наша задача — довериться Богу, поверить истине и жить в соответствии с этой верой.

Вера должна вести к действиям

Слова «вера» и «доверие», встречающиеся в Библии, это перевод с греческого языка одного и того же слова. Важно отметить, что в русском языке смысл этих слов немного отличается. Не так ли? ▶ Понятие слова «вера» в Библии включает в себя необходимость не только внутренне согласиться с чем-то (поверить), но и положиться на это и показать свое согласие действиями (довериться). Мы можем **говорить** все, что угодно, но именно наши **поступки** показывают то, во что мы верим. Если вы хотите понять, во что вы верите, посмотрите на свои поступки.

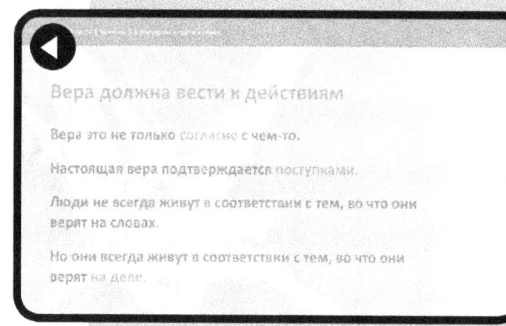

Апостол Иаков пишет: «...вера, если не имеет дел, мертва сама по себе. Но скажет кто-нибудь: «ты имеешь веру, а я имею дела»: покажи мне веру твою без дел твоих, а я покажу тебе веру мою из дел моих» (Иак. 2:17–18).

Это так же, как стоять на платформе и ожидать поезд в Москву, выяснив предварительно все детали: время отправления, номер пути, маршрут, но так никогда и не сесть в этот поезд.

Утверждение Иакова не противоречит словам Павла о том, что мы спасены благодатью через веру, а не делами (Еф. 2:8–9). Смысл в том, что если вы

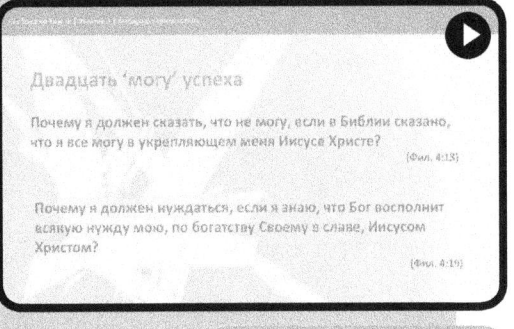

ВСЕГО 7 СЛАЙДОВ

по-настоящему верите, то это неизбежно отразится на ваших делах.

▶ Люди не всегда живут в соответствии с тем, во что они верят на словах. Но они всегда живут в соответствии с тем, во что верят на деле.

Я могу заверить вас, что каждый здесь сидящий может стать зрелым христианином с верой, приносящей богатые плоды. Нет ни одного, кто бы не смог справиться с искушением, расстаться с зависимостью или негативным влиянием прошлого. Вам не нужно специального помазания на это. Вам необходимо просто узнать истину, принять решение ей верить и начать вести себя в соответствии с этой истиной.

▶ Прочитайте вместе «Двадцать "Могу" успеха» на стр. 33 и 34 «Руководства для участника» и на стр. 80 «Руководства для ведущего».

 ## СВИДЕТЕЛЬСТВО

Подумайте о ком-нибудь из ваших знакомых нехристиан. Что сказано в Библии о причине того, почему они еще не пришли к вере? (См. 2 Кор. 4:3–4; Рим. 10:14–15). Напишите молитву, в которой вы просите Бога разобраться с тем, что мешает им поверить. Затем доверьтесь Ему и молитесь!

 ## НА СЛЕДУЮЩЕЙ НЕДЕЛЕ

Каждый день старайтесь читать вслух «Двадцать "Могу" успеха». Выберите одну из истин, имеющую отношение к вашей жизни, и примите решение ей верить, независимо от обстоятельств или того, что вы чувствуете. Будет еще лучше, если вы найдете способ сделать что-то конкретное в соответствии с верой в эту истину.

Двадцать «Могу» успеха

1. Почему я должен сказать, что не могу, если в Библии сказано, что я все могу в укрепляющем меня Иисусе Христе (Фил. 4:13)?

2. Почему я должен нуждаться, если я знаю, что Бог восполнит всякую нужду мою, по богатству Своему в славе, Иисусом Христом (Фил. 4:19)?

3. Почему я должен бояться, если в Библии сказано, что Бог дал нам духа не боязни, но силы и любви и целомудрия (2 Тим. 1:7)?

4. Почему у меня должно быть недостаточно веры, чтобы осуществить свое призвание, если в Библии сказано, что Бог выделил мне меру веры (Рим. 12:3)?

5. Почему я должен быть слабым, если в Библии сказано, что Господь — крепость жизни моей, и что я буду становиться сильнее (Пс. 26:1; Дан. 11:32)?

6. Почему я должен дать сатане превосходство над своей жизнью, если в Библии сказано, что Тот, Кто во мне, больше того, кто в мире (1 Ин. 4:4)?

7. Почему я должен признать поражение, если в Библии сказано, что Бог всегда дает нам торжествовать во Христе (2 Кор. 2:14)?

8. Почему мне должно не хватать мудрости, если Христос сделался для меня премудростью от Бога, и когда я попрошу, Бог щедро даст ее мне (1 Кор. 1:30; Иак. 1:5)?

9. Почему я должен быть в депрессии, если я знаю, что Бог милосердный и верный, и поэтому всегда могу иметь надежду (Плач Иер. 3:21–23)?

10. Почему я должен беспокоиться и тревожиться, если в Библии сказано, что я могу все заботы мои возложить на Бога, ибо Он печется обо мне (1 Пет. 5:7)?

11. Почему я должен быть в плену зависимости, если я знаю, что где Дух Господень, там свобода (2 Кор. 3:17; Гал. 5:1)?

12. Почему я должен чувствовать на себе осуждение, если в Библии сказано, что нет никакого осуждения тем, которые во Христе Иисусе (Рим. 8:1)?

13. Почему я должен чувствовать себя одиноким, если Христос сказал, что Он со мной во все дни до скончания века, и никогда не оставит и не покинет меня (Мф. 28:20; Евр. 13:5)?

14. Почему я должен чувствовать себя проклятым или жертвой, если в Библии сказано, что Христос искупил меня от клятвы закона, чтобы я получил Духа Святого (Гал. 3:13, 14)?

15. Почему я должен быть недовольным жизнью, если я, как апостол Павел, могу научиться в любых обстоятельствах быть довольным тем, что у меня есть (Фил. 4:11)?

16. Почему я должен чувствовать себя бесполезным, если Христос стал для меня жертвою за грех, чтобы в Нем я сделался праведным пред Богом (2 Кор. 5:21)?

17. Почему у меня должна быть мания преследования, если я знаю, что никто не может быть против меня, когда за меня — Сам Бог (Рим. 8:31)?

18. Почему я должен быть в замешательстве, если Бог дает мне мир и знание через живущего во мне Духа Святого (1 Кор. 14:33; 1 Кор. 2:12)?

19. Почему я должен чувствовать себя неудачником, если я могу преодолеть все силою Христа (Рим. 8:37)?

20. Почему я должен беспокоиться о временных трудностях и горестях, если я могу укрепиться в мужестве, зная, что Иисус победил этот мир (Ин. 16:33)?

Часть II

Мир, плоть и дьявол

Каждый день мы боремся с тремя сильными врагами, которые пытаются увести нас от истины. Понимание того, как действуют мир, плоть и дьявол, поможет нам обновить собственное сознание и твердо стоять на позициях истины.

Занятие 4

ВЗГЛЯД МИРА НА ИСТИНУ

Занятие 4. Взгляд мира на истину

КЛЮЧЕВОЙ СТИХ:
Рим. 12:2: И не сообразуйтесь с веком сим, но преобразуйтесь обновлением ума вашего, чтобы вам познавать, что есть воля Божия, благая, угодная и совершенная.

ЦЕЛЬ ЗАНЯТИЯ:
Понять, что христианам нужно принять решение перестать верить тому, чему учит мир, и начать верить истине, которую открывает Бог.

КЛЮЧЕВАЯ ИСТИНА:
Мир на протяжении нашей жизни сформировал в нас определенное представление о действительности и заставил поверить, что оно истинное. Однако, если это представление не согласуется с тем, что Бог называет истиной, то нам необходимо отказаться от него и привести свои убеждения в соответствие с тем, что есть истина на самом деле.

Заметки для ведущего

С детства нам свойственно принимать, как само собой разумеющееся, то объяснение действительности, которое нам предлагает общество. На этом занятии участникам нужно усвоить, что мир пытается заставить нас смотреть на жизнь противно тому, как ее задумал Бог. Вам нужно помочь им бесповоротно отказаться от мирского представления о реальности и сделать решительный шаг к принятию библейского мировоззрения.

РАСЧЕТ ВРЕМЕНИ ЗАНЯТИЯ:

ЗНАКОМСТВО	6 мин.	0:06
ПРОСЛАВЛЕНИЕ	8 мин.	0:14
СЛОВО. ЧАСТЬ 1	10 мин.	0:24
ПАУЗА ДЛЯ РАЗМЫШЛЕНИЯ 1	15 мин.	0:39
СЛОВО. ЧАСТЬ 2	17 мин.	1:56
ПАУЗА ДЛЯ РАЗМЫШЛЕНИЯ 2	25 мин.	1:21
СЛОВО. ЧАСТЬ 3	13 мин.	1:34
ПАУЗА ДЛЯ РАЗМЫШЛЕНИЯ 3	26 мин.	2:00

 # ЗНАКОМСТВО

Если бы у вас была возможность посетить любую точку планеты, куда бы вы поехали?

Как вы думаете, отличалось бы ваше представление о мире и ваши убеждения от тех, какие у вас сейчас, если бы вы росли в совершенно другой среде и культуре?

 # ПРОСЛАВЛЕНИЕ

Предлагаемая тема: уникальность Иисуса Христа.

Прочитайте Ин. 14:6: «Я есмь путь и истина и жизнь; никто не приходит к Отцу, как только через Меня».

И еще на выбор один или два отрывка:
Еф. 1:17–23; 1 Кор. 1:30; Фил. 2:5–11.

Делайте паузу после каждого стиха и предложите участникам произнести вслух удивительную правду об Иисусе..

 # СЛОВО

Что такое «Мир»?

Теперь, после того как мы рассмотрели основные истины о нашем положении во Христе, о том, кто есть Бог и как Он относится к нам, следующие четыре занятия мы посвятим обсуждению враждебных нам реальностей, которые пытаются увести нас от истины. Их три — мир, плоть и дьявол.

На этом занятии мы поговорим о мире и о том, что он пытается заставить нас воспринимать реальность совершенно противоположно тому как ее открывает нам Бог.

Апостол Павел сказал: «И вас, мертвых по преступлениям и грехам вашим, в которых вы некогда жили, по обычаю мира сего...» и затем добавил «по воле князя, господствующего в воздухе...» (Еф. 2:1, 2).

Мир — это общество или культура, в которой вы росли

и живете. Понятно, что эта среда будет отличаться в разных местах и в разное время.

Я буду говорить о мире, почти как о личности, с его собственными мыслями и делами. Конечно, это не так. Тем не менее, мы можем сказать, что за миром стоит одна личность — сатана, которого также называют «князь мира сего» (Ин. 12:31). В значительной степени, он тот, кто дергает за веревочки из-за кулис, манипулируя миром.

Тактики мира

Давайте рассмотрим три основные тактики, которыми пользуется мир, чтобы отвлечь нас от истины.

▶ Первая тактика мира: обещание удовлетворить наши самые глубокие потребности

Первая тактика мира — это обещание восполнить наши самые глубокие потребности. Бог создал нас для той жизни, которая была у Адама в самом начале: с абсолютной защищенностью от невзгод, высокой значимостью и целью, с полным принятием Творцом и другими людьми. Но, к сожалению, наша жизнь совсем не такая. С самого рождения у нас отсутствует духовная связь с Богом. Тем не менее, внутри нас остались те потребности, которые это единение должно было удовлетворить.

И вот теперь, когда с самого раннего возраста мы инстинктивно пытаемся обрести то, что потеряли, мир услужливо нам предлагает: «Нет проблем! Я вам покажу, где все найти».

Он кормит нас обещаниями, которые мы коротко сформулировали в ложных формулах, рассмотренных на первом занятии:

- ▶ Деятельность + Достижения = Значимость
- ▶ Положение + Признание = Защищенность
- ▶ Внешность + Восхищение = Принятие

Эти обещания лживые. Но, не имея духовной связи с Богом, мы следуем «обычаям мира сего» и легко поддаемся на обман.

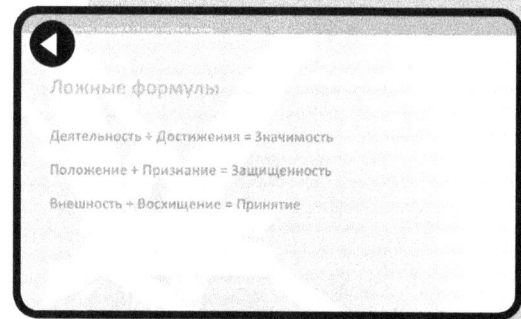

Мир действует изощренно. Сначала он готовит почву, заставляя нас чувствовать себя незначительными, нелюбимыми и слабыми. Затем дает нам эти ложные формулы, как средство достижения желаемого и решения всех проблем.

Например, нас пытаются убедить, что для принятия и любви окружающих внешность исключительно важна. Однако даже если мы используем весь ботокс в мире или все возможные пластические операции, рано или поздно все равно потеряем молодость и красоту.

Апостол Иоанн нас призывает:

> Не любите мира, ни того, что в мире: кто любит мир, в том нет любви Отчей. Ибо всё, что в мире: похоть плоти, похоть очей и гордость житейская, не есть от Отца, но от мира сего. И мир проходит, и похоть его, а исполняющий волю Божию пребывает вовек (1 Ин. 2:15–17).

Эти стихи ясно показывают, что, искушая нас, мир действует через три канала: похоть плоти, похоть очей и гордость житейскую. Эти же самые методы использовал и сатана сначала, когда искушал Еву, и затем, когда появился перед Иисусом в пустыне.

Каналы влияния мира: похоть плоти, похоть очей и гордость житейская.

Похоть плоти

▶ На следующих двух занятиях мы обсудим само понятие «плоти» как врага человека.

Сейчас мы только посмотрим, как плоть связана с миром. Когда мы покупаемся на соблазны мира и начинаем действовать соответственно, в нашем сознании формируются ложные стереотипы поведения. В результате, мы начинаем вести себя согласно этим представлениям, не особенно над ними задумываясь, часто даже не сознавая их существования. Например, чем больше мы верим, что еда может заставить нас чувствовать себя лучше, тем больше наша плоть будет ее требовать. Поэтому мир забрасывает нас картинками вкуснейших блюд и изображениями довольных жизнью едящих и пьющих людей.

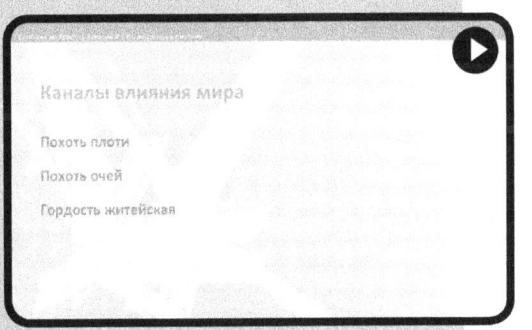

Похоть очей

▶ Для обмана мир также использует визуальный канал. Он показывает нам то, что, по его обещаниям, удовлетворит наше врожденное стремление к значимости, защищенности и принятию.

Опрос, проведенный одним христианским сайтом на западе, показал, что значительное количество мужчин-христиан (и даже женщин-христианок) пристрастились смотреть порно по интернету. Эта зависимость начинается с того, что мир предлагает нам замену удовлетворения потребности в близости тем, что мы смотрим на нагое тело. «Что в этом плохого, это же не настоящий секс?!» — нашептывает искуситель. Не успеем мы оглянуться, как возвращаемся к подобным сайтам снова и снова, затем пробуем все худшее и уже не можем остановиться. Нас засасывает все глубже. Обещание свободы оборачивается рабством греху.

Стараясь нас соблазнить, мир активно использует многообразие визуальных изображений: глянцевые журналы, телевизионные рекламы, и т.д.

Иисус сказал так:

> Светильник для тела есть око. Итак, если око твое будет чисто, то всё тело твое будет светло; если же око твое будет худо, то всё тело твое будет темно. Итак, если свет, который в тебе, тьма, то какова же тьма? (Мф. 6:22–23)

Мир постоянно пытается привлечь наше внимание яркой и привлекательной мишурой. Но, в конце концов, следование его призывам приводит нас не к светлому будущему, которое они обещают, а к тьме и замешательству.

> Сайтом ChristiaNet.com в августе 2006 года был проведен опрос. По его результатам около половины мужчин-христиан (и 20% женщин-христианок) посещают порно-сайты. Некоторые другие опросы дают даже более высокую цифру. По проблеме в области порно очень трудно получить реальные цифры. Однако, помогая людям пройти «Шаги к свободе во Христе», мы убедились на собственном опыте, что эта проблема распространенная.

Гордость житейская

▶ Третий канал, через который действует мир, — это гордость. Человек испытывает искушение хвастаться своей жизнью, основанное на ложной убежденности, что только наши способности, достижения и то, чем мы владеем, делают нас значимыми.

Христос ясно дал нам понять, что мы не можем служить двум господам (Мф. 6:24). Мир, конечно, хочет, чтобы мы служили именно ему.

За желанием хвастаться собой, своими достижениями, связями или тем, что мы имеем, скрывается чувство незащищенности. Мы хвастаемся, чтобы обрести большую уверенность в себе и приподнять свою самооценку. Но у вас больше нет в этом необходимости. С Богом в вашей жизни вы полностью приняты и защищены.

ПАУЗА ДЛЯ РАЗМЫШЛЕНИЯ 1

ЗАДАЧА:
ПОМОЧЬ ЛЮДЯМ ПОНЯТЬ СВОЮ УЯЗВИМОСТЬ ПЕРЕД ЛОЖНЫМИ ОБЕЩАНИЯМИ МИРА УДОВЛЕТВОРИТЬ ПОТРЕБНОСТИ В ЗНАЧИМОСТИ, ЗАЩИЩЕННОСТИ И ПРИНЯТИИ

▶ ВОПРОСЫ:

ПРИВЕДИТЕ ПРИМЕРЫ, КОГДА ВЫ ПОДДАЛИСЬ НА ЛЖИВЫЕ ФОРМУЛЫ, КОТОРЫМИ НАС КОРМИТ МИР:

▶ ДЕЯТЕЛЬНОСТЬ + ДОСТИЖЕНИЯ = ЗНАЧИМОСТЬ
▶ ПОЛОЖЕНИЕ + ПРИЗНАНИЕ = ЗАЩИЩЕННОСТЬ
▶ ВНЕШНОСТЬ + ВОСХИЩЕНИЕ = ПРИНЯТИЕ

КАК ВЫ ДУМАЕТЕ, ПЕРЕД ЧЕМ ВЫ ОСОБЕННО УЯЗВИМЫ: ПОХОТЬЮ ПЛОТИ, ПОХОТЬЮ ОЧЕЙ ИЛИ ГОРДОСТЬЮ ЖИТЕЙСКОЙ? (СМ. ИН. 2:15-17).

Вторая тактика мира: обманчивая картина реальности

Увидеть, как мир пытается нас обмануть через ложные обещания, достаточно легко.

Однако существует другой обман, распознать который намного труднее.

▶ Вторая тактика, которой пользуется мир, чтобы нас обмануть, — это стремление предложить нам ложную картину реальности и заставить в нее поверить.

▶ Вы когда-нибудь играли в виртуальные игры в интернете? В них вы можете создать аватар, который будет вас представлять. Вы можете сделать его каким угодно: выбрать пол, формы тела, имя, и, конечно, придать ему внешность, о которой всегда мечтали. В этом виртуальном мире вы можете быть, кем захотите. Можете владеть недвижимостью, и ваш аватар будет ходить на вечеринки, лекции, и даже в церковь.

Этот виртуальный мир похож на настоящий, но, тем не менее, он нереальный. Если вы начнете путать эти два мира, вы можете попасть в неловкое положение. Представьте, что в реальности вы встретите интересного парня или девушку и нажмете на правую клавишу мышки, чтобы узнать его или ее данные, или, стоя перед зеркалом, будете судорожно искать мышку, чтобы уменьшить размер живота!

Мир делает нечто подобное. Он рисует ложную картину бытия и затем пытается заменить ею истинную. ▶ Эта картина может казаться правдивой, но на самом деле она, как искаженное в кривом зеркале изображение..

У каждого человека есть определенное мировоззрение

С самого раннего возраста у нас постепенно формируется определенное представление о реальности, о мире вокруг нас — мировоззрение. Стив Госс, международный директор служения Свобода во Христе рассказывает: «Когда я был студентом, мне нужно было прочитать много книг XVIII-го и XIX-го веков, написанных писателями различных стран и культур. Я помню, что именно тогда начал осознавать, что представление людей о жизни, о Вселенной, обо всем в этом мире — их мировоззрение — может сильно отличаться друг от друга. Во многом это отличие зависит от того, где и когда они родились и выросли.

> Подумайте о примере из собственной жизни, когда вы поняли, что мы все — «дети своего времени»?

Тогда я впервые понял, что был сыном своего времени и что принимал многое за правду, как само собой разумеющееся, просто потому, что все вокруг в это верили. Для меня было настоящим открытием осознание того, что многое, что нам преподносилось как истина, будет, без сомнения, отметено будущими поколениями. Я помню, что эта мысль вызвала у меня чувство дискомфорта, несвободы, как будто на самом деле у меня не было выбора, о чем думать и чему верить, потому что в значительной степени мои идеи и верования зависели от времени и места моего рождения.

Если вы хотите понять, насколько быстро и значимо меняются идеи и мнения, возьмите учебник физики или биологии 50-летней давности. А теперь представьте, какими несовершенными, а во многом и неправильными, будут казаться наши учебники через 50 лет. Идеи меняются. Представление о реальности меняется. Но сама реальность остается той же».

Наше мировоззрение работает как фильтр

Наше мировоззрение работает как фильтр. Через него мы пропускаем все свои жизненные впечатления, пытаясь понять их смысл и значение. Этот процесс происходит автоматически, неосознанно. Однако если фильтр нашего мировоззрения неисправен, то все, что через него проходит, искажается и приводит к ложным представлениям о жизни.

Картина реальности, которую нам рисует мир, меняется в зависимости от того, в какой точке земного шара и в какое время мы росли. Мы разделяем ее с людьми, выросшими в той же культурной среде, что и мы сами.

Давайте рассмотрим несколько противоположных мировоззрений, чтобы понять, как они работают.

1. Незападное мировоззрение: анимизм

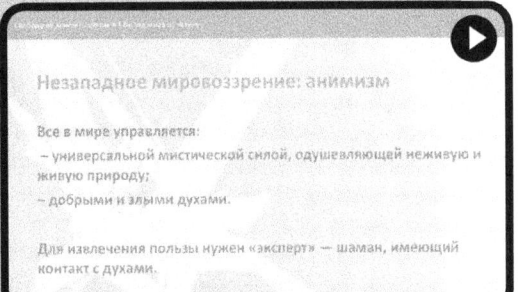

▶ Анимизм — это вера в одушевленность природы и в существование определенной универсальной мистической силы, действующей во всей неживой и живой природе, а также духов, управляющих всеми предметами материального мира, включая и человека.

Анимизм встречается по всему миру, но не слишком распространен на западе.

Если вы смотрите на мир, как анимист то, каждое впечатление, каждое событие жизни вы пропускаете через фильтр этого мировоззрения и интерпретируете его соответственно. Например, когда с вами случается что-то плохое, вы решаете, что, должно быть, какой-то недоброжелатель манипулирует мистической силой или духами, чтобы вам навредить.

Вы, наверняка, захотите с этой проблемой разобраться. Тогда, точно также, как если бы у вас были проблемы с электричеством, и вы позвали бы электрика, вы обращаетесь к космическому «электрику» — шаману или знахарю, — чтобы тот помог разобраться с мистической силой или духами.

Если вы верите в подобную картину реальности, то велика вероятность того, что вы будете жить в постоянном страхе, что у кого-то другого больше власти над этой силой, или что вы случайно обидите одного из духов, и он будет вам мстить.

2. Западное мировоззрение: модернизм

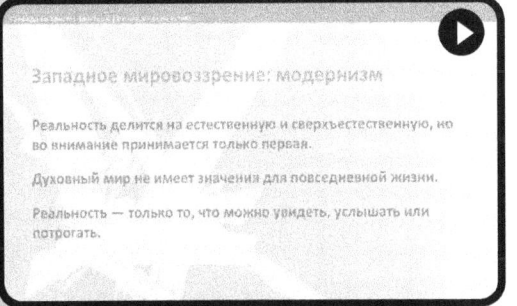

▶ Большинство людей, выросших в западном мире, не пойдут к шаману или знахарю, если с ними случится что-то плохое. Они постараются найти логическое объяснение проблемы и решить ее. Причина в том, что у них сформировалось совсем другое представление о реальности — так называемое «модернистское» или западное.

▶ Модернизм делит реальность на естественную и сверхъестественную, но принимает во внимание только первую. Бог и темные силы помещаются в сферу сверхъестественного и успешно игнорируются. Люди могут сказать, что верят в них, но часто это только слова, а когда доходит до дела, они доверяют только тому, что могут увидеть, услышать или потрогать.

▶ В общем и целом западное мировоззрение не оставляет места для существования духовного мира. На духовные вещи смотрят как на что-то, не имеющее большого значения, неважное для понимая жизни. Считается также, что нет необходимости давать детям знания о духовном мире.

Таким образом, даже когда люди на западе говорят, что они верят в Бога, в своей жизни они ведут себя так, как будто Его нет. Он с таким же успехом может для них и не существовать. Бог отфильтровывается западным мировоззрением. Как кто-то сказал: «Я верю в Бога, но я практикующий атеист».

Обычный человек с улицы, который не тратит много времени на обдумывание «больших» вопросов, считает, что мир возник по воле случая, а Бог, даже если Он и есть, не имеет к его жизни никакого отношения.

Каждый из нас, выросший под влиянием модернизма, может теоретически исповедовать веру в Бога и существование дьявола, но жить христианской жизнью, как будто эти две реальности не существуют. Мы к этому скоро вернемся. ▶ Западное мировоззрение предлагает нам доверять только тому, что мы можем увидеть, услышать или потрогать.

3. Постмодернизм

▶ Модернистское мировоззрение постепенно приходило в упадок и заменилось на новое, так называемое постмодернистское, что просто означает «после модернистского». Это новое представление о реальности возникло как реакция на модернистскую картину мира.

Постмодернизм отрицает объективность знания, на котором настаивал модернизм. Здесь считается, что истинность идеи постигается не рациональными способами, а личным опытом.

Чем вы моложе, тем больше вероятность, что вы выросли под влиянием этого мировоззрения.

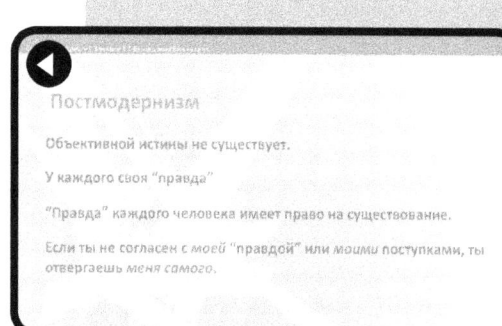

Постмодернизм

Объективной истины не существует.

У каждого своя "правда"

"Правда" каждого человека имеет право на существование.

Если ты не согласен с *моей* "правдой" или *моими* поступками, ты отвергаешь *меня самого*.

▶ Модернистское мировоззрение, если и не признавало Бога, как объективную истину, то, по крайней мере, не отрицало ее существования, настаивая на том, что доказать ее можно только научным путем. Постмодернизм же совершенно отрицает возможность объективной истины. ▶ Вместо этого он считает, что у каждого человека есть своя правда, зависящая от его личного опыта. Понятно, что эта правда будет различной в зависимости от того, в каком сообществе людей он живет. Так как существует множество сообществ, то значит есть и множество различных вариантов истины.

Например, многие преподаватели университетов рассказывают, что все меньше студенты готовы согласиться с тем, что Холокост был преступлением. Лично для себя они охотно признают, что это так, но не хотят навязывать свое мнение другим.

Итак, в постмодернизме правда у каждого человека своя, основанная на его опыте и представлении о жизни, но не единая, открытая нам Богом. ▶ Если у каждого человека своя правда, и все люди равны, то следует логический вывод, что все правды равны и имеют право на существование.

Таким образом, убеждения, ценности, образ жизни и понятие истины каждого человека считаются одинаково правомерными, если только не вредят окружающим. Любое другое мировоззрение, имеющее «однозначные ответы на вопросы», принимается с большим недоверием. На тех, кто придерживается твердых убеждений, часто смотрят с подозрением и даже презрением. Так как постмодернистская картина мира отрицает существование абсолютной истины, те, кто верит в эту истину, считаются опасными фанатиками.

▶ Постмодернистское мировоззрение не проводит различие между человеком и тем, что он думает или делает. Если вы говорите, что мое поведение неправильно, значит, вы судите **меня**. Если вы не согласны с моими убеждениями, вы пренебрегаете **мной**. Поэтому в настоящее время нам навязывается принятие как правомерного любого образа жизни человека, каким бы он ни был.

В этом и есть причина того, что церковь на западе находится под все более возрастающим давлением посвящать в пасторский сан практикующих гомосексуалистов. Более того, на христиан оказывается давление признать все религии одинаково верными. Позиция человека, уважающего верования других людей, согласного на дружеское общение и диалог, но оставляющего за собой право не признавать их учения истинными, более не считается приемлемой. Его пытаются заставить согласиться, что любая другая вера такая же истинная, как и его собственная.

«Любая светская конституция опирается на фундаментальное предположение, что Бога либо нет, либо что понятие Бога не имеет никакого отношения к общественной жизни. Секулярное мировоззрение, следовательно, не нейтрально и не включительно. Как и любая религиозная точка зрения, оно навязывает определенный набор верований всем, кто играет какую-то роль в общественной жизни». Оливер Летуин, член парламента (Цитируется в Christianity and Renewal, июнь 2003, стр. 6)

По сути, постмодернистское мировоззрение говорит, что все притязания на обладание истиной равны, даже если они находятся в конфликте между собой. Итак, главная мысль постмодернизма – абсолютной и объективной истины не существует.

Библейское мировоззрение — истинное описание реальности

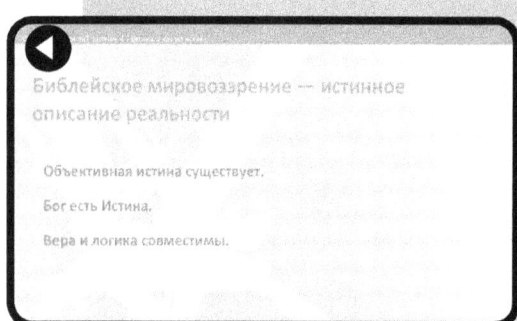

Убеждения, которые мы только что рассмотрели, не единственные, предлагаемые миром. Существует множество других различных представлений о действительности. Каждая религия, каждая философия — это определенное мировоззрение. Тем не менее, в обществе, в котором мы живем, мы чаще всего столкнемся именно с этими тремя примерами.

Так что же все-таки есть истина? Может быть, истина — это та мистическая сила, действующая в живом и неживом мире? Или то, что может открыть лишь наука? Или что угодно, во что нам хочется верить? Какое из этих представлений верное? Ни одно из них!

▶ Библия утверждает, что она есть откровение Бога людям, Им сотворенным. Сам Создатель Вселенной открывает людям истину о мире. Если это в самом деле так, тогда мы можем с полным основанием утверждать, что библейское мировоззрение и есть истинное описание действительности.

Что?! Вы хотите сказать, что только одно представление о реальности истинно? Это звучит так нетерпимо, так нетолерантно! Примерно такой будет реакция тех, кто оказался под влиянием постмодернистской философии.

Что ж, тем не менее, никто не оспаривает мысль, что заставить автомобиль двигаться можно только одним способом. Он создан определенным образом: вы можете попробовать нажать на тормоз, чтобы он поехал, но это не сработает. Точно также есть только один способ работы на компьютере. Вы можете возмутиться: «Я не собираюсь этого делать!» — и нажимать на другие клавиши, но не добьетесь того, что вам нужно. Бог — Творец. И Он сотворил мир совершенно определенным образом.

▶ Библия ясно дает понять, что объективная истина существует, независимо от того, верят в нее люди или нет. ▶ В Писании сказано, что Бог есть Истина. Скорее всего, мы будем чувствовать себя очень некомфортно, утверждая подобное в нашем постмодернистском мире. Такое мнение кажется слишком нетерпимым или высокомерным.

▶ Мы хотим вам показать, что вера и логика вполне совместимы. Можно доказать логическим путем, что абсолютная истина все-таки существует.

Для этой цели давайте рассмотрим самый важный вопрос, стоящий перед каждым человеком, где бы он ни жил: «Что с нами будет, когда мы умрем?»

• Индуизм учит реинкарнации — перевоплощению души человека в другую форму после смерти.

• Христианство учит, что души проводят вечность либо в раю, либо в аду.

• Атеисты считают, что никакой души нет, и со смертью наше существование заканчивается.

• Постмодернизм говорит, что вы можете верить чему хотите, если только это никому не вредит.

Могут ли все эти взгляды быть одновременно верными? Постмодернист ответит: «Конечно. Верь во все, что хочешь, только не нападай на мою правду. У каждого правда своя».

Но есть ли смысл в таком утверждении? Поставим вопрос по-другому: «Повлияет ли то, чему вы верите о загробной жизни, на то, что произойдет с вами после смерти на самом деле?» Или спросим так: «После смерти, будут ли все люди испытывать одно и то же, независимо от того, какое у них было мировоззрение?

Логически рассуждая, реальность загробной жизни будет одна для всех, независимо от того, как мы себе это представляли. Если индуизм прав, то мы все перевоплотимся. Если христианство право, то мы все будем стоять пред судом Божьим. Если атеисты правы, то существование каждого из нас закончится. Утверждение, что они все одновременно верны, полностью противоречит логике.

Ясно, что абсолютная истина существует независимо от того, во что каждый из нас решит верить. До недавнего времени подобный взгляд на реальность признавался очевидным, и человечество придерживалось его тысячи лет.

Бог есть сама Истина. И Его истина верна всегда, везде и для всех, независимо от того, где и когда они родились.

Иисус сказал: «Я есмь путь и истина и жизнь; никто не приходит к Отцу, как только через Меня» (Ин. 14:6). Вам все еще кажется, что утверждать, что Христос — единственный путь к Богу, нетерпимо и высокомерно?

Вернемся к самому важному вопросу: «Что происходит с нами после смерти?». На этот вопрос может быть только один верный ответ.

У нас, христиан, есть серьезные основания полагать, что наш Творец выбрал для ответа на этот вопрос Библию. Мы не предлагаем правду, которую придумали сами, эту правду нам открывает Сам Бог в Своем Слове. Библейское мировоззрение было принято и проверено миллионами людей в течение тысячелетий. Многие из них, начав смотреть на мир так, как Создатель им открыл, обнаружили, что стали в состоянии совершать сами или помогать другим осуществлять экстраординарные вещи, например, добиться отмены рабства или освободиться от наркотической зависимости.

Мы можем чувствовать себя неудобно, отстаивая немодную позицию. Однако, что будет хорошего, если мы поддержим мнение о том, что истины не существует, тогда как Христос сказал прямо, что Он есть Истина?

ПАУЗА ДЛЯ РАЗМЫШЛЕНИЯ 2

ЗАДАЧА:
ЗАКРЕПИТЬ МЫСЛЬ, ЧТО МЫ ВСЕ НАХОДИМСЯ ПОД БОЛЬШИМ ВЛИЯНИЕМ НЕБИБЛЕЙСКИХ ПРЕДСТАВЛЕНИЙ О ДЕЙСТВИТЕЛЬНОСТИ.

▶ ВОПРОСЫ:

КАК ВЫ ДУМАЕТЕ, НА ВАС ОКАЗАЛО КАКОЕ-ЛИБО ВЛИЯНИЕ ОДНО ИЗ НЕБИБЛЕЙСКИХ МИРОВОЗЗРЕНИЙ? КАКОЕ ИМЕННО?

КАК БЫ ОТЛИЧАЛОСЬ ВАШЕ МИРОВОЗЗРЕНИЕ, ЕСЛИ БЫ ВЫ РОСЛИ В ДРУГОЙ ЧАСТИ СВЕТА?

КОГДА МЫ ХОТИМ РАССКАЗАТЬ ЛЮДЯМ, ЧТО ИИСУС — ЕДИНСТВЕННЫЙ ПУТЬ К БОГУ, КАК ЭТО СДЕЛАТЬ, ЧТОБЫ НЕ ПОКАЗАТЬСЯ ВЫСОКОМЕРНЫМ?

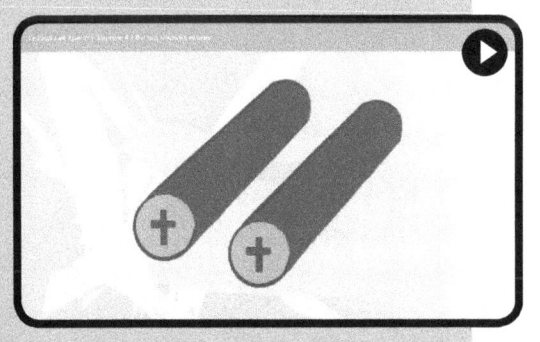

▶ Третья тактика мира: смешение мировоззрений

Знание различных мировоззрений помогает нам понять, как лучше рассказывать людям о Благой Вести Иисуса Христа. Например, постмодернисты достаточно открыты для обсуждения духовной жизни. Они могут не принимать истину как абсолютную, но они готовы обсуждать идею, что правда коренится в отношениях с живой личностью — Иисусом.

Те, кто верит в мистическую неличную силу и власть духов, часто с благодарностью принимают знание, что во Христе они могут быть с Богом, и обретают Его силу, которая несравнимо больше, чем все другие силы мира. Нам нужно найти пути доступного объяснения истины, чтобы люди, в конце концов, смогли увидеть реальность такой, какая она есть.

В то же время, исключительно важно, чтобы мы сами осознали, что также выросли с определенным искаженным представлением о действительности, которое крепко укоренилось в нашем сознании. Мир хочет, чтобы это ложное понимание не изменилось даже после того, как мы стали христианами. Так часто и случается. Вместо того, чтобы полностью отказаться от старых убеждений, мы просто добавляем к ним некоторые новые — какие-то фрагменты христианского восприятия мира. Подобное смешение мировоззрений очень распространено и очень опасно.

Это выглядит так, как будто мы свою старую, сформировавшуюся в нас с детства и глубоко пустившую корни, систему убеждений просто покрыли сверху новыми христианскими идеями. Однако житейские бури быстро сдувают это покрытие, и мы автоматически возвращаемся к старым представлениям и поступкам.

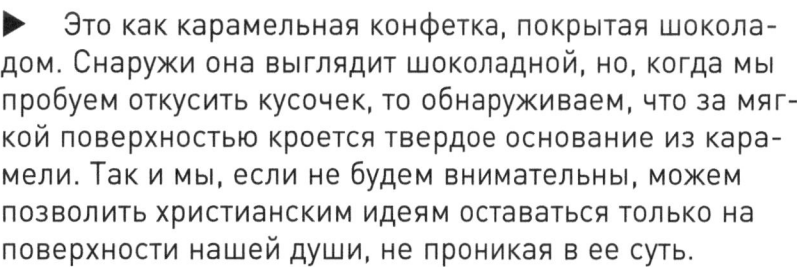

▶ Это как карамельная конфетка, покрытая шоколадом. Снаружи она выглядит шоколадной, но, когда мы пробуем откусить кусочек, то обнаруживаем, что за мягкой поверхностью кроется твердое основание из карамели. Так и мы, если не будем внимательны, можем позволить христианским идеям оставаться только на поверхности нашей души, не проникая в ее суть.

Мы видим смешение верований во многих культурах. Особенно очевидным оно становится тогда, когда смешиваются два мировоззрения, резко отличающиеся друг от друга. Вот интересный пример из одной восточно-африканской страны. Одна миссионерская организация основала там церковь и уже была готова передать ее руководство африканским лидерам. На эту должность были предложены двое мужчин. Один из них пошел к местному знахарю-шаману, чтобы тот, с помощью духов, помог занять ему ведущую должность в церкви. О чем говорят такие действия? Чему претендент верил на самом деле? Своим поведением он ясно дал понять: «Я не уверен в силе Бога, но доверяю силе шамана».

Вам эта история может показаться смешной, но такое встречается часто. Христианская оболочка этого африканского лидера быстро слетела и обнажила укоренившиеся с детства верования. Мировоззрение этого человека обмануло его и заставило совершить грех.

Подумайте, а как мы сами, в нашей стране, пострадали от модернистского мировоззрения, отрицающего существование духовного мира? Некоторые церкви постарались избавиться от ненужного, с их точки зрения, багажа сверхъестественного, чтобы вписаться в общество и выглядеть «нормальными». Встречаются даже пасторы, отрицающие существование чудес, даже таких фундаментальных для христианства, как непорочное зачатие Девы Марии и воскресение Христа, не говоря уже о реальности ангелов и демонов.

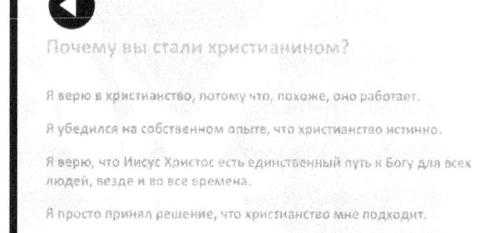

Большинство из нас, конечно, признает реальность духовного мира, по крайней мере, теоретически. Тем не менее, западное мировоззрение учит нас жить христианской жизнью так, как будто этого мира не существует. Не обязательно видеть демонов за каждым углом, но если вы исключите их из вашей картины мира, то она будет неполной и не вполне соответствующей действительности, что может иметь неприятные последствия для вашей жизни.

Когда в жизни случается что-то плохое, многие христиане винят Бога. Почему? Будучи под влиянием западного мировоззрения, они исключают воздействие на нашу жизнь двух сил. А именно, волю других людей и деятельность дьявола, который, как сказано в Библии «приходит только для того, чтобы украсть, убить и погубить» (Ин. 10:10).

Вы спросите, а как насчет тех, у кого душевные или психические расстройства? Медицинская наука под влиянием западного мировоззрения игнорирует реальность духовного мира. Например, если кто-то слышит голоса, то врачи заключают, что проблема находится у человека в мозгу, причиной которой может быть химический дисбаланс. Возможность того, что голоса могут быть демоническими, даже не рассматривается. Тем не менее, всесторонний взгляд на реальность должен признать вероятность этого объяснения.

Часто, даже в христианском наставничестве духовная реальность не принимается во внимание. По каждой проблеме мы можем задать вопрос: «Какова ее природа — психологическая или духовная?» Ответ простой — любая проблема является как психологической, так и духовной. Однако церковь разделилась по этому вопросу на два лагеря. Одна группа совсем не принимает во внимание духовный мир, и использует только различные психологические терапии, тогда как другая, иногда под воздействием анимистического мировоззрения, во всем видит влияние демонов.

Нам следует подходить к любой проблеме разносторонне, принимая во внимание как психологические, так и духовные причины ее возникновения. Мы не можем фрагментировать реальность, мы должны воспринимать ее целостно.

Смешение убеждений может выражаться в том, что на словах мы говорим, что верим в участие Бога в нашей жизни и в Его безграничные ресурсы, а на деле исходим только из своих собственных возможностей. Или утверждаем, что верим в силу молитвы, но пытаемся разобраться с проблемами своими силами, обращаясь к Богу только в крайнем случае.

Во время практического занятия «Шаги к свободе во Христе» один христианин отказался отвергнуть веру в реинкарнацию. Человек с постмодернистскими взглядами, признающий существование многих «правд», вполне может верить, что после смерти мы будем с Христом, и в то же самое время в то, что вернемся на землю в виде насекомого.

▶ Сохранение в нас укоренившихся с детства ложных убеждений может привести к тому, что основания нашей веры будут шаткими. ▶ Прослушайте следующие утверждения и выберите, какое из них описывает то, почему вы стали христианином:

• Я верю в христианство, потому что, похоже, оно работает.

• Я убедился на собственном опыте, что христианство истинно.

• Я верю, что Иисус Христос есть единственный путь к Богу для всех людей, везде и во все времена.

• Я просто принял решение, что христианство мне подходит.

Как вы думаете, какой ответ будет правильным? Единственно верный ответ: «Иисус Христос есть

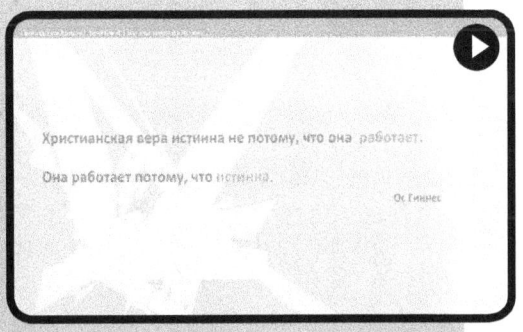

Христианская вера истинна не потому, что она работает.

Она работает потому, что истинна.

Ос. Гиннес

единственный путь к Богу для всех людей, везде и во все времена».

Христинин, оказавшийся под влиянием постмодернизма, может сказать, что он верит, потому что «христианство работает» или что «его жизненный опыт показывает истинность христианства» или что «он чувствуют, что оно правильно для него». Вера такого человека может оказаться слабой и подвести его, если в какое-то время ему покажется, что христианство перестанет работать, или когда чувства станут его обманывать, или когда другая картина мира покажется более привлекательной.

«Time For Truth", Ос Гиннес, Baker Books 2000, стр. 79–89)

▶ Ос Гиннес сказал об этом очень точно: «Христианская вера истинна, не потому что она работает; она работает, потому что истинна... Она не просто «истинна для нас»; она истинна для любого, кто ищет, чтобы найти, потому что истина есть истина, даже если никто ей не верит. Поэтому, истина не подчиняется ничьему мнению или моде, не зависит от чьих-либо расчетов или от того, кто ее придерживается и насколько искренне верит — она просто истина и все».

▶ Каждому из нас необходимо ясно понять, что то, во что мир заставляет нас поверить, настолько противоречит реальности, что нам нужно принять сознательное решение отбросить эти старые представления. Тогда библейское мировоззрение сможет пустить в нас глубокие корни, а не быть только внешним покрытием, скрывающим ложную систему убеждений.

Если мы не откажемся от старого мировоззрения, то это приведет к компромиссу с библейским, и тогда мы будем «с двоящимися мыслями» и «не тверды во всех путях своих» (Иак. 1:8).

Сейчас я произнесу молитву. Если вы готовы принять твердое решение полагаться только на то, что Бог называет истиной, то можете повторить ее за мной.

Господь Иисус Христос, что бы мир ни предлагал, сегодня я принимаю решение верить только тому, что Ты называешь истиной в Своем Слове, Библии. Я делаю выбор перестать колебаться. Я признаю, что мое бывшее мировоззрение ложно и отказываюсь от него. Сегодня, я принимаю решение жить в соответствии с истиной, открытой Тобой. Я верю, что Твое Слово докажет свою истинность и что Ты будешь мне верным. Аминь.

ПАУЗА ДЛЯ РАЗМЫШЛЕНИЯ 3

ЗАДАЧА:
ПОДЧЕРКНУТЬ ОПАСНОСТЬ СМЕШЕНИЯ СТАРОГО ЛОЖНОГО МИРОВОЗЗРЕНИЯ И НОВЫХ ХРИСТИАНСКИХ ИСТИН.

▶ **ВОПРОСЫ:**

ПРИВЕДИТЕ ПРИМЕРЫ ТОГО, КАК ХРИСТИАНИН МОЖЕТ СМЕШИВАТЬ СВОЮ ВЕРУ С ДРУГИМИ МИРОВОЗЗРЕНИЯМИ. ВЫ ЗАМЕЧАЕТЕ СКЛОННОСТЬ К ЭТОМУ В СВОЕЙ ЖИЗНИ?

ОС ГИННЕС СКАЗАЛ: «ХРИСТИАНСКАЯ ВЕРА ИСТИННА НЕ ПОТОМУ, ЧТО ОНА РАБОТАЕТ; ОНА РАБОТАЕТ ПОТОМУ, ЧТО ИСТИННА». ПО КАКОМУ ПРИЗНАКУ ВЫ МОЖЕТЕ СУДИТЬ О ТОМ, ВЕРНО ЛИ КАКОЕ-ЛИБО МИРОВОЗЗРЕНИЕ?

ПРИНЯЛИ ЛИ ВЫ РЕШЕНИЕ ИЗБАВИТЬСЯ ОТ СИСТЕМЫ УБЕЖДЕНИЙ, КОТОРУЮ В ВАС СФОРМИРОВАЛ МИР И ПОЛНОСТЬЮ ПРИНЯТЬ БИБЛЕЙСКОЕ МИРОВОЗЗРЕНИЕ? ЧТО МОЖНО СДЕЛАТЬ, ЧТОБЫ УСТОЯТЬ НА ХРИСТИАНСКИХ ПРИНЦИПАХ, ЖИВЯ В КУЛЬТУРЕ, ИХ ОТРИЦАЮЩЕЙ?

 ## СВИДЕТЕЛЬСТВО

Каким образом понимание того факта, что у каждого из нас формируется определенное представление о реальности, может помочь вам в разговорах с нехристианами? Что вы скажете тем, кто придерживается постмодернистского мировоззрения, утверждающего, что плохо иметь сильные убеждения?

 ## НА СЛЕДУЮЩЕЙ НЕДЕЛЕ

Попросите Духа Святого открыть вам, какие ложные представления о реальности сформировались в вашем сознании как результат того, что вы росли с небиблейским мировоззрением.

Занятие 5

НАШ КАЖДОДНЕВНЫЙ ВЫБОР

Занятие 5. Наш каждодневный выбор

КЛЮЧЕВОЙ СТИХ:

Рим. 8:9: Но вы не по плоти живете, а по духу, если только Дух Божий живет в вас. Если же кто Духа Христова не имеет, тот и не Его.

ЦЕЛЬ ЗАНЯТИЯ:

Понять, что, хотя плоть все еще мешает нам жить, полностью полагаясь на Бога и следуя побуждениям Духа Святого, мы более не обязаны ей подчиняться и свободны делать правильный выбор.

КЛЮЧЕВАЯ ИСТИНА:

Несмотря на то, что во Христе вы теперь человек с новой природой и можете следовать тому, что вам говорит Дух Святой, послушание Ему не происходит автоматически само собой.

Заметки для ведущего

На этом занятии мы постараемся лучше уяснить понятие слова «плоть» как наши старые привычки или стереотипы мышления и поведения. Под словом «старое» подразумевается то время, когда мы не знали Христа. У каждого христианина есть выбор — жить по желаниям плоти или по побуждениям Духа Святого.

Во избежание путаницы мы будем использовать термин «плоть», который является буквальным переводом греческого слова «sarx» из оригинального текста Библии. В современных её переводах есть тенденция не переводить это слово буквально, а интерпретировать его как «греховная природа» или «собственная природа». Употребление этих выражений по отношению к тем, кто уже принял Христа, может запутать слушателей, так как во Христе люди являются новыми творениями, как мы увидели на первых двух занятиях. Читая подобные переводы, христиане могут ошибочно решить, что суть их природы все еще грешная. В Новом Завете есть два важных места, где используется греческое слово «phusis», означающее «природу». В Послании апостола Павла к Ефесянам описывается наша природа («phusis») до того, как мы пришли ко Христу: мы «были по природе чадами гнева» (Еф. 2:3). И, наоборот, во Втором Послании Петра говорится, что мы теперь «причастники Божеского естества», то есть разделяем божественную природу («phusis»), потому что новая жизнь во Христе означает, что мы теперь едины с Богом (2 Пет. 1:4).

Христиане более не мертвы духовно в Адаме — они живые во Христе (Рим. 8:5–10). Наша старая греховная природа была распята со Христом (Гал. 2:19).

Итак, «греховная природа» и «плоть» — не взаимозаменяемые понятия. «Греховная природа» относится к падшему человеку, то есть тому, кем мы были в Адаме. Христиане больше не в Адаме, они во Христе. Каждому христианину дано новое сердце и новый дух, то есть новая природа, стремящаяся к Богу. Однако даже после спасения мы все еще имеем «плоть», которая привыкла существовать независимо от Творца. Поэтому каждый христианин все время стоит перед выбором — жить по плоти или по Духу Святому.

РАСЧЕТ ВРЕМЕНИ ЗАНЯТИЯ:

ЗНАКОМСТВО	10 мин	0:10
ПРОСЛАВЛЕНИЕ	10 мин	0:20
СЛОВО. ЧАСТЬ 1	25 мин	0:45
ПАУЗА ДЛЯ РАЗМЫШЛЕНИЯ 1	25 мин	1:10
СЛОВО. ЧАСТЬ 2	25 мин	1:35
ПАУЗА ДЛЯ РАЗМЫШЛЕНИЯ 2	25 мин	2:00
ПАУЗА ДЛЯ РАЗМЫШЛЕНИЯ 2	25 minutes	2:00

 ЗНАКОМСТВО

Чем бы вы стали заниматься, если бы точно знали, что добьетесь успеха?

 ПРОСЛАВЛЕНИЕ

Предлагаемая тема: славить Бога за то, кто Он есть. Прочитайте вслух следующие стихи из Библии:

«Итак, будем через Него непрестанно приносить Богу жертву хвалы, то есть плод уст, прославляющих имя Его» (Евр. 13:15).

«И голос от престола исшел, говорящий: хвалите Бога нашего, все рабы Его и боящиеся Его, малые и великие» (Откр. 19:5).

«Превозносите Господа, Бога нашего, и поклоняйтесь на святой горе Его, ибо свят Господь, Бог наш»
(Пс. 98:9).

«Твое, Господи, величие, и могущество, и слава, и победа и великолепие, и все, что на небе и на земле, Твое: Твое, Господи, царство, и Ты превыше всего, как Владычествующий.
И богатство, и слава от лица Твоего, и Ты владычествуешь над всем, и в руке Твоей сила и могущество, и во власти Твоей возвеличить и укрепить все.
И ныне, Боже наш, мы славословим Тебя и хвалим величественное имя Твое» (1 Пар. 29:11–13).

Предложите, чтобы каждый участник прославил Бога в молитве.

 СЛОВО

Возможно, некоторые из нас предполагали, что, став христианами, мы автоматически начнем все делать правильно, как будто в нас мгновенно что-то переключится. Однако довольно быстро мы начинаем понимать, что это не так. Даже осознавая, что Дух Господа живет в нас, и стремясь жить под Его руководством, нам часто не удается поступать так, как хотелось бы. Иногда мы совсем не ощущаем перемен внутри себя. Некоторые из наших дурных привычек никак не хотят сдаваться. Борьба с грехом как будто

даже становится интенсивнее. Почему так происходит?

Чтобы это понять, необходимо осознать, какие перемены произошли с нами после того, как мы стали христианами, а также, что значит жить верой в силе Духа Святого.

▶ Что с нами произошло, когда мы стали христианами?

Как уже понятно, в тот момент, когда мы стали христианами, с нами произошли коренные изменения.

▶ Мы обрели новое сердце и новый дух

Теперь в нас новое сердце, желания которого направлены к Богу, а не к самим себе или ко греху. Если христианин грешит, то осознает это, так как Дух Святой его обличает (способность видеть свои грехи — отличительный признак живой веры).

▶ Мы обрели новую жизнь «во Христе»

Мы — новые творения, свет в Господе (2 Кор. 5:17; Еф. 5:8). Мы больше духовно не мертвы в Адаме. Мы теперь живые во Христе.

▶ Мы подчиняемся новой власти

До нашего обращения нами правил сатана. Теперь мы приняты в семью Бога, «избавившего нас от власти тьмы и введшего в Царство возлюбленного Сына Своего» (Кол. 1:13).

▶ Чего с нами не произошло?

Теперь давайте рассмотрим то, какие перемены с нами не произошли после того, как мы стали христианами.

▶ Наше тело не изменилось

Несмотря на то, что наш «внутренний человек» коренным образом изменился, внешне мы выглядим так же, как и раньше. Придет время, когда у нас будет и новое тело, но сейчас наш «внешний человек» еще тот же.

▶ Наша плоть осталась той же

Основное значение термина «плоть» относится к физическому телу и, как следствие, к инстинктам и желани-

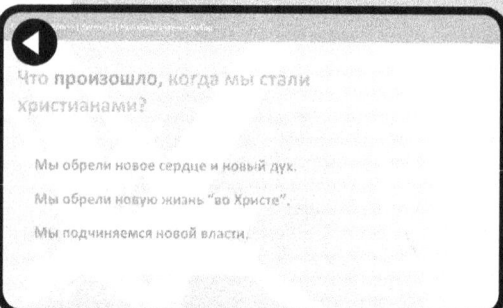

Некоторые христиане считают, что их сердце все еще «лукаво и крайне испорчено», потому что так сказано в Книге пророка Иеремии (Иер. 17:9). Однако же сам Бог через пророка Иезекииля обещал: «И дам вам сердце новое, и дух новый дам вам» (Иез. 36:26). В самом деле, до того, как мы стали христианами, наши сердца были испорчены. Но теперь, во Христе, у нас сердца новые!

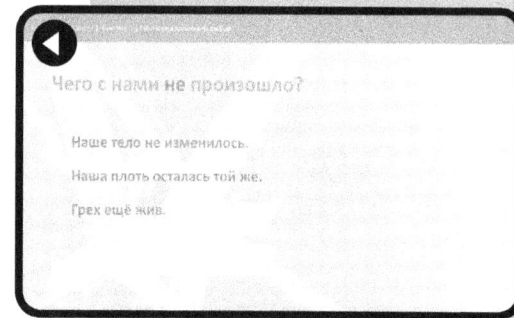

ям, которые с ним связаны. В библейском значении «плоть» можно определить как «инстинктивное стремление делать то, что кажется естественным для падшего человека».

Так как мы рождаемся без знания Бога, в процессе взросления мы постепенно вырабатываем собственные методы приспособления к окружающему миру — привыкаем мыслить и реагировать на происходящее определенным образом. В нашем сознании формируются стереотипы, которые определяют нашу реакцию, часто неосознанную, на различные жизненные ситуации. Эти глубоко укоренившиеся старые стереотипы мышления и поведения являются основной характеристикой плоти. Когда мы стали христианами, в нашем мозгу никто не нажал на кнопку «стереть», чтобы в одно мгновение заменить привычные, но ложные стереотипы на новые способы мышления и поведения. Такой кнопки просто нет.

Апостол Павел сказал: «Ибо живущие по плоти о плотском помышляют, а живущие по духу — о духовном. Помышления плотские суть смерть, а помышления духовные — жизнь и мир, потому что плотские помышления суть вражда против Бога; ибо закону Божию не покоряются, да и не могут (Рим. 8:5-7).

Как мы видим, плоть играет значительную роль в борьбе за наш разум. Она порождает мысли, враждебные Богу, которые становятся стереотипом мышления «по умолчанию», а, следовательно, и поведения. Мы так и будем автоматически следовать этим стереотипам, если не предпримем активных действий для их изменения, подчинив свою жизнь действию Духа Святого.

Нам необходимо приучить себя мыслить в соответствии с истиной, а не так, как мы привыкли. Этот процесс в Библии называется «обновление ума» (Рим. 12:2) и означает целенаправленную и активную работу по отказу от старых, ложных способов мышления и замену их на новые, истинные.

Для современного уха слово «плоть» звучит непривычно. Но именно оно является прямым переводом греческого слова «sarx» из оригинального текста Нового Завета. Там оно часто используется в значении «мясо, которое продает мясник, или мышцы на ноге». Некоторые современные переводы Библии не переводят «sarx» дословно, а интерпретируют его как «греховная» или «собственная» природа. Это можно понять, так как слово «плоть» часто не имеет особого смысла для современных читателей. Тем не менее, использование слова «природа» не самое удачное по той причине, что, как мы помним из предыдущих занятий, природа христиан уже не греховная, они теперь «причастники Божеского естества» (2 Пет. 1:4). Суть нашей природы праведная.

Более подходящей интерпретацией понятия «плоть» может быть «склонность ко греху». С одной стороны, это говорит о том, что внутри нас все еще есть что-то тянущее нас ко греху, но, с другой стороны, не утверждает, что сама наша сущность фундаментально грешная. Однако для большей ясности и простоты мы будем придерживаться термина «плоть».

▶ Грех еще жив

Многие задают себе вопрос: «Как я могу победить грех?» Плохая новость — сами мы этого сделать не в состоянии. Хорошая новость — Христос уже сделал это для нас! Понимая обе эти истины, как вы думаете, что должно измениться, чтобы мы не ходили по замкнутому кругу повторяющегося греха?

Мы не добьемся успеха, только усиленно борясь с грехом. Ключ к свободе — знание правды о нем.

Сам грех еще жив. Он очень обольстителен и искушает нас каждый день, обещая удовлетворить потребности в значимости, защищенности и принятии способами, противными Богу.

▶ Как же нам следует относиться ко греху теперь, когда мы «во Христе»?

▶ Если раньше, по словам Павла, грех был нашим господином, то теперь он потерял над нами власть.

▶ Хотя сам грех еще жив, апостол призывает нас считать себя «мертвыми для греха и живыми для Бога» (Рим. 6:11). Конечно, мы не расстанемся с грехом, если будем только считать себя мертвыми для него. Павел помогает нам понять истину, что сама наша старая природа умерла с Христом, и что Его смерть прекратила наши отношения с грехом. Мы не только так считаем, так оно и есть на самом деле!

Тем не менее, так же, как и апостол, мы замечаем, что каждый раз, когда хотим сделать добро, зло поднимает свою уродливую голову и пытается сбить нас с правильного курса и заставить поступить наоборот — это срабатывает так называемый закон греха (Рим. 7:23).

▶ В этом мире закон греха все еще действует. Чем же можно его преодолеть? Высшим, более сильным законом! «Потому что закон духа жизни во Христе Иисусе освободил меня от закона греха и смерти» (Рим. 8:2).

Более подробное объяснение понятия «плоть», а также путаницы, которая может возникнуть при интерпретации этого слова, дано в разделе «Заметки для ведущего» в начале занятия.

Стив Госс рассказывает: «Однажды к нам в коллектив пришел новый сотрудник. У него был легкий, веселый и общительный характер. Но каждый раз, когда я приглашал его в свой кабинет, он совершенно менялся. Я всегда стараюсь создавать открытую и дружелюбную атмосферу, однако, заходя ко мне, он сразу становился нервным и скрытным. Через несколько месяцев выяснилось, что на предыдущем месте работы начальник вызывал его на ковер только для того, чтобы отругать и раскритиковать. Хотя обстоятельства изменились, и он больше не работал на неприятного босса, когда он оказывался в похожей ситуации, автоматически начинали работать его привычные стереотипы мышления и поведения. Потребовалось немало времени, чтобы, по мере общения с дружелюбным начальником, старые стереотипы постепенно стерлись, и его реакция на подобную ситуацию изменилась».

Наши отношения с грехом

Грех был нашим господином, но теперь он потерял власть над нами.

Сам грех жив, но мы к нему мертвы.

"Закон греха" ещё в действии, но мы в состоянии его преодолеть.

> Несмотря на то, что в Библии прямо сказано, что во Христе я «мертв для греха, но жив для Бога» (Рим. 6:11), иногда просыпаясь утром, я чувствую себя очень даже живым для греха, но мертвым для Бога! Тем не менее, это только мои чувства, сама реальность не изменилась. Мне просто нужно решить прислушиваться к тому, что говорит Бог, а не к своим чувствам.

Например, я не могу летать, так как закон всемирного тяготения не позволяет мне подняться в воздух. Что сделать, чтобы все-таки полететь?

▶ Да очень просто — сесть в самолет и полететь! Тем самым я преодолею закон всемирного тяготения, используя закон аэродинамики и мощность двигателя. Это не означает, что закон всемирного тяготения перестанет работать. Просто я использую другой, более мощный закон.

После того, как мой дух воссоединился с Духом Божьим, во мне стал действовать другой закон — закон духа жизни, который неизмеримо сильнее закона греха и смерти. Если раньше у меня не было выбора, кроме как оставаться на земле в своем грехе, теперь я могу оторваться от земли и полететь высоко над законом греха и смерти!

Наш выбор

Становится ясно, что, имея жизнь, данную нам Христом, мы стоим перед серьезным выбором.

▶ Мы теперь свободны перестать мыслить и действовать так, как нас приучила плоть. Тем не менее, мы можем **делать выбор** продолжать ее слушать.

▶ У греха больше нет власти над нами. Тем не менее, мы можем **делать выбор** поддаться ему.

Таким образом, несмотря на то, что ничто не может изменить любовь Бога к нам и то, кем мы теперь стали, отразится ли это новое положение во Христе на нашей каждодневной жизни зависит только от нашего собственного выбора.

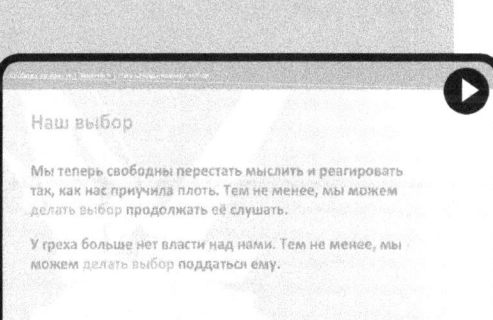

В 1-ом Послании к Коринфянам апостол Павел описывает три типа людей. Давайте их определим. (Прочитайте отрывок 1 Кор. 2:14–3:4).

▶ «Душевный» или «падший» человек (без Духа Святого)

Термин «душевный человек» относится к человеку до того, как он стал христианином. И такой человек:

▶ живой физически, но мертвый духовно;

▶ отделен от Бога;

▶ живет независимо от Бога;

▶ живет по плоти; все помышления и поступки диктуются плотью (Гал. 5:19–21);

▶ не имеет духовной основы противостоять жизненным трудностям.

Душевный человек совсем не обязательно должен чувствовать себя несчастным. Он может найти способы удобно устроиться в этой жизни независимо от Бога. Однако в конечном счете ничто в этом мире не сможет удовлетворить его глубинные потребности и заполнить пустоту, образовавшуюся из-за отсутствия отношений с Творцом. ▶ У такого человека нет духовной основы, помогающей справляться со стрессами и трудностями жизни. И самое главное — единственный путь возвращения к Отцу в Царство Небесное будет для него закрыт.

▶ «Духовный человек»

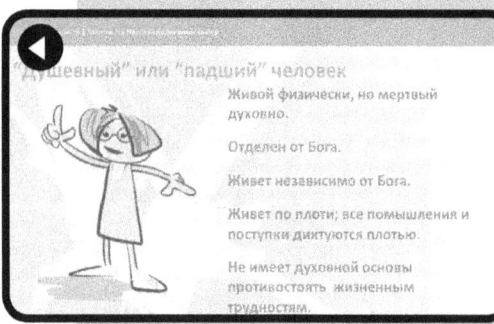

Термин «духовный человек» определяет состояние человека, пришедшего к вере в Иисуса Христа. Такой человек:

▶ преобразован верой во Христа;

▶ его дух соединен с Богом;

▶ он получил:
- прощение;
- принятие в семью Бога;
- значимость во Христе.

▶ следует побуждениям Духа Святого, а не плоти;

▶ обновляет разум (избавляется от ложных стереотипов мышления и заменяет их на истинные);

▶ в его душе царят мир, радостные эмоции, а не смятение;

▶ живет по Духу, и поэтому в его жизни видны плоды Духа Святого (Гал. 5:22, 23);

▶ все еще имеет свою плоть, но ежедневно распинает ее, так как понимает истину, что он теперь мертв для греха (Рим. 6:11–14).

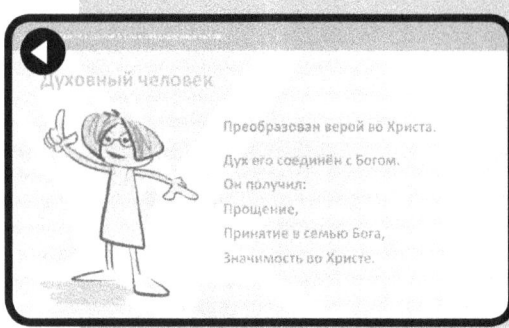

Описанный нами духовный человек — идеал духовной зрелости, к которой мы все стремимся. Пожалуйста, не думайте, что это доступно только избранным. Бог сказал, что Он уже дал вам все необходимое, чтобы жить такой жизнью: «Как от Божественной силы Его даровано нам все потребное для жизни и благочестия, через познание Призвавшего нас славою и благостию» (2 Пет. 1:3).

▶ «Плотский человек»

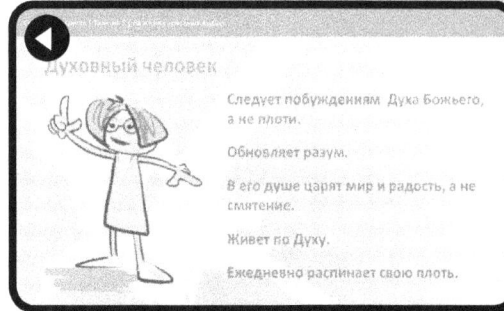

Термин «плотский человек» описывает христианина, которому была дана жизнь и Дух Святой, как и духовному человеку, но вместо того, чтобы начать следовать побуждениям Духа, он продолжает исполнять желания плоти. Такой человек свободен жить по Духу, но выбирает не пользоваться своей свободой. Он делает это либо осознанно, либо потому, что обманут, либо просто не понимает истины своего нового положения во Христе.

Жизнь плотского христианина больше напоминает жизнь душевного человека (нехристианина), а не духовного. Его отличает следующее:

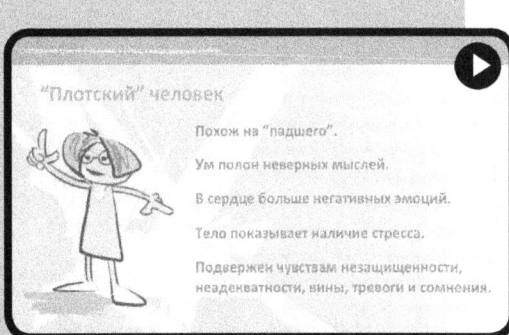

▶ ум полон неверных мыслей;

▶ в сердце преобладают негативные эмоции;

▶ в теле видны следы стресса;

▶ ведет образ жизни, несоответствующий своему новому положению во Христе, вследствие чего страдает от комплекса неполноценности и преследуем чувствами незащищенности, неадекватности, вины, тревоги и сомнения.

Такой человек часто «застревает» в каком-то грехе. В Послании к Римлянам апостол Павел описывает, как чувствует себя человек, которому трудно справиться с грехом (Рим. 7:15–24). Наш дух соединен с Богом, в глубине души мы радуемся Его закону и хотим поступать в соответствии с Его волей. Однако снова и снова терпим неудачу. Кто-то возвращается к непреодолимой тяге к сладкому, другие — к алкоголю, третьи — к запретным сексуальным утехам. В конце концов, мы начинаем чувствовать себя беспомощными и совершенно напрасно заключаем, что не в состоянии вырваться из замкнутого круга.

Конечно, спасение плотского человека остается без сомнения. Однако, как много он теряет из-за того, что не использует подаренную ему свободу и не живет полной и цельной жизнью сейчас, в этом мире. Когда-нибудь он окажется перед Богом и, оглядываясь назад на свою жизнь, будет жалеть, представляя какой она могла бы быть.

ПАУЗА ДЛЯ РАЗМЫШЛЕНИЯ 1

ЗАДАЧА:
ОБСУДИТЬ ТРИ ТИПА ЧЕЛОВЕКА И ОСОЗНАТЬ, ЧТО КАЖДЫЙ ХРИСТИАНИН МОЖЕТ БЫТЬ КАК «ПЛОТСКИМ», ТАК И «ДУХОВНЫМ». ПОНЯТЬ, ЧТО У КАЖДОГО УЧАСТНИКА ЕСТЬ ВОЗМОЖНОСТЬ СТАТЬ ТАКИМ, КАКИМ ОН ХОЧЕТ БЫТЬ.

▶ **ВОПРОСЫ:**

ИЗ ВАШЕГО ОПЫТА, ЛЕГКО ЛИ ХРИСТИАНИНУ ВЕСТИ СЕБЯ НЕ ПО-ХРИСТИАНСКИ? МОЖЕТЕ ПРИВЕСТИ ПРИМЕР, КОГДА ВЫ САМИ ТАК ПОСТУПАЛИ?

ПОЧЕМУ МНОГИЕ ХРИСТИАНЕ СТРАДАЮТ КОМПЛЕКСОМ НЕПОЛНОЦЕННОСТИ, ПОДВЕРЖЕНЫ ЧУВСТВУ НЕЗАЩИЩЕННОСТИ, НЕАДЕКВАТНОСТИ, ВИНЫ, БЕСПОКОЙСТВА И СОМНЕНИЯ?

КАК МЫ, ХРИСТИАНЕ, МОЖЕМ ПОДНЯТЬСЯ НАД ЗАКОНОМ ГРЕХА И ПРЕОДОЛЕТЬ СКЛОННОСТЬ К ГРЕХОВНОМУ, ЭГОИСТИЧНОМУ ПОВЕДЕНИЮ?

▶ Все зависит от нас!

▶ Как мы уже видели, Бог дал нам абсолютно все для того, чтобы жить полной жизнью, угодной Ему (2 Пет. 1:3). У нас уже есть все «духовные благословения» (Еф. 1:3). Что еще должен сделать Бог, чтобы мы были свободны во Христе, и чтобы это отразилось на нашей жизни? Или что должен сделать кто-то другой? Совершенно ничего!

Нам не нужно искать особого человека, который прочитал бы над нами специальную молитву или самим узнать какую-то особенную молитву. Нам не нужно умолять Бога сделать что-то еще, чтобы изменить нашу жизнь. Для преодоления препятствий к духовному росту нам просто нужно научиться пользоваться тем, что у нас уже есть.

Препятствия к духовному росту

▶ Давайте рассмотрим некоторые препятствия, стоящие на пути к духовному росту.

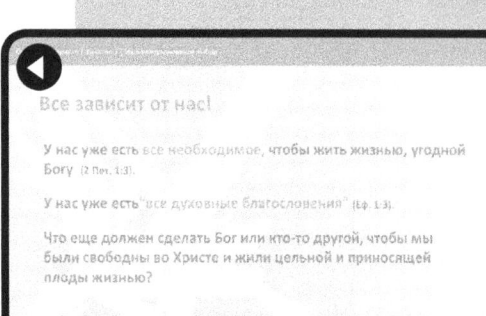

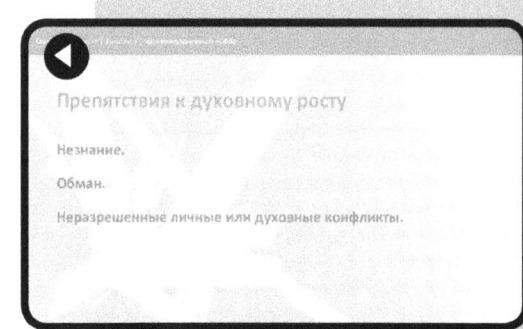

▶ Незнание

Часто люди делают неверный выбор просто от незнания. Возможно, никто им не объяснил их нового положения во Христе. Такое часто случается, когда церковь уделяет больше внимания обращению неверующих и значительно меньшее — ученичеству и наставничеству начинающих христиан. Кроме того, в обучении нередко делается упор на то, как христиане должны себя вести, в ущерб объяснению того, кем они являются. Если так было с вами, то сейчас у вас есть возможность восстановить правильный баланс и начать двигаться вперед.

▶ Обман

«Посему, как вы приняли Христа Иисуса Господа, так и ходите в Нем, будучи укоренены и утверждены в Нем и укреплены в вере, как вы научены, преуспевая в ней с благодарением» (Кол. 2:6–7).

Для укрепления в вере необходимо прочно утвердиться во Христе.

«Смотрите, братия, чтобы кто не увлек вас философиею и пустым обольщением, по преданию человеческому, по стихиям мира, а не по Христу...» (Кол. 2:8).

Мы можем либо утверждаться во Христе, либо поддаваться ложным учениям или обольщениям мира сего.

Обман не так легко распознать, поскольку часто он кажется нам правдой.

Опасность может исходить не только извне, от ложных учений, но и изнутри, от нашей собственной плоти. Плоть пытается обмануть христианина, порождая мысли, мешающие его духовному росту, например:

- «У других, может, это и получится, но только не у меня».
- «Моя вера никогда не станет такой, как у моего соседа».
- «Я совсем бесполезный для Бога».

▶ Неразрешенный личный или духовный конфликт

Для многих основной причиной того, что мы не растем в духовной жизни, является наличие у нас неразрешенных личных или духовных конфликтов. В Послании к Ефесянам, говоря о гневе, Павел предупреждает что, если мы не разберемся с этим чувством сразу и позволим ему перерасти в горечь и непрощение, то тем самым «дадим место дьяволу», то есть позволим противнику проникнуть в наше сознание (Еф. 4:26–27). Неразрешенные внутренние конфликты дают сатане средство воздействия на нас и возможность сдерживать наше духовное развитие.

Расскажу вам один случай, которым можно проиллюстрировать эту мысль. Самолет, на котором я должен был лететь, опаздывал. Наконец, когда объявили посадку, я поспешил к своему месту. Но вдруг почувствовал, что меня что-то сдерживает, тянет назад, и мне пришлось остановиться к большому недовольству пассажиров, идущих за мной. Оказалось, что одна из эластичных петлей моей куртки зацепилась за сидение первого ряда, а я уже был у 11-го! Я смог освободиться и двигаться вперед только после того, как отцепил петлю.

Если вы не можете простить человека, нанесшего вам боль, то держите дверь вашего сознания широко открытой для врага, который не замедлит в неё войти, неся смятение и не позволяя соединиться с истиной. Если вы не послушаетесь Бога и не сможете простить, то, как бы хорошо не проповедовали вам истину, мало вероятно, что вы сможете ее усвоить по-настоящему и позволить ей изменить вашу жизнь.

Многие люди, хотя и пришли к вере, но до конца не покаялись, что значительно сдерживает их духовный рост.

Позже на нашем курсе у вас будет возможность пройти через процесс, который мы называем «Шаги к свободе во Христе». Этот процесс позволит вам рассмотреть различные стороны своей жизни и, с помощью Духа Святого, обнаружить в них те сферы, в которых существуют проблемы, требующие покаяния. Решение покаяться в том, что Господь вам покажет, захлопнет дверь для влияния врага на ваше сознание. По нашему опыту, каждый христианин выносит из этого процесса что-то полезное для себя. Для многих он является ключом к реальному соединению с истинами, о которых мы рассказываем на курсе.

«Шаги к свободе во Христе» помогут вам вырваться из замкнутого круга «грех—покаяние—грех—покаяние». Чтобы справиться с повторяющимся грехом, вам нужно сделать больше, чем признать его и глубоко покаяться. Когда вы каетесь, вы соглашаетесь с Богом, что сделали плохо. Но это только первый шаг к избавлению от греха. Мы не должны игнорировать реальность духовного мира и духовной борьбы. Нам необходимо также разобраться с твердынями дьявола в нашем разуме и закрыть для него туда доступ. Каким образом? Апостол Иаков сказал: «Итак, покоритесь Богу; противостаньте диаволу, и убежит от вас» (Иак. 4:7). Мы должны противостоять сатане и забрать у него место, оккупированное в нашем сознании. Это сделать возможно. Но, к сожалению, многие из нас никогда об этом не слышали.

Часто случается, что люди, прошедшие «Шаги к свободе во Христе», позже, слушая какую-то проповедь, удивляются, почему никто не рассказал им этого 20 лет назад. На самом деле, их бедный пастор все время пытался им объяснить, но они, не разобравшись со своими личными и духовными конфликтами, были просто не в состоянии соединиться с этой истиной и понять, о чем говорил пастор.

Процесс «Шаги к свободе во Христе» позволит многим людям по-настоящему усвоить основные христианские истины:

- «Бог на самом деле меня любит».
- «Для меня больше нет осуждения».
- «Бог хочет для меня самого лучшего».
- «Мне больше не нужно бояться».
- «Я более не являюсь жертвой».

Истина есть истина независимо ни от чего. Но мы должны сделать ее реальной для нас самих.

Теперь мы в состоянии делать свободный выбор жить по Духу Святому

▶ После того, как мы принимаем решение верить истине в независимости от наших чувств, а также разрешаем внутренние духовные конфликты, мы становимся в состоянии сознательно делать свой каждодневный выбор. Мы возвращаемся в то положение, которое было у Адама и Евы до грехопадения, то есть обретаем свободу выбора. Предоставление нам свободы воли и собственного выбора исключительно важно для Бога.

▶ Каждый день ставит нас перед выбором — либо подчиняться желаниям плоти, либо следовать Духу Святому. Эти две реальности находятся в оппозиции друг ко другу.

У меня есть друг, у которого было тяжелое детство. Его родители не только игнорировали его потребности, но морально и физически унижали его. Они постоянно твердили, что он «пустое место». Позже мой друг стал христианином, а затем и пастором, но боль из прошлого не ушла и продолжала его мучить. Чтобы заглушить эту боль он стал пить, что в итоге разрушило его семью и служение. После многих лет алкоголизма этот человек смог, наконец, принять истину о том, что он теперь дитя Бога и что прошлое потеряло над ним власть. Это помогло ему справиться с зависимостью, разрешить духовные конфликты и найти настоящую свободу во Христе. С тех пор мой друг помог многим найти ту же свободу. Тем не менее, он рассказал мне, что не проходит и дня, чтобы его плоть не шептала ему: «Ты — пустое место!». Мысли, основанные на обмане, не исчезли совсем. Но он научился каждый раз принимать решение их не слушать, какими бы настойчивыми они ни были. Ежедневно он делает сознательный выбор слушать Духа Святого и жить в соответствии с правдой. Апостол Павел писал: «Я говорю: поступайте по духу, и вы не будете исполнять вожделений плоти...» (Гал. 5:16).

Что же значит «жить в Духе»?

▶ **Жизнь в Духе — это не:**

▶ **Просто хорошее ощущение**

Иногда Дух Святой нисходит на нас так сильно, что мы переполняемся радостью. Это чудесный подарок от Бога. Тем не менее, быть исполненным Духом Святым изо дня в день значит намного больше, чем просто приятное чувство. Если главным для нас будет погоня за приятными ощущениями, то мы всю жизнь проведем в поисках средства, вызывающего их. Однако для Бога главное не наши высокие духовные переживания, какими бы приятными они ни были, а то, чтобы мы познали истину, соединились с ней и смогли жить в свободе.

▶ **Право делать все, что захочу**

Некоторые думают, что приобретенная свобода дает нам право делать все, что душа пожелает, как будто мы

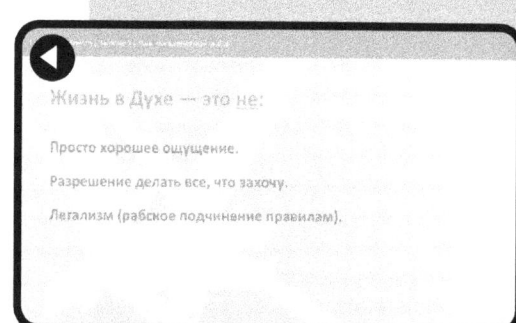

Жизнь в Духе — это не:

Просто хорошее ощущение.

Разрешение делать все, что захочу.

Легализм (рабское подчинение правилам).

можем забыть наставления Бога жить с ответственностью за свои поступки. Какое-то время уступка греху может дать нам ощущение свободы, но очень скоро мы поймем, что оказываемся порабощенными этим грехом и уже не можем остановиться. Жизнь в Духе не позволяет нам делать все, что хочется. Павел говорит: «...ибо плоть желает противного духу, а дух — противного плоти: они друг другу противятся, так что вы не то делаете, что хотели бы» (Гал. 5:17).

▶ Легализм (рабское подчинение правилам)

Закон Ветхого Завета открыл людям моральную природу Бога, но в то же время показал, что никто не в состоянии ей подражать. Весь смысл установления этого закона заключался в том, чтобы мы поняли бесполезность собственных усилий и необходимость веры во Христа (Гал. 3:24).

Тем не менее, многие люди считают что для того, чтобы быть «хорошим христианином» или принятым Богом, необходимо безусловно следовать определенному набору правил. Они забыли слова апостола Павла: «Если же вы духом водитесь, то вы не под законом» (Гал. 5:18).

Когда мы смотрим на христианскую жизнь только как на соблюдение правил, она становится скучной обязанностью, а не радостными отношениями с Создателем. К тому же мы понимаем, что не в состоянии выполнять все и всегда так, как нужно. Нам важно помнить, что Бога не радуют те, кто подчиняется Его воле из-под палки. Он желает, чтобы мы сами захотели следовать за Ним.

Огромную радость доставляет Творцу, когда мы видим Его таким, какой Он есть на самом деле, осознаем то, что Он для нас сделал, и понимаем, что Он нас любит, несмотря ни на что. Однако Ему также важно, чтобы выбор следовать Его воле мы сделали свободно. Жизнь в Духе как раз и позволяет нам делать свободный выбор.

▶ Жизнь в Духе значит:

▶ Быть по-настоящему свободными

«Где Дух Господень, там свобода» (2 Кор. 3:17).

Дьявол не может заставить вас жить по плоти, хотя он постоянно старается вас к этому подтолкнуть. Теперь вы свободны быть теми, кем вам всегда было предназначено быть — детьми Бога, и делать выбор жить

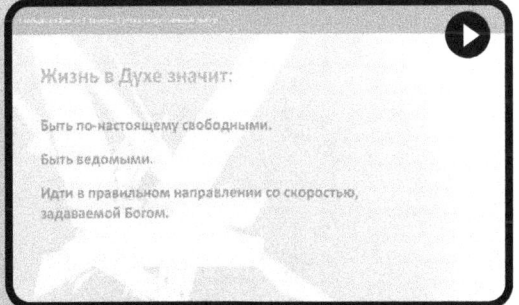

Жизнь в Духе значит:
Быть по-настоящему свободными.
Быть ведомыми.
Идти в правильном направлении со скоростью, задаваемой Богом.

верой в силе Духа Святого.

▶ Быть ведомыми

В современном мире для перемещения овец на другое поле часто используются специально обученные собаки или фургоны для животных. В библейские времена в Израиле стадо вел за собой пастух, идущий впереди. Овцы узнавали его голос и следовали за ним. Иисус сказал: «Овцы Мои слушаются голоса Моего, и Я знаю их; и они идут за Мною» (Ин. 10:27).

▶ Двигаться в правильном направлении со скоростью, задаваемой Богом

«Придите ко Мне, все труждающиеся и обремененные, и Я успокою вас; возьмите иго Мое на себя и научитесь от Меня, ибо Я кроток и смирен сердцем, и найдете покой душам вашим; ибо иго Мое благо, и бремя Мое легко» (Мф. 11:28–30).

Иго или ярмо — это деревянный хомут, с помощью которого в плуг запрягали двух животных. Чтобы вспахать поле они должны были тянуть вместе в одном направлении. Если мы будем ожидать, что Бог один все за нас сделает, ничего и никогда выполнено не будет. В то же время, мы сами, без Его помощи, не сможем осуществить что-либо значимое. Иго Христа это не бремя, а помощь, и Он не должен тянуть один. Мы должны это делать вместе. Только Иисус знает правильную дорогу и правильный темп. Когда мы двигаемся с Ним вместе, мы видим, что Его пути нетрудные, и находим покой своим душам.

▶ Как мы можем понять, что живем в Духе Святом?

Точно так же, как вы определяете дерево по его плоду, вы можете понять по вашим плодам, живете ли вы в Духе. Если вы живете по побуждениям Духа Святого, то в вашей жизни с каждым днем будет все больше «любви, радости, мира, долготерпения, благости, милосердия, веры, кротости и воздержания» (Гал. 5: 22–23).

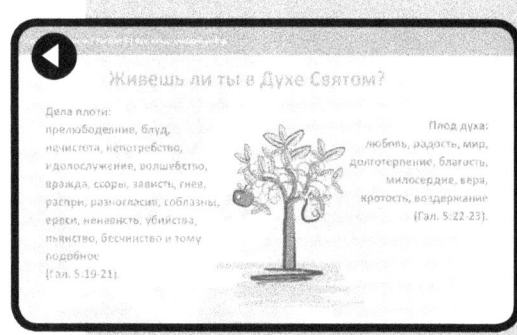

▶ Если же вы живете по желаниям плоти, это тоже будет видно (Гал. 5:19–21).

Может быть, в процессе обсуждения этого занятия вы пришли к осознанию, что живете по плоти. Тогда, как лучше всего вам поступить? Просто признайтесь в этом, разберитесь с укреплениями врага в любой сфере вашей жизни, попросите Духа Святого вас наполнить, и начните жить в соответствии с вашей новой личностью во Христе.

Жизнь в Духе — это ежедневная, ежечасная работа. В каждой ситуации вы принимаете решение жить либо по Духу, либо по плоти.

Но с того момента, как вы глубоко осознаете истину о том, кто есть Бог и кем являетесь в Нем вы, разве вам захочется продолжать жить по плоти?

ПАУЗА ДЛЯ РАЗМЫШЛЕНИЯ 2

ЗАДАЧА:
ПОКАЗАТЬ, ЧТО ЛЕГАЛИЗМ, ТО ЕСТЬ ПРЕДСТАВЛЕНИЕ ХРИСТИАНСКОЙ ЖИЗНИ КАК СТРОГОГО СЛЕДОВАНИЯ ПРАВИЛАМ, НЕ ПОЗВОЛЯЕТ НАМ БЫТЬ ВЕДОМЫМИ ДУХОМ СВЯТЫМ И СЛЫШАТЬ ГОЛОС БОГА (ГАЛ. 3:3).

▶ ВОПРОСЫ:

ПРОЧИТАЙТЕ ПОСЛАНИЕ АПОСТОЛА ПАВЛА К ГАЛАТАМ 3:3.

ПРИВЕДИТЕ ПРИМЕРЫ ИЗ СОБСТВЕННОЙ ЖИЗНИ, КОГДА, УЖЕ БУДУЧИ ХРИСТИАНИНОМ, ВЫ ПЫТАЛИСЬ ЖИТЬ ПО ПРАВИЛАМ, НАДЕЯСЬ ИСКЛЮЧИТЕЛЬНО НА СЕБЯ.

КАК ВЫ ДУМАЕТЕ, ПОЧЕМУ НЕДОСТАТОЧНО РАССЧИТЫВАТЬ ТОЛЬКО НА СВОИ СИЛЫ, ЧТОБЫ ЖИТЬ ПРАВЕДНО?

КАК НАУЧИТЬСЯ СЛЫШАТЬ И РАСПОЗНАВАТЬ ГОЛОС ДУХА СВЯТОГО, ЧТОБЫ БЫТЬ ВЕДОМЫМ ИМ?

 ## СВИДЕТЕЛЬСТВО

Как бы вы объяснили нехристианину на понятном ему языке, что именно дает человеку исполнение Духом Святым?

 ## НА СЛЕДУЮЩЕЙ НЕДЕЛЕ

Каждый день принимайте решение жить в Духе Святом и просите Его наполнять вас.

Занятие 6

РАЗРУШЕНИЕ ТВЕРДЫНЬ В РАЗУМЕ

Занятие 6. Разрушение твердынь в разуме

КЛЮЧЕВОЙ СТИХ:

2 Кор. 10:4–5: Оружия воинствования нашего не плотские, но сильные Богом на разрушение твердынь: ими ниспровергаем замыслы и всякое превозношение, восстающее против познания Божия, и пленяем всякое помышление в послушание Христу..

ЦЕЛЬ ЗАНЯТИЯ:

Понять, что такое твердыни в разуме и как они образуются, чтобы суметь разрушить их обновлением своего ума.

КЛЮЧЕВАЯ ИСТИНА:

В разуме каждого человека есть твердыни — ложные образы мышления, не соответствующие Божьей истине.

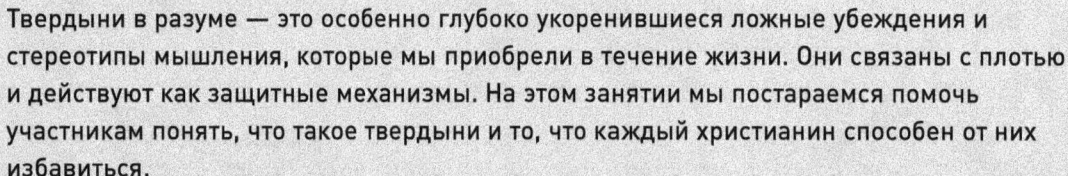

Заметки для ведущего

Твердыни в разуме — это особенно глубоко укоренившиеся ложные убеждения и стереотипы мышления, которые мы приобрели в течение жизни. Они связаны с плотью и действуют как защитные механизмы. На этом занятии мы постараемся помочь участникам понять, что такое твердыни и то, что каждый христианин способен от них избавиться.

Мы вернемся к теме твердынь в разуме на Занятии 10, где рассмотрим стратегию их разрушения и замены лжи на истину. Весь процесс займет 6 недель.

РАСЧЕТ ВРЕМЕНИ ЗАНЯТИЯ:

ЗНАКОМСТВО	10 мин.	0:10
ПРОСЛАВЛЕНИЕ	10 мин.	0:20
СЛОВО. ЧАСТЬ 1	14 мин.	0:34
ПАУЗА ДЛЯ РАЗМЫШЛЕНИЯ 1	25 мин.	0:59
СЛОВО. ЧАСТЬ 2	13 мин.	1:12
ПАУЗА ДЛЯ РАЗМЫШЛЕНИЯ 2	20 мин.	1:32
СЛОВО. ЧАСТЬ 3	13 мин.	1:45
ПАУЗА ДЛЯ РАЗМЫШЛЕНИЯ 3	15 мин.	2:00

Позже, в разделе «Слово», можно будет вернуться к тому, чем поделились участники, отвечая на этот вопрос. Может быть, что-то из того, о чем они рассказали, стало твердынями в их жизни. Например, если кому-то в детстве родители говорили, что он ни на что не годится, то, скорее всего, такой человек вырос с убеждением, что так оно и есть на самом деле. Однако истина заключается в том, что он принят, защищен и значим. Людям необходимо разрушить подобные твердыни, начав верить истине.

 ЗНАКОМСТВО

Вспомните самое плохое, когда-либо сказанное вам или о вас. Удалось ли вам это забыть, или оно до сих пор не дает вам покоя?

 ПРОСЛАВЛЕНИЕ

Предлагаемая тема: Божья благодать.

Прочитайте один-два из следующих стихов: 1 Ин. 3:1; Еф. 1:6–8; Ин. 1:16.

Попросите участников вспомнить ситуации из своей жизни, когда Бог показал, что Он есть любовь. Предложите им какое-то время подумать, сколько Божьей благодати и благословений они испытали, и затем поблагодарить за это своего Создателя.

 СЛОВО

[Возьмите воздушный шарик и, пока говорите, постепенно надувайте его].

Иногда в нашем мозгу возникает и надолго застревает какая-то мысль. Часто это происходит после неприятного или болезненного инцидента — возможно, вас оскорбили («Ты бесполезный», «Ты неудачник», «Ты некрасивая») или даже применили насилие.

[Возьмите что-нибудь острое, например, булавку].

Эта мысль, возможно, была в вас так долго, что стала частью вашей жизни. Вы стали ей верить и уже не можете представить, что от нее можно избавиться.

[Лопните шарик].

«Ибо слово Божие живо и действенно и острее всякого меча обоюдоострого: оно проникает до разделения души и духа, составов и мозгов и судит помышления и намерения сердечные» (Евр. 4:12).

Нам нужно, чтобы Слово Божье пришло к нам, судило наши «помышления и намерения сердечные» и уничтожило то, что не соответствуют правде, так же как я лопнул шарик.

Правда для христиан такая замечательная:

- Бог вас любит.

- Его заботит каждая мелочь, происходящая в вашей жизни.
- У Него есть цель и план для вашей жизни.
- Он сделал вас Своим ребенком.
- Во Христе Творец дал вам возможность стать таким, каким Он вас создал.

[Здесь хорошо, чтобы участники, ранее прошедшие курс, рассказали, как они обрели свободу в своей жизни].

Многие христиане (а скорее, большинство) не испытали подобного освобождения. На каком-то уровне своего сознания они верят истине, но, создается такое впечатление, никак не могут с ней соединиться, чтобы она начала эффективно действовать в их жизни.

«Итак, стойте в свободе, которую даровал нам Христос, и не подвергайтесь опять игу рабства» (Гал. 5:1).

Причиной того, что вы не в состоянии соединиться с истиной, часто является наличие твердынь в вашем разуме.

▶ Что такое твердыни в разуме?

Твердыни в разуме связаны с плотью. С самого рождения в нашей жизни Бога не было, и мы не знали Его путей. В процессе взросления мы вынуждены были учиться жить независимо от своего Создателя — Он не присутствовал в нашем мышлении. У нас не было другого выбора. Однажды мы стали новыми творениями во Христе, но никто не нажал в нашем разуме на кнопку «стереть». Многие приобретенные ложные убеждения и защитные механизмы все еще в нас живут. Каждый из нас «запрограммирован» по-разному, но мы все живем со склонностью действовать, исходя из ошибочной информации. Неверные убеждения и стереотипы мышления, которые прочно закрепились в нашем мозгу, и есть твердыни.

▶ Эд Сильвозо дает определение твердынь как «настрой ума, подчиненный унынию и безнадежности, который заставляет верующего принять как неизбежное то, что, как он знает, совершенно противоречит Божьей воле».

▶ По словам Нила Андерсона: «Твердыни в разуме — привычные образы мышления, не соответствующие Слову Божьему».

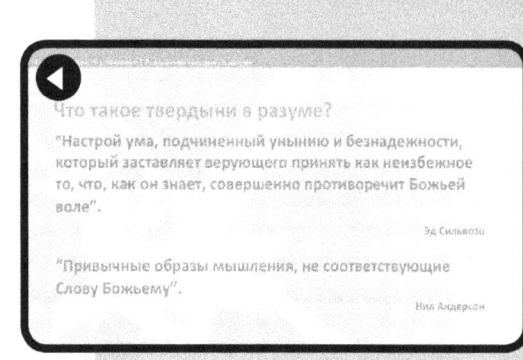

Что такое твердыни в разуме?
"Настрой ума, подчиненный унынию и безнадежности, который заставляет верующего принять как неизбежное то, что, как он знает, совершенно противоречит Божьей воле".
Эд Сильвозо

"Привычные образы мышления, не соответствующие Слову Божьему".
Нил Андерсон

Эд Сильвозо. – Чтобы никто не погиб. – Regal books. 1994. – стр. 155

Иногда наличие твердынь в разуме проявляется в том, что мы оказываемся не в состоянии сделать то, что должны. Или наоборот, делаем то, чего не следует, и никак не можем остановиться.

Нам необходимо понять, что Бог нас любит и никогда не попросит сделать невыполнимое. Он никогда не предложит нам прыгнуть через барьер, а Сам поднимет планку непреодолимо высоко. Подобное совершенно не соответствует Его характеру. Поэтому, если нас охватывает чувство беспомощности, то дело, скорее всего, в твердынях, образовавшихся в нашем разуме.

Не найдя средства разрушить твердыни, мы, скорее всего, заключим: «Я просто такой человек и никогда не смогу измениться». При вспышках гнева мы скажем: «Такой у меня характер». При неспособности строить отношений с людьми: «Я просто застенчивый и другим быть не могу».

Чувства неполноценности, неуверенности в себе, неадекватности и паранойи — признаки наличия твердынь в нашем разуме.

▶ (Покажите слайды «Вся моя личность сформировалась вокруг ошибочной информации»).

> Иллюстрация: Довольно рано в своей жизни я обнаружил, что, когда мое настроение падает, приподнять его помогает еда. В конце концов, это стало «механизмом выживания». Нет ничего плохого в пище, но использовать ее для утешения — значит пытаться жить независимо от Бога, Который есть Источник всякого утешения и в любую минуту готов мне помочь. Проблема в том, что повторяющиеся попытки заглушить неприятные эмоции едой могут создать твердыни, приводящие к импульсивному поглощению еды.

ВСЕГО 4 СЛАЙДА

ПАУЗА ДЛЯ РАЗМЫШЛЕНИЯ 1

ЗАДАЧА:
УЯСНИТЬ, ЧТО У ВСЕХ НАС В РАЗУМЕ ОБРАЗОВАЛИСЬ ТВЕРДЫНИ — ЛОЖНЫЕ УБЕЖДЕНИЯ И СТЕРЕОТИПЫ МЫШЛЕНИЯ, КОТОРЫЕ НЕ ДАЮТ НАМ УВИДЕТЬ РЕАЛЬНОСТЬ ТАКОЙ, КАКОЙ ЕЕ ВИДИТ БОГ (КАКАЯ ОНА ЕСТЬ НА САМОМ ДЕЛЕ).

▶ **ВОПРОСЫ:**

ПРОЧИТАЙТЕ ОТРЫВОК ИЗ ПОСЛАНИЯ АПОСТОЛА ПАВЛА К РИМЛЯНАМ (6:1–7). В НЕМ ГОВОРИТСЯ, ЧТО МЫ «УМЕРЛИ ДЛЯ ГРЕХА» И БОЛЬШЕ МОЖЕМ НЕ БЫТЬ «РАБАМИ ГРЕХУ». ЧТО ВЫ ЧУВСТВУЕТЕ, КОГДА ПОПАДАЕТЕ В КАПКАН ПЛОХОЙ ПРИВЫЧКИ, ОТ КОТОРОЙ НИКАК НЕ МОЖЕТЕ ИЗБАВИТЬСЯ? ИЛИ КОГДА НЕ МОЖЕТЕ ЗАСТАВИТЬ СЕБЯ СДЕЛАТЬ ТО, ЧТО, КАК ВЫ ЗНАЕТЕ, БЫЛО БЫ ПРАВИЛЬНЫМ?

В ЧЕМ ПРИЧИНА ТОГО, ЧТО НЕКОТОРЫЕ ХРИСТИАНЕ СМИРЯЮТСЯ С МЫСЛЬЮ, ЧТО НИКОГДА НЕ СМОГУТ ДОСТИЧЬ ПОЛНОГО ПОТЕНЦИАЛА В СВОЕЙ ХРИСТИАНСКОЙ ЖИЗНИ?

ПОПРОБУЙТЕ ВСПОМНИТЬ СИТУАЦИЮ, КОГДА ВЫ НЕ МОГЛИ ЗАБЫТЬ ОБИДНОГО СЛОВА, СКАЗАННОГО ВАМ ИЛИ О ВАС. МОЖЕТ БЫТЬ, ОНО ДО СИХ ПОР СИДИТ ЗАНОЗОЙ В ВАШЕМ МОЗГУ? ЗНАЯ, ЧТО БОГ ХОЧЕТ ДЛЯ НАС ТОЛЬКО САМОГО ЛУЧШЕГО И НИКОГДА НЕ ПОСТАВИТ ПЕРЕД НАМИ НЕВЫПОЛНИМОЙ ЗАДАЧИ, ЕСТЬ ЛИ У НАС НАДЕЖДА НА ПЕРЕМЕНЫ?

▶ ## Что влияет на образование твердынь в разуме?

Окружающая среда

Падший мир, в котором мы живем, враждебен Богу. Однако:

- в нем мы жили каждый день до того, как познали Христа;
- он формировал наше восприятие жизни.

Когда вы родились, вы были физически живыми, но духовно мертвыми. В программе вашего мозга было записано совсем немного. По мере вашего взросления окружающая среда постепенно пополняла эту програм-

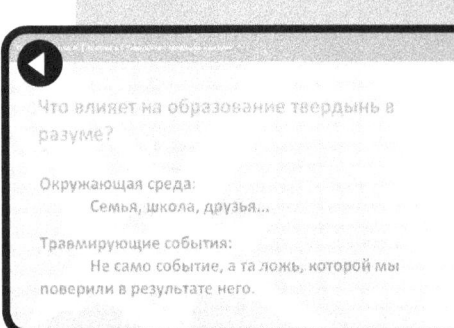

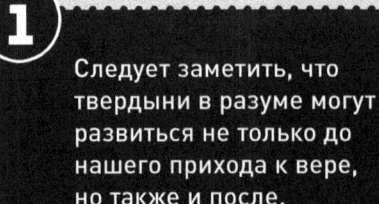

Следует заметить, что твердыни в разуме могут развиться не только до нашего прихода к вере, но также и после.

Иллюстрация: (Говорите о себе или о ком-то из группы) У ... есть две дочери. Как вы думаете на каком языке они говорят? Конечно, русском! Но если бы они выросли во франкоговорящей семье, на каком языке они бы говорили? Точно так же мы подхватываем и учимся моделям мыслей и поведения, которые видим вокруг нас.

му информацией. ▶ Она привила вам определенное представление о действительности и многие стереотипы мышления.

Семья, школа и друзья — все внесли свой вклад в образование этих стереотипов, вы просто усвоили их из своего окружения.

Окружение оказывает большое влияние и на формирование нашей самооценки. Если с детства вам твердили, что вы бесполезный, уродливый или что ничего путного из вас не получится, постепенно вы начинаете этому верить, и через какое-то время у вас может развиться комплекс неполноценности.

Вследствие воздействия окружающих нас людей, мы можем выработать и определенные стереотипы поведения. Представьте семью с тремя сыновьями, в которой отец — алкоголик. С ухудшением своего состояния он проявляет к детям все больше агрессии, которая часто переходит в физическое насилие. Каждый из его сыновей пытается справиться с ситуацией, как умеет, и вырабатывает свою собственную защитную реакцию. Старший чувствует, что в состоянии противостоять: «Только дотронься до меня, и ты пожалеешь!» Средний пытается задобрить: «Папа, привет! Тебе что-нибудь нужно?» А младший убегает и прячется за шкафом. Прошло двадцать лет, их отца давно уже нет, и мальчики выросли. Как вы думаете, они реагируют, сталкиваясь с враждебной ситуацией? Скорее всего, старший будет бороться, средний — искать компромисс, а младший прятаться. Подобные привычные (и часто бессознательные) реакции на обстоятельства показывают наличие твердынь в разуме.

Травмирующие события прошлого

▶ Травмирующие события, такие, как смерть близкого, развод или насилие, вследствие тяжелых переживаний также могут сформировать твердыни в нашем сознании.

Пути освобождения от травмирующего влияния прошлого мы обсудим на одном из последующих занятий. Сейчас только отметим, что не само событие образовало твердыню, а та ложь, которой мы поверили в результате него.

Например, если в прошлом вы подверглись физическому насилию, то, вполне возможно, в различных жизненных ситуациях вы стали воспринимать себя как жертву: беспомощную, не в состоянии за себя постоять. Может быть, такой была ваша жизнь раньше, но теперь она в корне изменилась.

Став верующим, твердыню в вашем разуме вполне можно разрушить, потому что это ложь, созданная вашим прошлым опытом. Вы можете вернуться к тем событиям и проработать их с новой позиции, в которой вы находитесь теперь, то есть с позиции дитя Божьего. Правда заключается в том, что ни один христианин, каким бы травмирующими ни были события, не обязан оставаться жертвой, потому что он теперь новое творение во Христе. Бог не меняет нашего прошлого. Он освобождает нас от него.

▶ Проблема с твердынями в том, что в вас формируются ошибочные убеждения, которые приводят к ложным чувствам. Если наши убеждения не отражают истину, тогда наши чувства не отражают действительность. Вы можете чувствовать, как будто вас отвергли, хотя на самом деле это не так. Вам может казаться, что перемены невозможны, но на самом деле это неправда.

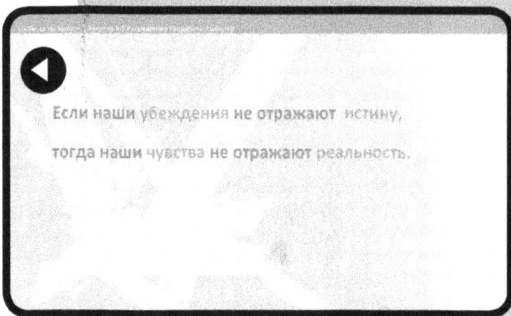

Искушение

▶ Твердыни образуются и укрепляются, когда мы снова и снова поддаемся соблазну. Сатана —

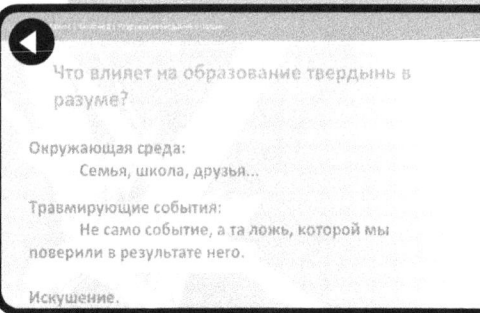

искуситель, стремящийся установить в нашей жизни ловушки, чтобы заставить нас ходить по замкнутому кругу и чувствовать себя не в состоянии из него вырваться.

▶ Каждое искушение — это попытка заставить нас жить независимо от Бога. В основе любого

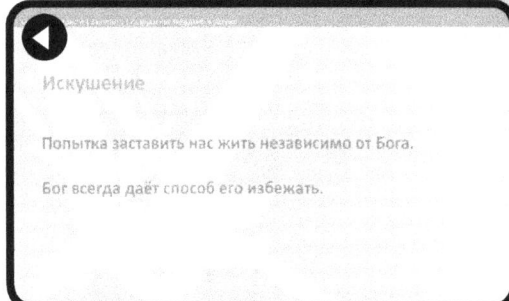

соблазна лежат наши законные потребности в значимости, защищенности и принятии. Вопрос в том, каким образом вы будете пытаться их удовлетворить: слушаясь мира, плоти и дьявола, или доверяясь обещанию Создателя, что Он «восполнит всякую нужду вашу, по богатству Своему в славе, Христом Иисусом» (Фил. 4:19)?

Сатана знает ваши слабые места, и именно там вы можете ожидать его атаку. Соблазн для вас будет в той сфере, в которой вы наиболее уязвимы.

Но мы не обязаны поддаваться:

> Вас постигло искушение не иное, как человеческое; и верен Бог, Который не попустит вам быть искушаемыми сверх сил, но при искушении даст и облегчение, так чтобы вы могли перенести (1 Кор. 10:13).

▶ Бог всегда дает способ избежать искушения.

ВСЕГО 8 СЛАЙДОВ

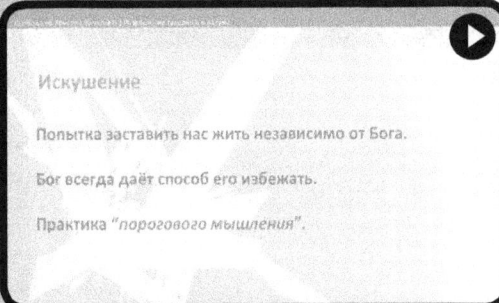

Сейчас я вам покажу несколько слайдов про человека, стоящего перед соблазном. Следите внимательно и постарайтесь увидеть, на каком из этих слайдов есть возможность избежать искушения.

▶ [Показать слайды «Прокачусь на машине»].

Этот вопрос был с подвохом! Момент возможности уйти от соблазна был до первого слайда. Почему женщина хотела проехать мимо магазина? Наверняка, у нее уже слюнки текли. Мысль о том, чтобы зайти в него уже была у нее в голове, даже если она в этом себе не признавалась.

Итак, в каком же месте находится выход, позволяющий нам избежать соблазна? Ведь иногда кажется, что выхода просто нет!

▶ Ответ заключается в практике «порогового мышления». Бог дает нам выход из любого искушения. Где же он? В самом начале — у порога — когда соблазнительная мысль приходит в голову в первый раз. Именно тогда мы «пленяем всякое помышление в послушание Христу» (2 Кор. 10:5).

Предположим, вы пытаетесь справиться с порнозависимостью. Однажды, после окончания работы вы вспоминаете, что дома закончилось молоко. Поблизости есть два места, где вы можете его купить. Это угловой продуктовый магазин и киоск при заправочной станции, в котором также продаются порнографические журналы. Куда вы решите поехать? Возможность сделать правильный выбор у вас появляется в момент принятия решения. Если вы поедете в киоск, то, даже придумывая всякие оправдания (например, что молоко там дешевле), в глубине души будете знать, что обязательно посмотрите на журналы. После этого шансы избежать греха резко уменьшаются, так как искуситель уже будет активно работать в вашем мозгу. Вы начнете предвкушать удовольствие еще по дороге, до того как посмотрите на журналы. А как только вы это сделаете, враг сразу превратится в обвинителя, и вы будете чувствовать себя виноватыми. Значит, что нужно было сделать, чтобы избежать искушения? Откинуть идею поехать на заправку сразу, как только она пришла к вам в голову. Так мы и «пленяем всякое помышление» (2 Кор. 10:5). Но это требует постоянного усилия и верности правде.

▶ Представьте, что ваш мозг — это аэропорт, а вы — авиадиспетчер. Множество различных мыслей запрашивают разрешения на посадку. И у вас полный контроль над тем, каким из них разрешить, а каким отказать. Вы должны принять решение в самом начале.

После того, как греховная мысль получает разрешение приземлиться, шансы повернуть ее назад очень быстро исчезают.

Неверные мысли, с которыми не разобрались сразу, ведут к соответствующим поступкам. Повторяющиеся поступки рождают привычку. Глубоко укоренившаяся привычка становится твердыней.

Примечание: Для этого обсуждения полезно разделиться на мужскую и женскую группы

ПАУЗА ДЛЯ РАЗМЫШЛЕНИЯ 2

ЗАДАЧА:
ПОКАЗАТЬ, ЧТО, ХОТЯ ВСЕ ПОДВЕРЖЕНЫ ИСКУШЕНИЯМ, МЫ В СОСТОЯНИИ ИМ НЕ ПОДДАВАТЬСЯ (1 КОР. 10:13).

▶ **ВОПРОСЫ:**

ЕСЛИ ВЫ ПОДДАЛИСЬ НА ИСКУШЕНИЕ И НИКАК НЕ МОЖЕТЕ С НИМ СПРАВИТЬСЯ, ЧЕМ МОЖЕТ ВАМ ПОМОЧЬ ПОНИМАНИЕ БИБЛЕЙСКИХ ИСТИН?

ЕСЛИ В ПРОШЛОМ ВЫ УСТУПАЛИ СОБЛАЗНАМ, КАК МОЖНО СЕБЯ ПОДГОТОВИТЬ, ЧТОБЫ В БУДУЩЕМ С НИМИ СПРАВЛЯТЬСЯ?

Последствия наличия твердынь в разуме

Искажённое представление о действительности

▶ Твердыни оказывают большое влияние на наше восприятие действительности. Главный вопрос заключается в том, готовы ли мы доверится Богу и смотреть на жизнь так, как Он нам ее открывает, даже если чувства говорят нам обратное?

▶ «Но как небо выше земли, так пути Мои выше путей ваших и мысли Мои выше мыслей ваших» (Ис. 55:9).

Творец знает неизмеримо больше, чем мы, его

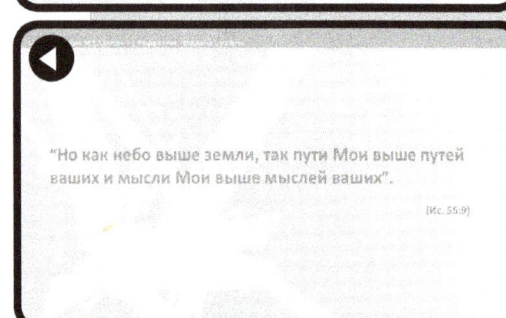

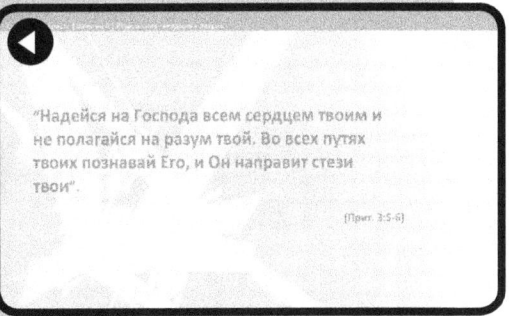

творения.

Конечно, нам дан разум, и мы несем ответственность за свои решения. Проблема только в том, что способность человека понимать окружающее ограничена. Мы не в состоянии осознать, что для нас лучшее, и поэтому полагаемся на Бога, чтобы Он нам это открыл.

▶ «Надейся на Господа всем сердцем твоим и не полагайся на разум твой. Во всех путях твоих познавай Его, и Он направит стези твои» (Прит. 3:5–6).

Мы склонны полагаться на собственный разум, разбираться во всем своими силами, жить независимо от Бога.

Наличие твердынь в разуме влияет на наши чувства, что мешает нам видеть действительное положение вещей. Например, многие христиане говорят, что Бог их любит, потому что так сказано в Библии, но верят ли они этому на самом деле? Очень многие из нас не представляют, как мы дороги Богу.

Одна женщина, прочитав список истин «Значимость, Защищенность и Принятие, восстановленные во Христе», подошла к ведущему группы и со слезами на глазах повторяла снова и снова: «Я не бесполезна, я значима!» Оказалось, что в ее семье старший брат всегда считался умным, а на нее смотрели как на глупенькую, ни к чему не способную девочку. Она так и выросла с чувством, что пользы от нее никакой. От многих людей эта женщина слышала другие слова, но они не изменили ее глубоко укоренившегося убеждения о своей бесполезности. Во время первого занятия этого курса Бог открыл ей глаза, и она смогла увидеть себя такой, какая она есть на самом деле. Твердыня в ее разуме была снесена Словом Божьим. Если эта женщина будет продолжать отбрасывать мысль о своей бесполезности каждый раз, когда та опять появится в голове, то постепенно начнет чувствовать себя по-другому и ее представление о себе станет основываться на правде о том, что она чадо Божие.

Неправильный выбор

Каждый день мы стоим перед выбором: поступать так, как нам говорит Бог, или полагаться на собственное понимание. Чтобы жить по-настоящему свободной жизнью во Христе, нам необходимо понять, что говорит нам Бог, и верить в это. Легче сказать, чем сделать, из-за всех тех твердынь и стереотипов, по которым мы привыкли жить с тех пор, как себя помним.

▶ Твердыни все время подталкивают нас к плохому выбору, так как в их основе лежит ложная информация.

▶ Из-за твердынь мы можем не заметить или проигнорировать знаки «Опасность!», расставляемые Богом в нашей жизни, и решить, что знаем сами, как лучше достичь значимости, защищенности и принятия. Чем больше мы будем разрешать себе мысли, противные Слову Божьему, тем больше будем полагаться на свой разум.

▶ И наоборот, если мы будем стараться лучше узнать Бога, то начнем все яснее понимать Его пути для нашей жизни и принимать правильные решения. Наш Творец в самом деле хочет для нас лучшего, и только Он знает, какое оно, это лучшее.

Несмотря на то, что твердыни в разуме подталкивают нас к неправильному выбору, мы нисколько не беспомощны перед ними и в состоянии выбрать верную дорогу. Во Христе у нас есть способность ежедневно обновлять свой ум, а также свобода, позволяющая нам обратиться к Богу и предпочесть Его пути своим собственным. Вы сами определяете победителя в борьбе за свой разум.

ПАУЗА ДЛЯ РАЗМЫШЛЕНИЯ 3

ЗАДАЧА:
ЗАКРЕПИТЬ ПРАВДУ О ТОМ, ЧТО ТВЕРДЫНИ В РАЗУМЕ ПРЕДРАСПОЛАГАЮТ НАС НЕ ДОВЕРЯТЬ ТОМУ, ЧТО ГОВОРИТ БОГ. ОСОЗНАТЬ ОПАСНОСТЬ ДОВЕРИЯ СВОИМ ЧУВСТВАМ.

▶ **ВОПРОСЫ:**

ЛЕГКО ЛИ ВАМ ПРИНЯТЬ РЕШЕНИЕ ВЕРИТЬ ТОМУ, ЧТО БОГ НАЗЫВАЕТ ИСТИНОЙ, ДАЖЕ ЕСЛИ ВЫ ТАК НЕ ЧУВСТВУЕТЕ?

ПРИВЕДИТЕ ПРИМЕР, КОГДА ВЫ ВСЕ-ТАКИ ПОВЕРИЛИ БОГУ НЕСМОТРЯ НА СВОИ ЧУВСТВА. ЧТО ИЗ ЭТОГО ПОЛУЧИЛОСЬ?

Разрушение твердынь

▶ **Должны ли мы смириться с твердынями? Нет!**

> Хоть мы и живем в мире, но мы не ведем войны так, как ее ведет мир. Наши виды оружия — не такие, как у мира. У них есть божественная сила разрушать твердыни, «ими ниспровергаем замыслы и всякое превозношение, восстающее против познания Божия, и пленяем всякое помышление в послушание Христу» (2 Кор. 10:4-5).

Когда вы включаете компьютер, первое, что он делает, это проверяет наличие вирусов. От нас требуется то же самое — постараться обнаружить и разобраться со всеми укреплениями, расставленными врагом в нашей жизни. У вас появится возможность сделать это на практическом занятии «Шаги к Свободе во Христе».

Когда вы разберетесь с твердынями, они перестанут быть опорой сатаны в вашем разуме, а станут не более чем просто привычками мышления и поведения. Если вы привыкли верить лжи, то теперь вы будете в состоянии отвергнуть ее и выбрать правду.

Представьте себе твердыни следующим образом. После продолжительного дождя вы проехали на джипе по полю. Колеса оставили в земле колеи. Если вы продолжите ездить по тому же пути снова и снова, то они будут все больше углубляться и, в конце концов, станут такими глубокими, что вам не нужно будет управлять машиной. Она будет сама следовать проложенной линии, с которой ей трудно будет сойти.

▶ Вы, тем не менее, сможете сойти с колеи привычного ложного мышления, если будете в течение какого-то времени настойчиво прилагать к этому усилия. Если вы ранее научились чему-то неправильному, теперь вы можете разучиться. Если компьютер был запрограммирован неверно, его можно перепрограммировать. Точно также вы можете перезагрузить ваш разум, основываясь на правде. Но вам нужно этого захотеть. Вы должны принять решение это сделать. И важно помнить, что вы в состоянии измениться через «обновление ума вашего» (Рим. 12:2).

▶ Нам необходимо все время охранять свой разум, пленяя «всякое помышление в послушание Христу» (2 Кор. 10:5), то есть приводить каждую мысль в соответствие с истиной и, практикуя «пороговое мышление», не допускать те помыслы, которые ей не

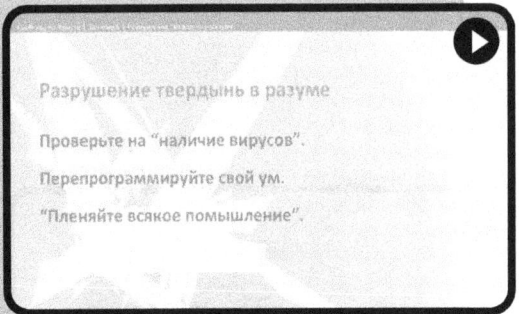

Разрушение твердынь в разуме

Проверьте на "наличие вирусов".

Перепрограммируйте свой ум.

"Пленяйте всякое помышление".

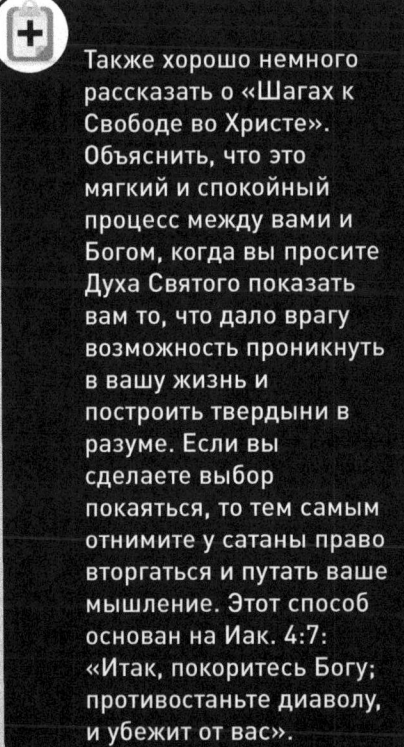

Здесь можно снова упомянуть рассказ из прошлого занятия про петлю на куртке, зацепившуюся за сидение в самолете. Тот рассказ вместе с иллюстрацией проверки на вирусы помогает понять необходимость проработки личных и духовных конфликтов.

Также хорошо немного рассказать о «Шагах к Свободе во Христе». Объяснить, что это мягкий и спокойный процесс между вами и Богом, когда вы просите Духа Святого показать вам то, что дало врагу возможность проникнуть в вашу жизнь и построить твердыни в разуме. Если вы сделаете выбор покаяться, то тем самым отнимите у сатаны право вторгаться и путать ваше мышление. Этот способ основан на Иак. 4:7: «Итак, покоритесь Богу; противостаньте диаволу, и убежит от вас».

соответствуют.

Возможно, вы уже увидели некоторые твердыни в своем разуме. Во время процесса «Шаги к Свободе во Христе», вы, скорее всего, сможете обнаружить и другие. На занятии 10 мы расскажем о стратегии их разрушения. Весь процесс занимает 6 недель — каждое утро, просыпаясь, вы будете отвергать ложь, которой долгое время верили и выбирать верить правде. Когда это войдет в привычку, вы увидите, насколько этот метод несложен. Тем не менее, для многих он оказался революционным.

Полный ответ

Как христианам, нам приходится противостоять не только миру (обществу, в котором выросли) и не только плоти (приобретенным ложным стереотипам мышления и поведения). Мы противостоим миру, плоти и дьяволу.

Если мы хотим иметь полное представление о христианской жизни, нам нужно понять все три реальности. На следующем занятии мы рассмотрим роль дьявола в попытке повлиять на нашу жизнь. Избавиться от этого влияния возможно, но, как правило, этот вопрос плохо понимают и не обращают на него должного внимания.

 ## СВИДЕТЕЛЬСТВО

Насколько легко вам говорить об Иисусе с теми, кто Его еще не знает? Как вы думаете, может быть, причиной затруднения является наличие твердынь в вашем разуме? Попробуйте понять, какая ложь мешает вам, и замените ее правдой из Библии.

 ## НА СЛЕДУЮЩЕЙ НЕДЕЛЕ

Внимательно прочитайте следующие отрывки из Слова Божьего, задумываясь над их истинами: 2 Кор. 10:3–5; Рим. 8:35–39; Фил. 4:12–13.

Занятие 7

БИТВА ЗА НАШ РАЗУМ

Занятие 7. Битва за наш разум

КЛЮЧЕВОЙ СТИХ:

Еф. 6:11: «Облекитесь во всеоружие Божие, чтобы вам можно было стать против козней диавольских».

ЦЕЛЬ ЗАНЯТИЯ:

Осознать, что дьявол все время пытается нас обмануть. Но мы не обязаны верить каждой мысли, приходящей в голову, и можем проверять ее в свете истины, решая принять ее или отвергнуть.

КЛЮЧЕВАЯ ИСТИНА:

В нашем разуме происходит духовная борьба. Если мы поймем, каким образом сатана действует, мы сможем не поддаваться на его обман.

Заметки для ведущего

Вопрос, касающийся существования и действия сатаны и демонов, не очень хорошо понят многими христианами. Мы не хотим искать бесов за каждым углом, но считаем важным оснастить верующих знаниями о реальности духовной борьбы, о том, что битва разыгрывается в нашем разуме. Сатана — лжец, и защита против него — истина.

Многие участники удивятся некоторой информации, полученной на этом занятии, и у них может возникнуть множество вопросов. Поэтому вам нужно быть хорошо подготовленными (полезно прочитать «Разрывающий оковы» Нила Андерсона, часть 1).

Помните, что дьявол хочет посеять страх в сердцах христиан. Внимательно следите, чтобы подобного чувства в группе не возникло.

Очень важно до начала занятия помолиться в комнате, где оно проходит. Используйте духовную власть, данную вам Христом, и посвятите всех участников, помещение и все оборудование в нем Богу. Попросите у Него защиты для себя, а также охраны умов и сердец всех присутствующих.

РАСЧЕТ ВРЕМЕНИ ЗАНЯТИЯ:

ЗНАКОМСТВО	6 мин	0:06
ПРОСЛАВЛЕНИЕ	7 мин.	0:13
СЛОВО. ЧАСТЬ 1	19 мин.	0:32
ПАУЗА ДЛЯ РАЗМЫШЛЕНИЯ 1	25 мин.	0:57
СЛОВО. ЧАСТЬ 2	13 мин.	1:10
ПАУЗА ДЛЯ РАЗМЫШЛЕНИЯ 2	15 мин.	1:25
СЛОВО. ЧАСТЬ 3	20 мин	1:45
ПАУЗА ДЛЯ РАЗМЫШЛЕНИЯ 3	15 мин	2:00

 ## ЗНАКОМСТВО

Вас когда-нибудь разыгрывали? А Вы над кем-нибудь шутили?

 ## ПРОСЛАВЛЕНИЕ

Предлагаемая тема: Власть Бога — наша власть.

Прочитайте Кол. 2:15: «Отняв силы у начальств и властей, властно подверг их позору, восторжествовав над ними».

Можно также прочитать один-два из следующих стихов: Лк.10:19; Кол. 2:20; Мф. 28:18, 20.

Предложите каждому участнику еще раз внимательно перечитать ключевой стих занятия (Еф. 6:11) и посвятить несколько минут, чтобы в молитве заново «облечься во всеоружие Божие».

 ## СЛОВО

Духовная борьба реальна

На предыдущих занятиях мы разобрали, какое влияние на наше мышление оказывает греховный мир, а также каким образом плоть запрограммирована жить независимо от Бога.

Однако наше противостояние не только против мира и плоти. В Библии сказано, что у нас есть еще один противник — дьявол, которого Иисус зовет «отцом лжи» (Ин. 8:44). Хорошая новость заключается в том, что противостоять сатане легче, чем двум другим врагам. Господь пришел разрушить дела сатаны (1 Ин. 3:8).

У тех из нас, кто вырос под влиянием западного мировоззрения, есть склонность не верить в реальность духовного мира или, даже признавая его существование, жить так, как будто его нет. Между тем, через всю Библию, с самого начала книги Бытия и до конца книги Откровения, проходит одна тема: борьба

между царством света и царством тьмы, между Духом Истины и отцом лжи, между Христом и антихристом, между добром и злом.

Некоторые люди думают: «Я христианин, значит, у меня есть иммунитет против злых сил». ▶ Это большая ошибка — наоборот, вы теперь стали мишенью. Разве «всеоружие» Божье предназначено для неверующего? Нет, оно именно для верующего. Мы находимся в самом центре сражения, хотим мы этого или нет. Апостол Павел ясно говорит, что наша борьба не против плоти и крови, но против духовных сил зла в поднебесных сферах (Еф. 6:12).

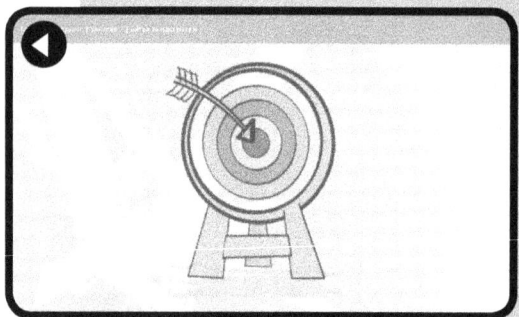

▶ Спрятав голову в песок, вы выставляете незащищенную большую мишень!

Если мы не осознаем, что участвуем в битве, и не поймем, как она происходит, есть большая вероятность, что мы окажемся жертвой — будем «парализованы» в своей христианской жизни.

Сатана — обманщик

▶ Кто же такой сатана? И как он действует?

Бог создал Адама и Еву, чтобы они управляли птицами небесными, зверями земными и рыбами морскими. Дьявол должен был ползать змеёй перед людьми, созданными по образу и подобию Божьему.

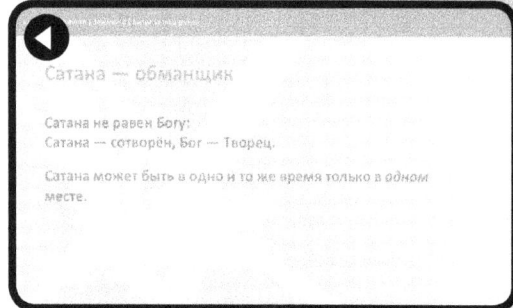

Однако Адам и Ева передали свои права на управление миром сатане. Поэтому Иисус называет его «князем мира сего» (Ин. 12:31). В Библии дьявол зовется также «князем, господствующим в воздухе» (Еф. 2:2), и сказано, что «весь мир лежит во зле» и в его власти (1 Ин. 5:19).

▶ Сатана — не такой, как Бог

В западном мировоззрении мы привыкли разделять реальность на естественную и сверхъестественную, относя Бога и сатану к разряду сверхъестественного. Однако в Библии даётся другое разделение. Проводится различие между «Творцом» и «творением» (см. Ин. 1:3). Дьявол такой, как мы — сотворённый, тогда как Бог — Творец. Их нельзя сравнивать. Бог и сатана не являются двумя одинаковыми по мощи, но противоположными по сути силами, или что-то в этом роде, хотя последний хотел бы, чтобы вы так думали. На самом деле, как кто-то сказал, сравнивать дьявола с Богом — то же самое, что сравнивать муравья с атомной бомбой.

▸ Сатана может находиться в одно время только в одном месте

Если понять, что сатана — это такое же сотворенное существо, как мы с вами, то становится ясно, что он может находиться только в одном месте в каждый отдельный момент времени. Он управляет этим миром через иерархию демонов (также называемых «злыми духами», «падшими ангелами», «начальствами и властями»). Лишь только Бог находится абсолютно везде в каждое мгновение. Раз дьявол не может быть одновременно в разных местах, это значит, что большинство из нас, скорее всего, никогда не сталкивались с ним лично.

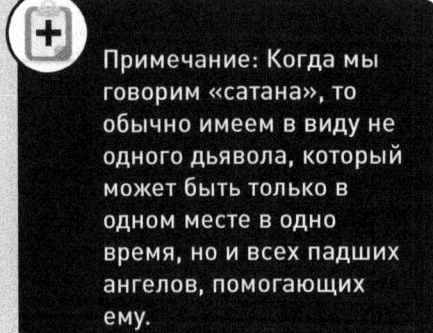

Примечание: Когда мы говорим «сатана», то обычно имеем в виду не одного дьявола, который может быть только в одном месте в одно время, но и всех падших ангелов, помогающих ему.

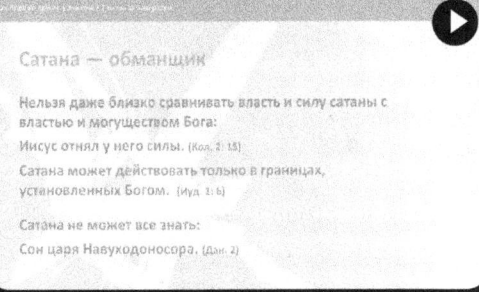

▸ Нельзя даже близко сравнивать власть и силу сатаны с властью и могуществом Бога

Христос на кресте полностью обезоружил сатану (Кол. 2:15). Иисус находится теперь по правую руку Бога, что означает высшее место власти и могущества в этой и во всех других Вселенных. Он «превыше всякого Начальства, и Власти, и Силы, и Господства, и всякого имени, именуемого не только в сем веке, но и в будущем» (Еф. 1:21).

Сатана находится под полным контролем Бога (см. Иуд. 1:6) и может действовать только в отведенных ему границах.

▸ Сатана не может все знать

Сатана не в состоянии читать ваши мысли и знать ваше будущее. Он сотворенное существо и не обладает качествами Бога. Это подтверждается Библией.

Интересно заметить, что все взаимодействия между ангелами и людьми, о которых упоминается в Писании, происходят вслух. Что происходит в наших умах известно одному Богу. В этом отношении любопытен рассказ про сон царя Навуходоносора. Правитель потребовал, чтобы халдейские маги, прежде чем приступить к объяснению сна, сначала пересказали его содержание (Дан. 2). Царь хотел проверить божественное происхождение их интерпретации. Однако колдуны были не в состоянии этого сделать, так как их источники информации (демоны), которыми они пользовались, не могли знать, что происходило у Навуходоносора в голове. Если бы дьявол сумел это узнать, то он остановил бы продвижение Даниила по службе у царя.

Хотя сатана не в состоянии читать ваши мысли, это не значит, что он не может вложить свою мысль в ваш разум. В Библии ясно сказано, что он это делает. У дьявола хорошая практика наблюдения за людьми, и поэтому ему довольно легко отгадать, что происходит в наших умах. К тому же, если он внедрил свою мысль в нас с самого начала, то ему несложно понять, о чем мы думаем.

Почему мы никогда не видим такого заголовка новостей: «Экстрасенс выиграл лотерею»?

Для иллюстрации этого момента можно сказать, что вы также способны вызвать определенную мысль у присутствующих, например, демонстративно позевав. Ваша задача на этом курсе — вложить новые идеи в умы участников, но это не значит, что вы в состоянии читать их мысли.

Каким образом действует сатана?

Через организованную сеть падших ангелов

▶ Сатана действует с помощью «начальств, властей, мироправителей тьмы века сего, духов злобы поднебесных» (Еф. 6:12). Эти термины относятся к определенным типам или иерархии падших ангелов.

В Библии не слишком много сказано о том, как эти духи организованы, потому что эта информация нам не особенно важна.

▶ Вкладывая свои мысли в наш разум

«Дух же ясно говорит, что в последние времена отступят некоторые от веры, внимая духам обольстителям и учениям бесовским» (1 Тим. 4:1).

Как вы считаете, пытается ли дьявол обманом вынудить христиан оставить веру и слушаться его? Давайте посмотрим на три библейских примера, показывающих, что мы можем оказаться под влиянием

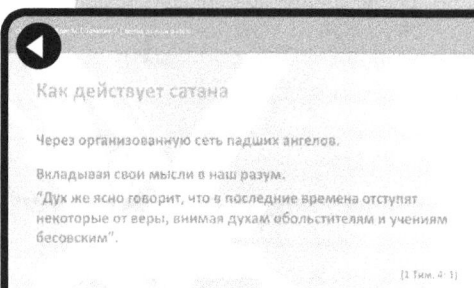

врага, не подозревая об этом.

▶ «И восстал сатана на Израиля, и возбудил Давида сделать счисление Израильтян» (1 Пар. 21:1).

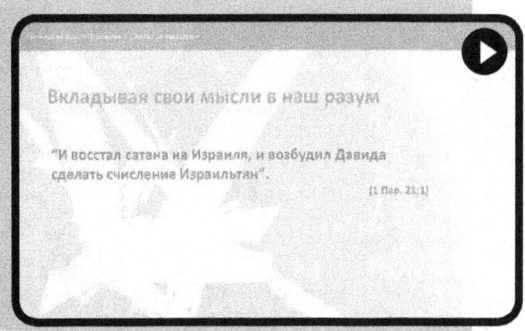

Ну и что в этом такого? Разве плохо узнать, сколько у вас войск? Однако даже начальник охраны царя понимал, что с подобном приказом возникнет серьезная проблема: «Для чего же требует сего господин мой? Чтобы вменилось это в вину Израилю?» Давид поддался искушению перестать полагаться на Бога, стал надеяться только на свои ресурсы.

Почему он послушался сатаны? Иными словами, сделал бы это царь, если бы знал, что идея исходит от врага? Конечно, нет! Давид верил, что мысль была его собственной. Однако Библия не оставляет сомнений, что он поддался обману.

▶ «И во время вечери, когда диавол уже вложил в сердце Иуде Симонову Искариоту предать Его» (Ин. 13:2).

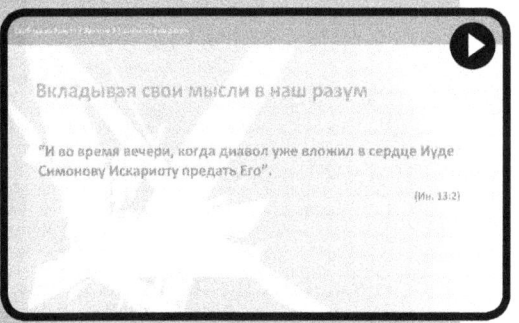

Исходила ли мысль предательства от самого Иуды? Нет. Из стиха очевидно, что она пришла от дьявола. И, когда Иуда осознал последствия содеянного, он повесился.

▶ «Но Петр сказал: Анания! Для чего ты допустил сатане вложить в сердце твое мысль солгать Духу Святому и утаить из цены земли» (Деян. 5:3).

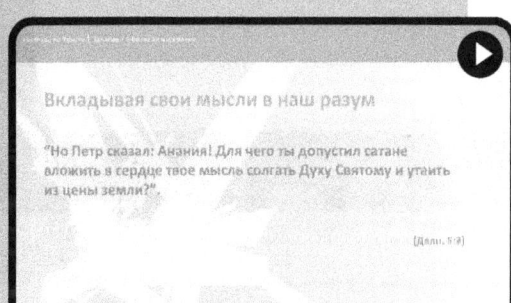

Анания, наверняка, думал, что идея была его собственной, но вложил ее в него сатана. Анания поддался обману, и это привело к ужасным последствиям. Богу нужно было послать ранней церкви мощный сигнал. Творец знал, что если дьяволу удастся заставить христиан компрометировать правду, то он сможет получить над ними долю контроля.

Нетрудно понять, что, сатана может заставить мысль, которую он вкладывает в нас, звучать, как наша собственная: «**Я** неудачник. **Я** ужасно некрасивая». Не думайте, что каждая мысль в вашем уме исходит от вас самих.

СВОБОДА ВО ХРИСТЕ | ЗАНЯТИЕ 7 | БИТВА ЗА НАШ РАЗУМ

ПАУЗА ДЛЯ РАЗМЫШЛЕНИЯ 1

ЗАДАЧА:
ПОНЯТЬ, КТО ТАКОЙ САТАНА И КАК ОН ДЕЙСТВУЕТ. ОСОЗНАТЬ, ЧТО ОН ВСЕГО ЛИШЬ СОТВОРЕННОЕ СУЩЕСТВО, НО К ТОМУ ЖЕ ВОР, УБИЙЦА И ЛЖЕЦ (ИН. 8:44; 10:10).

▶ **ВОПРОСЫ:**

ЧТО ВЫ УЗНАЛИ О САТАНЕ ТАКОГО, ЧТО ВАС УДИВИЛО?

КАКИМ ОН ВАМ ТЕПЕРЬ ПРЕДСТАВЛЯЕТСЯ — БОЛЕЕ СИЛЬНЫМ ИЛИ БОЛЕЕ СЛАБЫМ, ЧЕМ РАНЬШЕ?

КАК ВЫ ОТНОСИТЕСЬ К ТОМУ, ЧТО НЕКОТОРЫЕ МЫСЛИ ПРИШЛИ К ВАМ ОТ ДУХА ЛЖИ, ХОТЯ ОНИ КАЖУТСЯ ВАМ ВАШИМИ СОБСТВЕННЫМИ? ВСПОМНИТЕ СИТУАЦИЮ, КОГДА ТАКОЕ СЛУЧАЛОСЬ? КАК ВЫ ДУМАЕТЕ, ВСЕГДА ЛИ ПОДОБНЫЕ МЫСЛИ СОВЕРШЕННО ЛЖИВЫЕ?

Используя искушение, обвинение и обман

▶ Стратегии сатаны делятся на три категории: искушение, обвинение и обман.

▶ Представьте вашу христианскую жизнь как марафонский пробег. Сатана не может преградить вам путь и не дать стать тем, кем Бог вас создал. Но люди из толпы кричат вам разное. Одни пытаются вас соблазнить: «Эй! Посмотри, что здесь есть! Заходи и возьми. Тебе станет очень хорошо, и никто не узнает. Ты сам понимаешь, что хочешь этого».

▶ Другие выкрикивают различные обвинения: «Опять оступился? Одно название, а не христианин! Легче остановиться и сдаться!»

▶ Третьи нагло вас обманывают: «Стой, куда ты идешь? Финиш в другой стороне!»

▶ Сатана старается вовлечь нас в грех, внедрить в наш ум негативные убеждения («Я плохой», «Я никогда не справлюсь») или привить нам мирские способы мышления («Я сам могу с этим разобраться», «Я сам приму то или иное решение»). Полностью пораженные христиане верят обману и падают. Другие, хотя и спорят

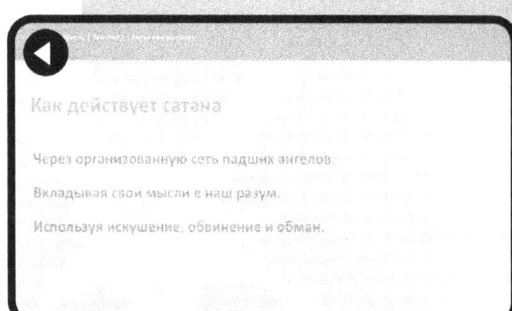

ВСЕГО 3 СЛАЙДА

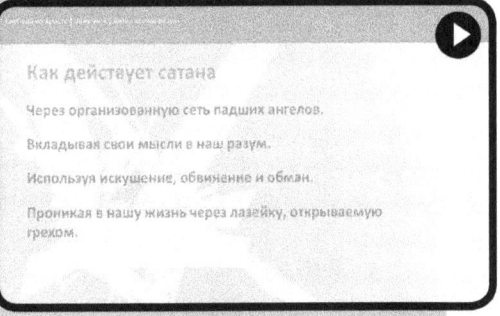

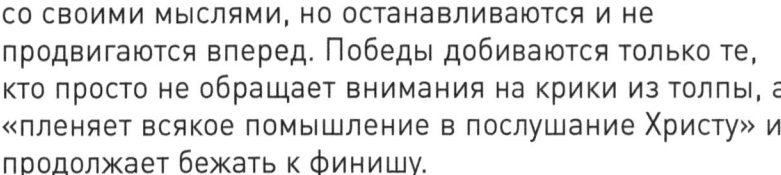

со своими мыслями, но останавливаются и не продвигаются вперед. Победы добиваются только те, кто просто не обращает внимания на крики из толпы, а «пленяет всякое помышление в послушание Христу» и продолжает бежать к финишу.

Как вы думаете, сейчас идет борьба за ваш разум? Чтобы это выяснить, попробуйте ответить на следующие три вопроса.

Кто из вас испытал какое-либо искушение за последнюю неделю?

Согласно Библии, кто является искусителем? Противоположный пол, порно-сайт или шоколад? Нет, это только объекты, используемые врагом. Помня, что сам сатана не может быть в нескольких местах сразу, скорее всего мы имеем дело с духами лжи.

Кто из вас слышал голос обвинителя?

Поставим вопрос по-другому: Кто из вас боролся с такими мыслями, как «Я глуп», «Я ни на что не гожусь», «Я никогда не смогу измениться», «Бог меня не любит», «Я не такой, как другие»? У каждого из нас бывают подобные мысли. Сатана клевещет на нас перед Богом день и ночь (Откр. 12:10).

Кто из вас оказался обманутым?

Этот вопрос намного сложнее. Если я вас искушаю, вы это знаете. Если я вас обвиняю, вы это знаете. Но если я вас обманываю, то, по определению, вы этого не знаете. Обман — самая главная стратегия сатаны.

Проникая в нашу жизнь через лазейку, открываемую грехом

▶ В Еф. 4:26–27 сказано, что если вы сразу не разберетесь с гневом, то дадите дьяволу место в вашей жизни. Слово «место» это буквальный перевод греческого слова «topos». В современном русском переводе Библии оно истолковано как «лазейка» (Библия. Современный русский перевод. –Российское Библейское общество, 2011). Гнев сам по себе не является грехом — это только эмоция. Но, если вы оставите его без внимания, то он перейдет в непрощение и горечь, отравляющую вас изнутри, что откроет врагу лазейку в вашу жизнь.

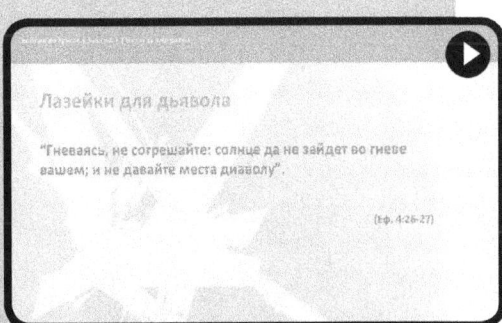

СВОБОДА ВО ХРИСТЕ

▶ «А кого вы в чем прощаете, того и я; ибо и я, если в чем простил кого, простил для вас от лица Христова, чтобы не сделал нам ущерба сатана, ибо нам не безызвестны его умыслы»

(2 Кор. 2:10–11).

Мы поговорим о прощении на следующем занятии. Пока достаточно заметить, что, как известно, именно непрощение открывает сатане не просто лазейку, а самую широкую дверь в нашу жизнь.

Когда враг приводит нас ко греху, у него появляется возможность занять место влияния в нашем разуме. Мы часто ищем демонов в драматических эпизодах жизни. Но главная битва проходит в наших умах. Сатана стремится привести нас самих к пороку и вызвать разобщение с другими людьми. И, если мы не понимаем, кто наш противник, то начинаем бить себя или других.

Отношения между христианами и демонами

▶ Здесь очень важно отметить: мы не говорим, что христиане могут быть одержимы демонами. ▶ В самой вашей сущности ваш дух соединен с Духом Божьим, и сатана не может забрать вас обратно. Вы «искуплены Кровию Христа» (1 Пет.1:18–19). То есть не может быть и речи о полном «владении» вами кем-то другим.

▶ Тем не менее, если мы поддадимся искушению, обвинению или обману врага, то откроем для него лазейку в наш разум, где он займет место и сможет влиять на наши мысли (1 Пет. 5:8). ▶ Используя это влияние, дьявол будет пытаться нейтрализовать нас как христиан или даже использовать в своих целях (например, Деян. 5:3).

В 2 Кор 4:4 мы читаем, что сатана «ослепил умы неверующих», но, похоже, на верующих такой же эффект оказывают установленные врагом в их разуме твердыни. Они вызывают определенную духовную слепоту и мешают соединиться с истиной.

Хорошая новость — во Христе вы можете уничтожить эти твердыни и на этом курсе у вас будет возможность сделать это в спокойной обстановке через процесс «Шаги к Свободе во Христе». После прохождения «Шагов» многие открывают для себя, что они теперь в состоянии осознать истину по-новому.

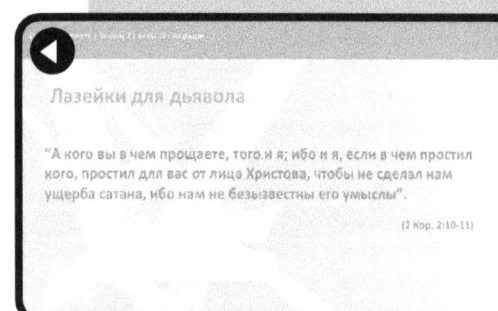

Лазейки для дьявола

"А кого вы в чем прощаете, того и я; ибо и я, если в чем простил кого, простил для вас от лица Христова, чтобы не сделал нам ущерба сатана, ибо нам не безызвестны его умыслы".

(2 Кор. 2:10-11)

Отношения между христианами и демонами:

Мы принадлежим Христу, и сатана не может забрать нас обратно!

Но мы можем позволить ему влиять на наш разум.

Дьявол хочет нас "парализовать" или даже использовать в своих целях.

В русском переводе Библии греческий термин «daimonizomai» обычно переводится, как «одержимый бесом». В русском слове «одержим» присутствует смысл, которого в оригинале нет. Оно подразумевает нахождение во власти демона, что невозможно для христианина — он находится под властью Духа Святого. Лучше сказать, что человек находится «под влиянием» одного или более демонов, что возможно для верующего, который прислушивается к лживому духу (1 Тим. 4:1) и по своей воле дает дьяволу место в своем разуме (Еф. 4:26–27).

ПАУЗА ДЛЯ РАЗМЫШЛЕНИЯ 2

ЗАДАЧА:

ПОКАЗАТЬ, ЧТО, ХОТЯ САТАНА И ОСЛЕПЛЯЕТ УМЫ НЕВЕРУЮЩИХ, МОЛИТВА МОЖЕТ ЭТО ИЗМЕНИТЬ.

▶ ВОПРОСЫ:

ПРОЧИТАЙТЕ 2 КОР. 4:4. КАК, ПО ВАШЕМУ МНЕНИЮ, САТАНА ДЕЙСТВУЕТ В ЖИЗНИ ВАШИХ ДРУЗЕЙ-НЕХРИСТИАН? МОЖЕТЕ ПРИВЕСТИ ПРИМЕРЫ?

ЧТО ВЫ МОГЛИ БЫ С ЭТИМ СДЕЛАТЬ?

ПРОЧИТАЙТЕ КОЛ. 4:2–3. КАК КОНКРЕТНО МЫ ДОЛЖНЫ МОЛИТЬСЯ?

Наша защита

Понять свое положение во Христе

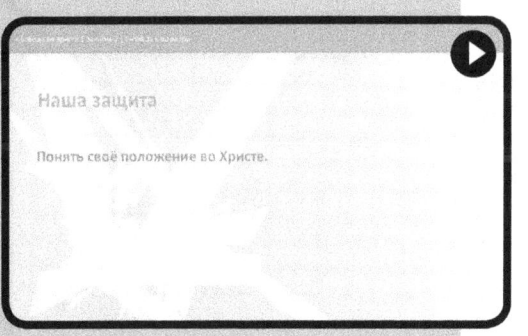

▶ Иисус Христос пришел разрушить дела сатаны (1 Ин. 3:8). На кресте Он одержал над врагом победу и разоружил его (Кол. 2:15). Распятие, воскресение и вознесение Христа сделало возможным то, что вся власть на земле и на небе отдана теперь Ему.

▶ Какое положение у Христа теперь? В Еф. 1:19–22 мы читаем, что Он сидит по правую руку Бога, то есть на месте главной власти и могущества, «**превыше всякого** Начальства, и Власти, и Силы, и Господства, и всякого имени, именуемого не только в сем веке, но и в будущем». Бог положил все у ног Его и «поставил Его выше **всего**».

▶ В таком случае, каково же наше положение?

СВОБОДА ВО ХРИСТЕ **145**

«И воскресил с Ним, и посадил на небесах во Христе Иисусе» (Еф. 2:6).

Мы посажены со Христом намного выше сатаны и демонических сил. Вследствие завершенной миссии Спасителя, Церкви дана власть и сила продолжать Его дело. ▶ Иисус послал своих учеников нести Благую Весть в мир и «научить все народы» (Мф. 28:18, 19). У христиан есть власть над царством тьмы, потому что наше положение — во Христе.

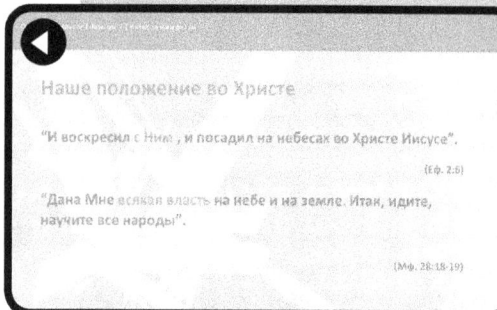

Наша власть — в исполнении воли Божьей, ни больше и ни меньше. Мы также имеем силу от Бога, когда наполняемся Духом Святым. Павел писал: «Наконец, братия мои, укрепляйтесь Господом и могуществом силы Его» (Еф. 6:10). Черпая силы в Нем и полагаясь на Его возможности, мы одерживаем победу; и терпим поражение, когда полагаемся только на себя.

Использовать возможности, которые у нас есть во Христе

▶ Хотя сатана уже побежден, он все еще «ходит, как рыкающий лев, ища, кого поглотить»

(1 Пет. 5:8). Но нам даны силы противостоять ему.
▶ Апостол Павел учит нас облечься во «всеоружие Божие» и твердо стоять на своих позициях. Описывая то, как мы должны защищаться, он использует метафору доспехов (Еф. 6:11–20), потому что они защищают воина от проникающего оружия. Пояс истины защищает нас от дьявольского обмана. Броня праведности — от обвинений врага. Подняв щит веры, мы не даем стрелам проникать в наш ум, где и происходит главная битва. Верой вы можете отразить не просто некоторые, а «все раскаленные стрелы лукавого» (Еф. 6:16). Нет такого места или времени, где и когда мы можем снять Божьи доспехи. Единственное убежище для нас — это наше положение во Христе.

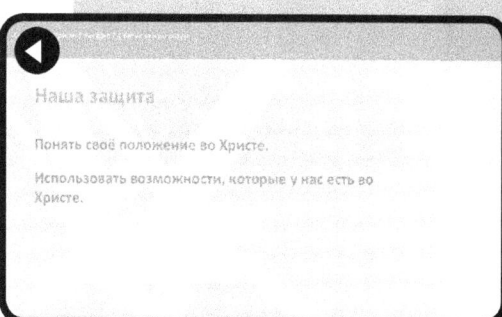

▶ В Иак. 4:7 говорится: «Итак, покоритесь Богу; противостаньте диаволу, и убежит от вас». Чтобы противостоять сатане, мы должны покориться Господу, тогда у врага не будет другого выбора, как убежать. Это относится к каждому христианину, каким бы слабым и незрелым он себя не чувствовал. Во Христе у всех нас есть власть и могущество над духовным миром. Во Христе наше положение стало таким же, какое оно было у Адама и Евы до грехопадения, когда сатана еще ползал змеей у их ног. После того, как они согрешили, дьявол узурпировал эту власть, но Иисус вернул ее

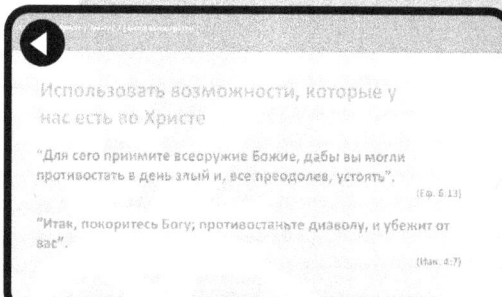

каждому верующему.

Понимание влияния сатаны на наш разум и осознание данной нам власти противостоять врагу — выход из замкнутого круга грех — покаяние. От нас требуется не только покаяться Богу в том, что мы сделали что-то не так. Мы должны пойти дальше — противостоять дьяволу и обратить его в бегство. Чтобы продолжать пребывать в свободе, нам необходимо увидеть ложь, которой мы верили и которая с самого начала привела нас ко греху. Тогда мы сможем обновить свой разум истинами Слова Божьего и не поддаться на обман снова.

У сатаны нет власти остановить наш бег к финишу, то есть к Иисусу, кроме той, которую мы даем ему сами.

Не бояться

▶ Сатана хочет, чтобы вы его боялись и поклонялись ему, а не Богу. Правда в том, что у вас нет никаких причин бояться его или его демонов.

Самое большое у бесов — это их рот! Они, как собаки без зубов, но лающие громко. Нас не должны устрашить какие-то злобные создания, пытающиеся нас напугать. Верно обратное: падшие ангелы боятся христиан, осознающих власть и могущество, которое у них есть во Христе.

Духовный мир полон демонов, но у вас нет причин их бояться. Вокруг вас множество других опасных существ — микробов! Когда у врачей не было знаний о бактериях, они не стерилизовали инструменты или не мыли тщательно руки — люди умирали. Христиане, не знающие о духовной борьбе, не видят необходимости облачаться в доспехи Бога и «пленять всякое помышление в послушание Иисусу Христу» (2 Кор. 10:5).

Как правильно реагировать на тот факт, что мир полон микробов? Конечно, не искать их везде. Так можно стать ипохондриком. Правильная реакция — жить сбалансированной жизнью: достаточно отдыхать, делать упражнения, правильно питаться и позволить вашей иммунной системе вас защищать. Точно также нам нет необходимости искать демонов. Нам просто нужно не отрывать глаз от Иисуса Христа, жить в вере праведной жизнью, исполняясь силой Духа Святого. У нас есть самое лучшее убежище — наше положение во Христе.

Пример того, как сатана, не имея над нами власти, может заставить нас сделать то, что он хочет. У нас есть две симпатичные и дружелюбные собачки. Подружка одной из моих дочерей очень боится собак. Когда она к нам приходит, мы вынуждены закрывать их в другой комнате. Отгадайте, что обычно происходит? Кто-нибудь обязательно открывает дверь, и собаки выбегают. Когда девочка их видит, что она делает? Запрыгивает на ближайшую мебель. Девочка довольно большая, а собаки довольно маленькие. Теперь подумайте, как они заставляют ее залезть на обеденный стол? Повлияв на ее ум, эмоции, волю и мускулы. Что случилось, если бы девочка не испугалась и осталась стоять? Они бы ее обнюхали, потеряли бы к ней всякий интерес и ушли.

Точно так же, и у демонов нет никакой власти над христианами, кроме той, которую мы даем им сами.

Наша защита

Понять своё положение во Христе.

Использовать возможности, которые у нас есть во Христе.

Не бояться.

1 Ин. 5:18 — хороший стих для запоминания: «рожденный от Бога хранит себя, и лукавый не прикасается к нему».

Хочу заметить, что ваша власть не определяется громкостью голоса! Вам не нужно кричать, чтобы противостоять дьяволу. Если вы кричите, то не проявляете свою власть, а наоборот принижаете ее.

Основная цель дьявола — вас запугать. Если вы поддадитесь этой эмоции плоти, вы потерпите поражение.

Охранять свой разум

▶ «Препоясав чресла ума вашего» (1 Пет. 1:3).

В последнее время большое количество различных восточных учений, многие из которых представляют духовную опасность, нашли свой путь в мир бизнес-тренингов, в школы и даже церкви. Вот отрывок из письма, иллюстрирующий это:

«Я вам так благодарна, что нашла свободу во Христе. Хотя я была христианкой уже много лет, я все еще испытывала трудности с болезненными воспоминаниями детства, вызванными тем, что я росла в семье с насилием. Несколько лет назад, в надежде найти помощь, я посетила семинар по внутреннему исцелению, проводившийся в нашей церкви. Желая всего того, что Бог может мне дать, я приняла участие в сеансе «управляемого воображения». Ведущий включил музыку, попросил всех закрыть глаза, расслабиться и представить, что мы садимся на волшебный ковер, который доставляет нас к красивому лугу с озером. Затем произошли некоторые воображаемые события. У меня и сейчас мурашки бегут по коже, когда вспоминаю о них. Теперь я понимаю, что эти образы были от врага.

Каждый раз, когда я молилась, он появлялся в виде пурпурного света, который вел меня в различные ситуации. Я привыкла с нетерпением ждать его появления. Я поделилась происходящим со своим пастором. Он тоже не понял, что это был злой дух, считая, что он был от Бога. Мы оба поддались обману. В результате этого демонического влияния мой брак распался, сын отвернулся от меня, а я отдалилась от своей церкви.

Позже, из-за тяжелых потрясений в моей жизни, я отчаянно нуждалась в помощи и полетела к своей

Один христианин стоял на пустынной платформе, ожидая поезда, когда трое молодчиков подошли к нему и потребовали денег. «У меня было такое впечатление, что вижу их насквозь. Я сказал: "Я дитя Бога, лукавый не может прикоснуться ко мне". Они спросили: "Что?" "Я — дитя Бога, и лукавый не может меня тронуть". Они сказали: "О!" и ушли».

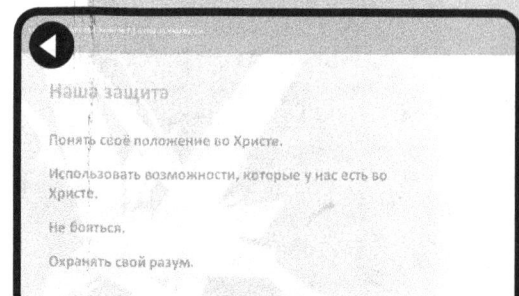

сестре. Ее пастор с женой помогли мне пройти «Шаги к Свободе во Христе». Это была потрясающая встреча с любовью нашего Отца Небесного, которую я никогда не испытывала раньше. В начале занятия, с помощью доброго пастора, Господь открыл мне, что во время того сеанса бесовский дух получил вход в мою жизнь. Теперь, познав истину, я нашла свободу во Христе».

Становится страшно, когда подобные практики находят путь в церковь. Каждому христианину полезно позвать Бога и попросить Его: «Испытай меня, Боже, и узнай сердце мое; испытай меня и узнай помышления мои; и зри, не на опасном ли я пути, и направь меня на путь вечный» (Пс. 139:23-24). Однако это не призыв быть пассивными и отключить свой разум, а, наоборот, активно его использовать. В главе о языках и пророчествах (1 Кор. 14) апостол Павел говорит, что, даже если вы молитесь в духе, вы должны также молиться и умом. Бог дал нам разум, и Он действует через него: «преобразуйтесь обновлением ума вашего» (Рим. 12:2).

Когда мы не размышляем, то становимся уязвимыми для обмана. Практика отключения разума часто используется в других религиях. Например, Махариши Йоги в индуизме говорит: «Ум как змея. Нужно убрать его с пути, чтобы без помех видеть правду».

Мы ни в коем случае не отрицаем сверхъестественное действие Бога в нашей жизни. Мы просто хотим показать, что Он действует через наш разум. Такого понятия, как бездумное христианство, не существует.

Включите свет

У сатаны нет над нами никакой власти, если только он не заставит нас поверить в обратное. Мы сами даем ему эту власть, когда перестаем верить истине.

Мы призваны не рассеивать тьму.
Нам поручено включить свет!

Каков же будет ответ? Как не допустить влияние сатаны на нашу жизнь? ▶ Пролейте свет Божьей истины на обман сатаны, и вы разрушите его силу. Ложь врага не может устоять перед правдой точно так же, как ночь не может устоять перед восходящим солнцем. Это не противостояние двух сил, а встреча с истиной.

Обратите внимание на логику Библии. «И познаете истину, и истина сделает вас свободными» (Ин. 8:32). «Я есмь путь и истина и жизнь» (Ин. 14:6). Молясь о своих учениках, Иисус говорил: «Не молю, чтобы Ты взял их из мира, но чтобы сохранил их от зла» (Ин. 17:15-17). Сохранил нас от зла каким образом? «Освяти их истиною Твоею; слово Твое есть истина». Когда вы надеваете доспехи Бога, первое что вы берете — пояс истины (Еф. 6:14).

Должны ли мы проверять состояние своего ума каждые пять минут и отгонять врага, чтобы тот не внедрил мысль в наш разум? Нет. Главное не то, что явилось источником мысли, а то, соответствует ли она истине! Нам сказано «пленять всякое помышление в послушание Христу»

(2 Кор. 10:5). Меня не волнует, исходит ли мысль из моей памяти, теле- и радио-передач, или лживого духа. Если она не соответствует истине, я не собираюсь ей верить. Решите верить истине и стойте на своем решении, и тогда ложь исчезнет.

Только отвергать негативные мысли недостаточно. Если вы находитесь в темной комнате и хотите видеть окружающее, то, что вы делаете? Прогоняете тьму? Нет — вы включаете свет!

▶ Как христиане, мы не призваны рассеивать тьму. Нам поручено включить свет.

▶ Вы знаете, каким образом банковские служащие учатся распознавать фальшивую валюту? Тщательно рассматривая различные образцы подделок? Ничего подобного! Снова и снова изучая подлинники. Они настолько хорошо знают настоящие банкноты, что оказываются в состоянии сразу определить фальшивки. Точно так же, наш главный способ защититься против обмана — это хорошо знать истину.

Нам не следует уделять демонам слишком много внимания — этим мы позволим сатане диктовать повестку дня. Правильный подход заключается в выборе истины и фокусировании на праведном и чистом, как нас учит апостол Павел (Фил. 4:6–8):

> Не заботьтесь ни о чем, но всегда в молитве и прошении с благодарением открывайте свои желания пред Богом, и мир Божий, который превыше всякого ума, соблюдет сердца ваши и помышления ваши во Христе Иисусе. Наконец, братия мои, что только истинно, что честно, что справедливо, что чисто, что любезно, что достославно, что только добродетель и похвала, о том помышляйте.

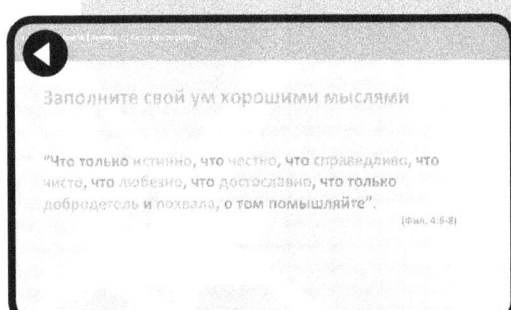

Заполните свой ум хорошими мыслями

"Что только истинно, что честно, что справедливо, что чисто, что любезно, что достославно, что только добродетель и похвала, о том помышляйте".

(Фил. 4:6-8)

ПАУЗА ДЛЯ РАЗМЫШЛЕНИЯ 3

ЗАДАЧА:

ПОМОЧЬ ЛЮДЯМ ПОНЯТЬ, ЧТО ДЛЯ ТОГО, ЧТОБЫ УСТОЯТЬ ПРОТИВ УЛОВОК ДЬЯВОЛА, НАМ НЕОБХОДИМО ОБЛАЧИТЬСЯ ВО ВСЕОРУЖИЕ БОЖЬЕ. ДАТЬ ПРАКТИЧЕСКИЙ СОВЕТ, КАК ЭТО МОЖНО СДЕЛАТЬ.

▶ **ВОПРОСЫ:**

ЧТО ОЗНАЧАЕТ «ОБЛАЧИТЬСЯ ВО ВСЕОРУЖИЕ БОЖЬЕ» НА ПРАКТИКЕ?

НА ОСНОВЕ ЭТОГО ЗАНЯТИЯ И ИАК. 4:7, ЧТО БЫ ВЫ СДЕЛАЛИ, ЕСЛИ БЫ, ПРОСНУВШИСЬ НОЧЬЮ, ПОЧУВСТВОВАЛИ РЯДОМ С СОБОЙ ПУГАЮЩЕЕ ДЕМОНИЧЕСКОЕ ПРИСУТСТВИЕ?

 ## СВИДЕТЕЛЬСТВО

Как, по вашему мнению, сатана действует в жизни ваших друзей-нехристиан? Чем вы можете им помочь?

 ## НА СЛЕДУЮЩЕЙ НЕДЕЛЕ

Внимательно прочитайте следующие отрывки из Библии и в молитве поразмышляйте над содержащимися в них истинами: Мф. 28:18; Еф. 1:3–14; Еф. 2:6–10; Кол. 2:13–15.

Часть III

ОСВОБОЖДЕНИЕ ОТ ОКОВ ПРОШЛОГО

Бог не изменяет наше прошлое, но Своей благодатью помогает освободиться от его болезненного влияния. В этой части курса мы рассмотрим, как можно это сделать с Божьей помощью через глубокое осознание того, что для нас совершил Христос. Кроме того, в эту часть входит выездное практическое занятие «Шаги к Свободе во Христе».

Занятие 8

УПРАВЛЕНИЕ ЭМОЦИЯМИ

Занятие 8. Управление эмоциями

КЛЮЧЕВОЙ СТИХ:

1 Пет. 5:7, 8: Все заботы ваши возложите на Него, ибо Он печется о вас. Трезвитесь, бодрствуйте, потому что противник ваш диавол ходит, как рыкающий лев, ища, кого поглотить.

ЦЕЛЬ ЗАНЯТИЯ:

Понять природу наших эмоций и как они связаны с нашими убеждениями.

КЛЮЧЕВАЯ ИСТИНА:

Эмоции являются следствием наших мыслей и барометром духовного здоровья.

Заметки для ведущего

На протяжении всего курса мы призываем людей верить тому, что Бог называет истиной, независимо от того, что им говорят чувства. Это не означает, что мы должны отрицать свои эмоции. Бог создал нас со способностью чувствовать, и это неотъемлемая часть нашей человеческой сущности.

В третьей части курса мы покажем, как эмоции связаны с другими аспектами нашей жизни, чтобы подготовить участников к процессу внутреннего эмоционального исцеления во время практического занятия «Шаги к Свободе во Христе».

РАСЧЕТ ВРЕМЕНИ ЗАНЯТИЯ:

ЗНАКОМСТВО	5 мин.	0:05
ПРОСЛАВЛЕНИЕ	8 мин.	0:13
СЛОВО. ЧАСТЬ 1	26 мин.	0:39
ПАУЗА ДЛЯ РАЗМЫШЛЕНИЯ 1	30 мин.	1:09
СЛОВО. ЧАСТЬ 2	13 мин.	1:22
ПАУЗА ДЛЯ РАЗМЫШЛЕНИЯ 2	30 мин.	1:52
СЛОВО. ЧАСТЬ 3	8 мин.	2:00

 ЗНАКОМСТВО

Вы считаете себя эмоциональным человеком? Расскажите группе о событии, вызвавшем у вас душевную боль или радость.

 ПРОСЛАВЛЕНИЕ

Предлагаемая тема: Бог сотворил нас весьма хорошо, и Он хорошо нас знает!

Прочитайте Псалом 138 все вместе вслух, проведите несколько минут в тишине, размышляя над тем, что услышали, и затем перейдите к прославлению Бога.

 СЛОВО

На этом занятии мы рассмотрим чувства, то есть эмоциональную природу человека. Мы все время призываем вас верить тому, что Бог называет истиной, независимо от того, что вам говорят чувства. Но это не значит, что мы должны отрицать свои переживания.

Наша эмоциональная природа создана Богом. Она, как барометр души, отражает глубину характера и качество наших мыслей.

Если мы будем отрицать свои чувства, это серьезно повредит нашей духовной жизни.

Мы не в состоянии напрямую управлять своими чувствами

Взаимосвязь между внутренним и внешним человеком

Каким образом наш внутренний человек (душа/дух) связан с внешним (тело)?

Несколько великих истин о жизни из уст детей:
1. Никогда не держи на руках одновременно пылесос и кошку.
2. Невозможно спрятать кусочек брокколи в стакане молока.
3. Когда мама ужасно сердита на папу, не давай ей расчесывать свои волосы.

Душа/дух была создана, чтобы функционировать совместно с телом; они взаимосвязаны и зависят друг от друга. Эту зависимость можно проследить в отношениях между разумом и мозгом.

▶ Взаимосвязь мозга и разума подобна работе компьютера. Мозг функционирует, как оборудование или «железо» компьютера. Когда мы умрем физически, мозг превратится в прах, но мы будем с Господом, и наш разум останется при нас. «Железо» компьютера само по себе не может дать нам многого. Чтобы компьютер выполнял свою функцию, необходимо программное обеспечение, в нашем случае — разум.

▶ Разум является частью души/духа. В нашей аналогии это — программное обеспечение. Когда у человека психическая или эмоциональная проблема, светский мир, как правило, говорит, что у него «проблема с аппаратом или механизмом», то есть с мозгом. Может такое быть? Возможны физические нарушения мозга? Конечно. Синдром Дауна, болезнь Альцгеймера, пуля в голове — это все проблемы с мозгом. Даже лучшее программное обеспечение в мире на неисправном компьютере работать не будет.

В Библии же акцент делается не на оборудовании, а на программном обеспечении. То есть на процессах, происходящих в нашем разуме: выбор истины, вера в истину, отказ от плохих мыслей и тому подобное. Компьютер не может работать иначе, чем в соответствии с установленной в нем программой.

Чем мы можем и не можем управлять

Внутренний и внешний человек функционируют следующим образом: что-то находится под их контролем, а что-то нет. Наш мозг регулирует работу всей нервной системы. Одна ее часть связана с нашей волей и находится под нашим контролем, она координирует произвольные действия тела: например, вы можете сознательно решить говорить, двигаться и тому подобное. Но также существует и автономная часть нервной системы, регулирующая непроизвольные функции тела, такие как работа желез и сердцебиение, которые не управляются нашей волей.

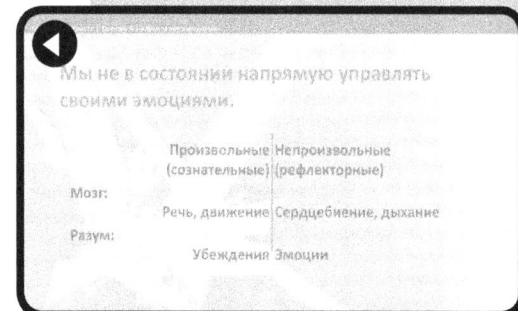

> У дельфинов нервная система работает несколько иначе. Их сердцебиение происходит автоматически, но дыхание они должны контролировать сознательно. Это логично, потому что дельфины большую часть своей жизни проводят под водой и не должны делать вдох, когда нет воздуха. Однако это также означает, что они никогда не спят, поскольку если заснут, то задохнутся. В организме дельфинов эта проблема решена оригинально — в одно и то же время только одна половина их мозга спит, а другая контролирует дыхание, отслеживает опасности, управляет разными функциями. Вот почему вы можете увидеть дельфина с одним закрытым глазом. Он не подмигивает вам. Просто часть его мозга, управляющая другим глазом, спит.

То же самое относится и к нашим эмоциям. Так же как железы, они напрямую не управляются нашей волей.

Например, подумайте о ком-то, кого вы терпеть не можете, и силой воли сделайте так, чтобы этот человек вам понравился. Вы не сможете! Хорошей новостью является то, что Бог не ждет от нас мгновенного изменения чувств. Он не просит нас, чтобы такие люди нам нравились, Он дает нам повеление любить их, что совершенно другое. Мы можем принять решение сделать то, что правильно, независимо от того, что мы чувствуем. Если мы постараемся любить тех, кого трудно терпеть, мы сами поразимся, как наши эмоции последуют за действиями и, в конечном счете, изменятся. Хотя мы не в состоянии усилием воли заставить себя чувствовать по-другому, со временем, мы вполне можем поменять свои эмоции. Каким образом? Решением изменить то, что подчиняется нашей воле: свои убеждения и поступки.

Наши чувства отражают наши истинные убеждения

Что такое эмоции?

▶ Эмоции выполняют те же функции в душе, что и боль в теле.

Предположим, что в качестве подарка, вам предложили навсегда освободить вас от боли. Вы бы обрадовались этому?

Наверное, было бы заманчиво принять подобный презент, особенно если вы страдаете от хронической боли? Однако в нем таится большая опасность.

В Пакистане жил маленький уличный артист, который мог прокалывать руки ножом и ходить по раскаленным углям, не чувствуя никакой боли. Он и другие в его семье родились с генетической мутацией, которая сделала их неспособными чувствовать боль. Эта особенность стала для них скорее проклятием, чем благословением. Вот свидетельство одного из ученых, занимавшихся изучением этой семьи: «Они двигаются очень неловко и врезаются в вещи, поскольку им не больно. Их тела все покрыты синяками. Жизнь без боли, кажется, должна быть благословением, но это не

Функции эмоций в душе те же, что и функции боли в теле.

так». Бедный мальчик скончался в день своего 14-летия, спрыгнув с крыши. Возможно, уверенность в том, что в любом случае он не почувствует боли, придала ему слишком много смелости.

Без возможности чувствовать боль мы превратимся в сплошную массу рубцов в течение нескольких недель. Бог дал нам эту способность для нашей защиты. Это настоящий дар.

Точно так же и с нашими эмоциями. Было бы замечательно, если бы мы никогда не испытывали депрессию, гнев или тревогу? Нет, это не так. Наши эмоции показывают, что что-то с нами не в порядке, чтобы мы смогли отреагировать и исправить это. Так же, как боль предупреждает о проблеме, касающейся тела, так и эмоции предупреждают о неполадках в нашей душе.

> Эта история была напечатана в газете «Таймс» 14 декабря 2006 года.

Чувства являются результатом того, во что мы выбираем верить

Мы не в состоянии управлять своими эмоциями напрямую, однако они — следствие того, во что мы верим.

▶ Беда в том, что если наши **убеждения** не отражают истину, тогда и наши **чувства** не отражают действительность.

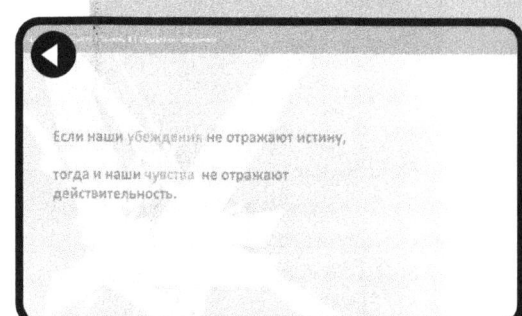

Если наши убеждения не отражают истину, тогда и наши чувства не отражают действительность.

Представьте себе такую ситуацию: ваша компания сокращается, и многих людей увольняют. В понедельник утром по электронной почте вы получаете письмо от своего начальника. Он хочет вас видеть в пятницу, в 10.30 утра. Если вы подумаете, что руководитель хочет вас уволить, то вы, вероятно, рассердитесь. Если вы не уверены, то вам, наверное, станет тревожно. К четвергу вы уже находитесь в подавленном состоянии, потому что убедили себя, что потеряете работу. В пятницу утром вы в полном эмоциональном расстройстве — и все от ваших собственных мыслей, хотя, как позже выяснится, ни одна из них не была основана на реальности. А на встрече начальник вас удивит повышением заработной платы. Как бы вы себя чувствовали? Вы провели всю неделю в расстроенных чувствах, потому что не знали правды. Ни одно из ваших ощущений не отражало истинного положения дел.

Глава 3 Плача Иеремии иллюстрирует связь между убеждениями и эмоциями. У Иеремии был плохой день: пророк в полном отчаянии, потому что, по его мнению, на самом деле неверному, Бог был причиной всех его физических недомоганий.

(Прочитайте Плач Иеремии 3:1–11).

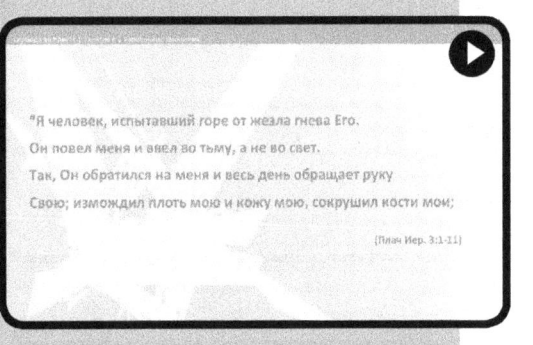

▶ Я человек, испытавший горе от жезла гнева Его.

Он повел меня и ввел во тьму, а не во свет.

Так, Он обратился на меня и весь день обращает руку Свою;

измождил плоть мою и кожу мою, сокрушил кости мои;

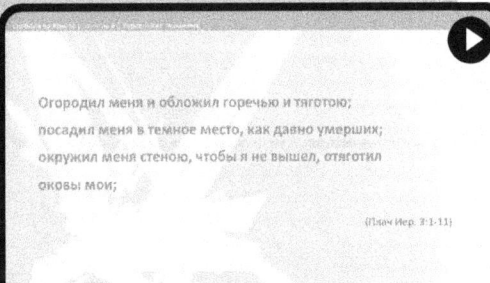

▶ Огородил меня и обложил горечью и тяготою;

посадил меня в темное место, как давно умерших;

окружил меня стеною, чтобы я не вышел, отяготил оковы мои,

▶ И когда я взывал и вопиял, задерживал молитву мою;

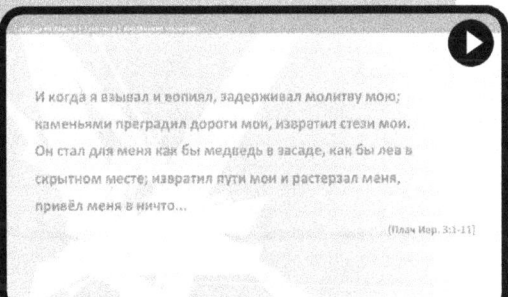

каменьями преградил дороги мои, извратил стези мои.

Он стал для меня как бы медведь в засаде, как бы лев в скрытном месте;

извратил пути мои и растерзал меня, привел меня в ничто...

В отчаянии Иеремия заключает: « ... погибла сила моя и надежда моя на Господа» (Плач 3:18).

Неужели Бог в самом деле такой? Будет ли Он обращать руку Свою против Своего слуги снова и снова? Будет ли Он окружать Своих людей горечью и тяготами? Игнорировать их молитвы? Конечно, нет!

В чем же было дело? В том, что мысли Иеремии о Боге не соответствовали действительности! Бог не преградил дороги его, не был как медведь в засаде, растерзавший его. Если вы надеялись на Бога, а затем возникли подобные мысли, вы бы тоже впали в депрессию!

К счастью, у этого Плача есть продолжение. Подумав, пророк изменил свое представление о ситуации:

(Прочитайте Плач Иеремии 3:19–24).

▶ Помысли о моем страдании и бедствии моем, о полыни и желчи.

Твердо помнит это душа моя и падает во мне.

Вот что я отвечаю сердцу моему и потому уповаю:

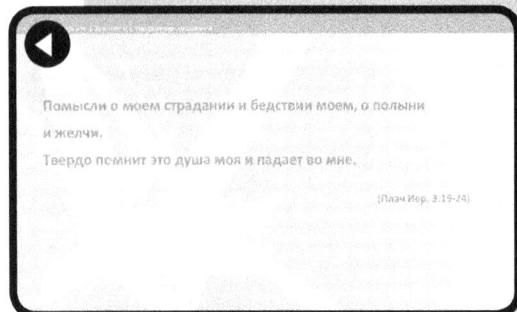

▶ По милости Господа мы не исчезли, ибо милосердие Его не истощилось.

Оно обновляется каждое утро; велика верность Твоя!

Господь часть моя, говорит душа моя, итак буду надеяться на Него.

Иеремия понял, что его чувства взяли верх и отреагировал на них, заново утверждая истину о Боге: «...Вот что я отвечаю сердцу моему и потому уповаю... велика верность Твоя!» Что поменялось в ситуации? Абсолютно ничего. Бог изменился? Нет! Единственно изменение произошло в сознании пророка: он посмотрел на обстоятельства другими глазами.

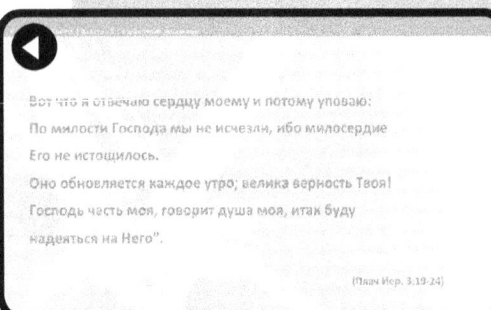

▶ Не события вызывают эмоции, а наше **восприятие** этих событий.

▶ Если наши **убеждения** не отражают истину, тогда и наши **чувства** не отражают действительность.

Чем больше мы будем придерживаться истины, тем больше мы будем видеть обстоятельства своей жизни с точки зрения Бога, и тем меньше наши чувства будут выходить из-под контроля.

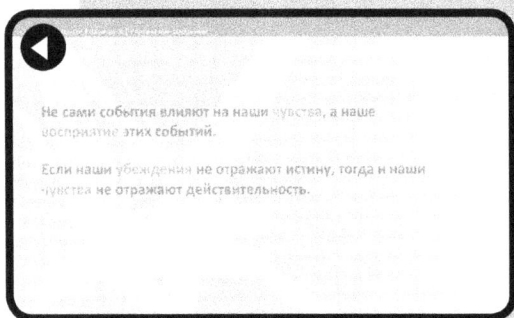

Как изменить свои чувства

▶ Зададимся главным вопросом: «Если нас замучили негативные эмоции, связанные с тяжелыми переживаниями в прошлом или настоящем, что мы можем предпринять?»

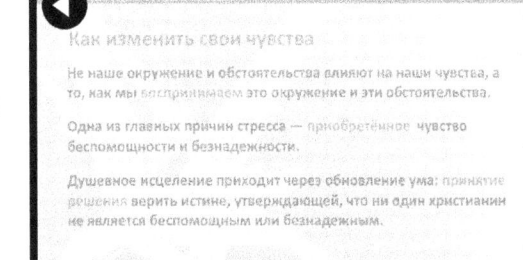

Давайте рассмотрим историю, описанную в Библии, когда израильское войско оказалось в затруднительном положении (1 Цар. 17). Ему противостояла большая армия филистимлян, которые предложили: «Мы не хотим кровопролития, пускай сильнейшие воины обеих сторон вступят в поединок, и тому, кто из них победит, будет дарована победа над всеми». Филистимляне выставили для битвы мощного великана Голиафа. У израильтян не было такого сильного воина, и поэтому они пришли в отчаяние.

Тогда вперед выступает Давид, достает пращу и со словами «Как смеете вы бросать вызов армии живого Бога?!» убивает Голиафа.

Давид и его соплеменники находились в одной и той же ситуации. Но солдаты сравнивали силу великана со своей силой, тогда как Давид видел силу Бога. Кто из них воспринимал обстоятельства в истинном свете?

Не наше окружение и обстоятельства влияют на наши чувства, а то, как мы **воспринимаем** это окружение и эти обстоятельства.

Может ли вера в Бога изменить положение дел и вашей жизни таким же чудесным образом? Конечно! И это не просто слепая вера — это признание того, что является истиной на самом деле.

Когда вы сталкиваетесь с трудностями и переживаете сильный стресс, что его вызывает? Сама ситуация? Нет — не напрямую. Ваши пять чувств принимают информацию из окружающего мира и передают ее в мозг. Затем разум интерпретирует полученные данные, и именно эта интерпретация определяет то, что вы чувствуете по отношению к происшедшему событию. Если ваш ум «запрограммирован» не так, как ум другого человека, то, даже находясь в одних и тех же обстоятельствах жизни, вы будете воспринимать их по-разному.

▶ Основной причиной стресса является то, что, на основе опыта прошлых неудач и поражений, мы приходим к убеждению, что ничего нельзя изменить, — приобретаем чувство беспомощности и безнадежности. Но отражает ли это чувство реальность? Нет! Как христианин вы не беспомощны, и ваша ситуация не безнадежна. Это в самом деле так.

▶ Душевное исцеление приходит с уходом чувства беспомощности и безнадежности, с изменением программы вашего мозга. Вот что в Библии зовется обновлением ума: осознание настоящей правды о Боге; принятие решения верить тому, что Он называет истиной, даже если ваши чувства говорят иначе.

Эмоции, которые вы испытываете, вызываются не самими событиями, а тем, как вы их воспринимаете. Чтобы быть цельным и сбалансированным человеком вам необходимо научиться смотреть на происходящее здоровым взглядом, отражающим реальное положение вещей.

Тем, кому трудно справиться со своими чувствами, советую создать так называемую «духовную аптечку». Идея заключается в том, что вы собираете вместе несколько вещей, напоминающих вам об истине, и держите их под рукой: стих из Библии, телефон друга, цитата из книги, молитва или любимая песня прославления. В вашем Руководстве для участника выделено специальное место для составления списка предметов, которые войдут в вашу аптечку.

Если наши **убеждения** не отражают истину, тогда наши **чувства** не отражают действительность.

ПАУЗА ДЛЯ РАЗМЫШЛЕНИЯ 1

ЗАДАЧА:

ПОМОЧЬ УЧАСТНИКАМ ПОНЯТЬ, ЧТО НАШИ ЧУВСТВА ОТРАЖАЮТ ТО, ВО ЧТО МЫ ВЕРИМ О СЕБЕ, О БОГЕ И ОБ ОБСТОЯТЕЛЬСТВАХ ЖИЗНИ. ОСОЗНАТЬ, ЧТО У НАС ЕСТЬ ВОЗМОЖНОСТЬ ПОВЛИЯТЬ НА СВОИ ЧУВСТВА ПОСРЕДСТВОМ ВЫБОРА ВЕРИТЬ ИСТИНЕ В СЛОВЕ БОЖЬЕМ.

ВОПРОСЫ:

ЧТО ВЫ ДУМАЕТЕ ОБ УТВЕРЖДЕНИИ, ЧТО «НЕ САМИ ОБСТОЯТЕЛЬСТВА ОПРЕДЕЛЯЮТ ТО, ЧТО МЫ ЧУВСТВУЕМ, А НАШЕ ВОСПРИЯТИЕ ЭТИХ ОБСТОЯТЕЛЬСТВ»?

ЕСЛИ ВАС ЧАСТО ПОДАВЛЯЮТ НЕГАТИВНЫЕ ЭМОЦИИ, КАК ВЫ МОЖЕТЕ ИЗМЕНИТЬ СВОЕ СОСТОЯНИЕ, ОСНОВЫВАЯСЬ НА ИСТИНАХ СЛОВА БОЖЬЕГО?

ЕСЛИ ВЫ БОРЕТЕСЬ С ПЛОХИМИ ЧУВСТВАМИ, ПОЧЕМУ БЫ ВАМ НЕ СОЗДАТЬ «ДУХОВНУЮ АПТЕЧКУ»? СОБЕРИТЕ ВМЕСТЕ НЕСКОЛЬКО ВЕЩЕЙ, НАПОМИНАЮЩИХ ВАМ ОБ ИСТИНЕ, И ДЕРЖИТЕ ИХ ПОД РУКОЙ: СТИХ ИЗ БИБЛИИ, ТЕЛЕФОН ДРУГА, ЦИТАТУ ИЗ КНИГИ, МОЛИТВУ ИЛИ ЛЮБИМУЮ ПЕСНЮ ПРОСЛАВЛЕНИЯ. ОНИ ВАМ ПОМОГУТ, КОГДА НА ВАС НАХЛЫНУТ ЭМОЦИИ И ВЫ ПОЧУВСТВУЕТЕ СЕБЯ УЯЗВИМЫМИ. СОСТАВЬТЕ ТАКОЙ СПИСОК НИЖЕ.

Моя духовная аптечка

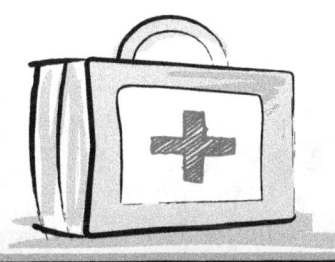

Следование эмоциям делает нас уязвимыми для духовных атак

▶ Через всю Библию проходит один важный принцип — поверьте истине и живите верой в нее. Ваши эмоции отреагируют соответственно. Иисус сказал: «Если это знаете, блаженны вы, когда исполняете» (Ин. 13:17). Не **эмоции** ведут к хорошим поступкам. **Поступки** ведут к хорошим эмоциям.

▶ Прежде всего, поверьте истине, и это отразится на ваших делах. Со временем изменятся и ваши чувства.

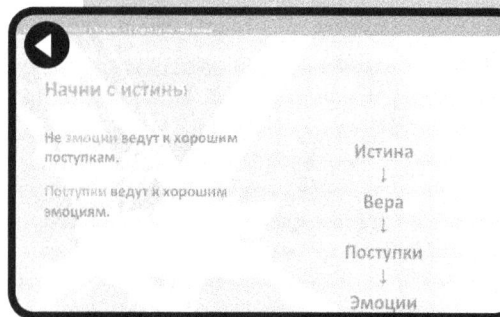

Неопытные христиане действуют в соответствии со своими эмоциями, а не с тем, что Бог называет правдой. Если это относится к вам, то у врага есть преимущество в битве за ваш разум. Когда сатана будет вас осуждать, говоря, что вы «плохой христианин, опять не справились и подвели Бога», вы будете склонны согласиться. Но правда в том, что вы уже прощены и Бог вас не осуждает (Рим. 8:1). На самом деле Он приглашает вас смело войти в Его присутствие и принимает вас, как Своего ребенка.

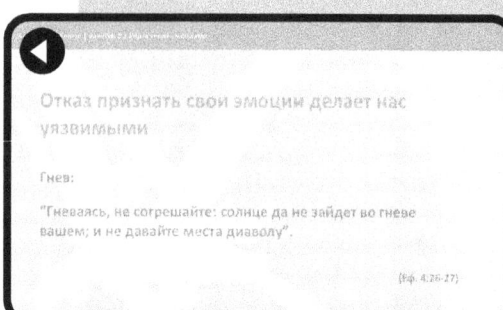

▶ Отказ признать свои переживания и вовремя с ними разобраться открывает противнику лазейку в нашу жизнь. На предыдущем занятии мы видели, как гнев может дать врагу место влияния в нашем разуме.

В Послании к Ефесянам 4:26-27 сказано: «Гневаясь, не согрешайте: солнце да не зайдет во гневе вашем; и не давайте места диаволу».

Это сильная эмоция, которой невозможно управлять напрямую, одним усилием воли. Поэтому в Библии ясно показано, что сам гнев не грех («..Гневаясь, не согрешайте...»). Однако если вы быстро не справитесь с этим чувством и позволите ему перейти в горечь и непрощение, вы откроете дьяволу доступ в свой разум.

Из Первого Послания апостола Петра 5:7-8 видно, что состояние тревоги также может привести к плохим для нас последствиям, если мы не разберемся с ним правильно. Этот отрывок начинается с хорошо известного стиха, который полезно держать на закладке в Библии или повесить на стену: «Все заботы ваши возложите на Него, ибо Он печется о вас».

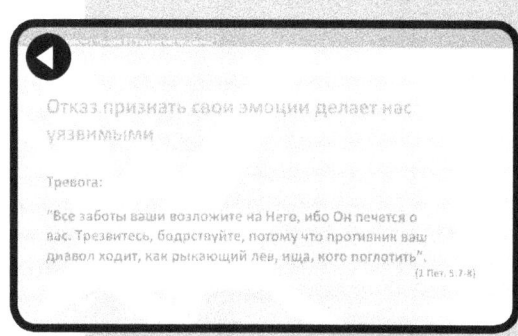

Следующий стих этого отрывка знаком христианам не меньше: «Трезвитесь, бодрствуйте, потому что противник ваш диавол ходит, как рыкающий лев, ища, кого поглотить».

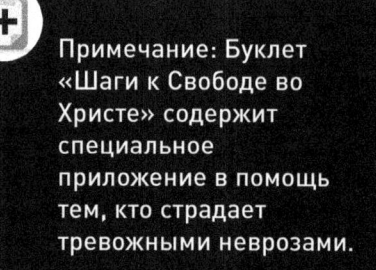

Примечание: Буклет «Шаги к Свободе во Христе» содержит специальное приложение в помощь тем, кто страдает тревожными неврозами.

Наверняка, вы все не раз слышали оба эти высказывания, но, скорее всего, не подозревали, что они следуют непосредственно друг за другом. Они являются частью одной и той же идеи. Петр говорит нам, что если мы позволим тревоге взять над нами верх, то сделаем себя более уязвимыми для козней врага.

Не разобравшись правильно с такими эмоциями, как гнев и тревога, мы можем принести в свою жизнь много бед. Сатана очень деятелен и ждет возможности воспользоваться нашими чувствами, чтобы получить лазейку в нашу жизнь.

Как научиться управлять эмоциями

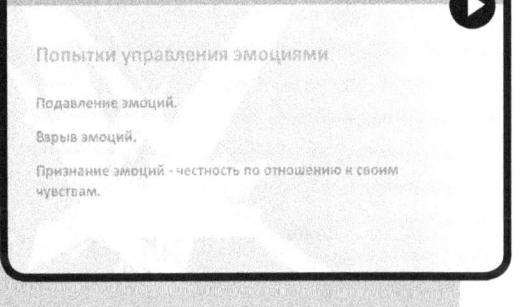

▶ Наши эмоции подобны красной сигнальной лампочке на приборной панели автомобиля. Она существует, чтобы предупредить нас о потенциально серьезной проблеме под капотом. Мы можем продолжать какое-то время двигаться, но, если так и не решим проблему, то вскоре встретимся с большими неприятностями.

Когда красный свет загорается, можно отреагировать на это тремя способами. ▶ Например, взять кусочек ленты и заклеить ею лампочку — «Лампочка не горит, значит, проблем нет». Это называется «подавление».
▶ Или можно взорваться в гневе, взять молоток и разбить лампочку — «По крайней мере, это поможет прямо сейчас!» Это — «беспорядочное выражение или взрыв» эмоций. Или, наконец, вы можете заглянуть под капот и узнать причину. Подобная реакция называется «признание».

Подавление эмоций

▶ Если мы сознательно игнорируем свои эмоции или не хотим иметь с ними дело, то мы загоняем их внутрь или подавляем. В этом есть две проблемы — это вредно для здоровья и нечестно.

Посмотрите, что испытывал царь Давид, когда жил, отрицая свои эмоции: «Когда я молчал, обветшали кости мои от вседневного стенания моего... За то помолится Тебе каждый праведник во время благопотребное, и тогда разлитие многих вод не достигнет его» (Пс. 31:3, 6).

Проблема в том, что мы позволяем внешним обстоятельствам выглядеть настолько большими и устрашающими, что они закрывают Бога, и тогда наши эмоции берут верх.

Когда внутри нас кипят подавленные страсти, как «многие воды», мы менее склонны обращаться к Богу. В тот момент нами управляют эмоции. Важно быть честными с Богом сразу, пока мы в состоянии это сделать, потому что, если мы будем слишком долго скрывать свои чувства, они станут доминировать над нами всю жизнь.

Из слов Давида также видно, как угнетение эмоций повлияло на его отношения с другими людьми: «Я сказал: буду я наблюдать за путями моими, чтобы не согрешать мне языком моим; буду обуздывать уста мои, доколе нечестивый предо мною. Я был нем и безгласен, и молчал даже о добром; и скорбь моя подвиглась» (Пс. 38:2, 3). Подавление переживаний положительного результата не дает!

Эмоциональное подавление может быть одной из основных причин психосоматических заболеваний. Когда Давид молчал о своих грехах, его «...свежесть ... исчезла, как в летнюю засуху» (Псалом 31:4). Если вы попытались похоронить свои чувства, не обманывайте себя: они не умерли; они погребены заживо и появятся снова в каком-нибудь нездоровом облике. Это все равно, что пытаться закопать крота — он просто пророет свой путь обратно к поверхности. Подавление наших эмоций приводит к неискренности в общении и вредно для здоровья.

Взрыв эмоций

▶ Другой нездоровый способ реагирования на ситуацию — бездумно выплеснуть все, что вы чувствуете. Взрыв эмоций напоминает действие молотка, разбивающего красную сигнальную лампочку.

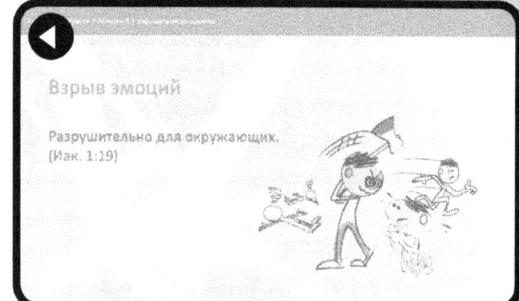

Проблема заключается в том, что этот взрыв вредит окружающим вас людям. Вам на какое-то время может стать лучше: «Мне просто необходимо было излить то, что во мне накопилось. Теперь мне лучше». Но для вашей супруги, детей или друзей это может оказаться эмоционально разрушительным.

«...Всякий человек да будет скор на слышание, медлен на слова, медлен на гнев, ибо гнев человека не творит правды Божией» (Иак. 1:19, 20).

Мы уже слышали, что «Гневаясь, не согрешайте...» (Еф. 4:26). Как это сделать? Будьте, как Иисус — сердитесь на грех, а не на грешника. Переверните столы, а не менял денег.

Признание эмоций — честность по отношению к своим чувствам

Итак, что нам следует предпринимать, когда загорается красная лампочка? Когда мы испытываем гнев, тревогу или депрессию? ▶ Здоровая реакция — это честно признать, что мы чувствуем.

Начните с того, что признайтесь в своих эмоциях Богу. Послушайте, как Давид молился о каком-то человеке.

[Прочитайте Пс. 108:6–15].

▶ Поставь над ним нечестивого, и диавол да станет одесную его.

Когда будет судиться, да выйдет виновным, и молитва его да будет в грех;

да будут дни его кратки, и достоинство его да возьмет другой;

дети его да будут сиротами, и жена его — вдовою;

да скитаются дети его и нищенствуют, и просят хлеба из развалин своих;

▶ да захватит заимодавец все, что есть у него, и чужие да расхитят труд его

да не будет сострадающего ему, да не будет милующего сирот его;

да будет потомство его на погибель, и да изгладится имя их в следующем роде;

да будет воспомянуто пред Господом беззаконие отцов его, и грех матери его да не изгладится;

да будут они всегда в очах Господа, и да истребит Он память их на земле.

▶ Вас удивляет, что подобное есть в Библии? Не она ли святое, вдохновение, совершенное Слово Божье?

▶ Вы когда-нибудь чувствовали так же, как Давид? Вы когда-нибудь молились таким же образом? Правильно ли это делать?

Давид испытывал подобные чувства, и Бог вдохновил его их записать. Вопрос в том, знает ли Господь ваши чувства до того, как вы их Ему откроете? Конечно, знает. Он знает все мысли и намерения наших сердец. Все вещи открыты Ему. Если Бог все равно уже знает, что у нас на сердце, почему не быть с Ним честными?

Все зависит от нашего понимания Бога. Достаточно ли у Него большое сердце, чтобы стерпеть от нас немного истерики? Будет ли Он по-прежнему Богом, будет ли Он по-прежнему нас любить, останемся ли мы Его чадами? Конечно!

Некоторым трудно принять, что Давид молился о вреде для другого человека. Но нужно дочитать псалом до конца. После того, как у автора закончился эмоциональный всплеск, когда он честно излил свою боль, все изменилось, и он снова смог славить Бога.

Иисус был честен в эмоциях. Он плакал над Иерусалимом и у могилы Лазаря. В саду Гефсимании Он не скрывал своей душевной боли и признался: «...душа Моя скорбит смертельно...» (Мк.14:34).

Если Господь всей Вселенной искренен в выражении своих чувств, то что тогда насчет нас с вами?

Если вы не будете открытыми перед Богом, это повредит вашим отношениям. Создателю тогда придется допустить ситуацию, которая поможет вам стать искренним с Ним.

Будьте с Богом честны. Он ваш Друг.

ПАУЗА ДЛЯ РАЗМЫШЛЕНИЯ 2

ЗАДАЧА:

ЗАКРЕПИТЬ ПОНИМАНИЕ МОДЕЛИ УПРАВЛЕНИЯ ЧУВСТВАМИ «ИСТИНА ▶ ВЕРА В НЕЁ ▶ ПОСТУПКИ ▶ ЧУВСТВА».
ПОМОЧЬ УЧАСТНИКАМ ОСОЗНАТЬ, КАКИМ ОБРАЗОМ ОНИ РЕАГИРУЮТ НА РАЗЛИЧНЫЕ ЖИЗНЕННЫЕ СИТУАЦИИ.

ВОПРОСЫ:

ЕСЛИ КАКАЯ-ТО СИТУАЦИЯ ВЫЗВАЛА В ВАС СИЛЬНЫЕ НЕГАТИВНЫЕ ЭМОЦИИ, КАК ВЫ СКЛОННЫ С НИМИ СПРАВЛЯТЬСЯ?

ПРОЧИТАЙТЕ ПСАЛОМ 108:6–15. ВАС УДИВЛЯЕТ, ЧТО ПОДОБНОЕ ЕСТЬ В БИБЛИИ? НЕ ОНА ЛИ СВЯТОЕ, ВДОХНОВЕННОЕ, СОВЕРШЕННОЕ СЛОВО БОЖИЕ? ВЫ КОГДА-НИБУДЬ ИСПЫТЫВАЛИ ТАКИЕ ЖЕ ЧУВСТВА ПО ОТНОШЕНИЮ К КОМУ-ТО? КАК ВЫ ВЫРАЗИЛИ СВОИ ЭМОЦИИ? ПОЧЕМУ ТАК ВАЖНО ЧЕСТНО РАССКАЗАТЬ БОГУ, ЧТО ВЫ ЧУВСТВУЕТЕ?

СУЩЕСТВУЕТ ЛИ ЧТО-ТО В ВАШЕЙ ЖИЗНИ, О ЧЁМ БОГ НЕ ЗНАЕТ?

К РАЗЛИЧНЫМ ЖИЗНЕННЫМ ПРОБЛЕМАМ МЫ МОЖЕМ ПОДХОДИТЬ С ДВУХ СТОРОН, ФОКУСИРУЯ СВОЁ ВНИМАНИЕ ЛИБО НА ИСТИНЕ, ЛИБО НА ЧУВСТВАХ. ЕСЛИ МЫ ПРИМЕМ РЕШЕНИЕ ВЕРИТЬ В ИСТИНУ СЛОВА БОЖЬЕГО, ЭТО ОТРАЗИТСЯ НА НАШЕМ ПОВЕДЕНИИ И, В КОНЕЧНОМ СЧЁТЕ, ПРИВЕДЁТ К ИЗМЕНЕНИЯМ В ЧУВСТВАХ. А ЕСЛИ МЫ НАЧНЁМ С ЧУВСТВ, ТО ЭТО ПРИВЕДЁТ К СОВСЕМ ИНОМУ, ПЛАЧЕВНОМУ РЕЗУЛЬТАТУ. НИЖЕ МЫ РАССМАТРИВАЕМ ПРИМЕРЫ ТРЁХ СИТУАЦИЙ, С КОТОРЫМИ МОЖЕТ СТОЛКНУТЬСЯ КАЖДЫЙ. ПЕРВАЯ ТАБЛИЦА ПОКАЗЫВАЕТ ВЕРОЯТНЫЙ ИСХОД СИТУАЦИИ, ЕСЛИ НАШ ПОДХОД К НЕЙ БУДЕТ СО СТОРОНЫ ИСТИНЫ. ВТОРАЯ ТАБЛИЦА — ЧТО МОЖЕТ ПРОИЗОЙТИ, ЕСЛИ МЫ БУДЕМ ДЕЙСТВОВАТЬ, ИСХОДЯ ИЗ СВОИХ ЧУВСТВ.

А. Когда я сталкиваюсь с реальной проблемой, я смотрю на неё либо как на возможность довериться Богу и расти, либо падаю духом.

Б. Когда мне кажется, что мной пренебрегают, я могу либо верить в расположение ко мне Бога, либо расстраиваться и не знать, как вести себя с людьми.

В. Когда я нахожусь в сложном финансовом положении, я могу либо смотреть на него, как на возможность расти в вере и убедиться в верности Бога, либо прийти в смятение.

ПОДХОД СО СТОРОНЫ ИСТИНЫ		ИСТИНА	ВЕРА	ПОСТУПКИ	ЧУВСТВА
	A	Бог никогда меня не оставит (Ис. 43:2, 3).	Бог не пошлёт мне испытаний больше, чем я могу вынести, и я могу быть уверен, что Он мне поможет.	Позитивный подход к преодолению трудностей.	Уверенность, что Бог мне поможет.
	B	Если за меня Бог, кто может быть против меня? (Рим. 8:31)	Решаю доверить эти отношения Богу.	Не обращаю внимание на пренебрежение людей, а сам стараюсь поддерживать других.	Уверенность, что в случае необходимости Бог всегда покажет мне Своё расположение.
	C	Я искренне жертвовал в соответствии со своими возможностями, и Бог обещал обеспечить все мои нужды (Фил. 4:19).	Верю, что Бог так и сделает.	Попросив у Бога поддержку, я делаю всё возможное, чтобы увеличить доход и понизить расход.	Душевный мир и уверенность в будущем.

ПОДХОД СО СТОРОНЫ ЧУВСТВ		ЧУВСТВА	ПОСТУПКИ	ВЕРА	МОИ ПРЕДСТАВЛЕНИЯ О РЕАЛЬНОСТИ
	A	Слишком много проблем. Изможление. Не могу справиться. Депрессия.	Панически пытаюсь решить все проблемы. Или убегаю от проблем.	Я беспомощен, и моя ситуация безнадёжна.	Я вечный неудачник.
	B	Чувствую себя никому не нужным, отвергнутым.	Реагирую на малейший признак пренебрежения или закрываюсь от людей.	Меня невозможно полюбить, и люди меня ненавидят.	Люди не хотят быть со мной. Я обижен, поэтому критикую их и становлюсь раздражительным ворчуном.
	C	Переживаю насчёт денег.	Пытаюсь добыть деньги или становлюсь скупым.	Могу надеяться только на себя.	Мне не удаётся достать деньги — злость. Удаётся — гордыня.

Исцеление душевных ран прошлого

▶ До сих пор мы говорили о том, как справляться с повседневными чувствами. А как насчет серьезных эмоциональных травм, вызванных событиями прошлого?

Каждый из нас переживал в жизни травмирующие события, оставившие у нас эмоциональные шрамы. Это могло быть страшное происшествие, потеря любимого человека, насилие. Подобные переживания мы стараемся забыть, но они быстро возвращаются, если что-то в настоящем напоминает нам о них.

Поэтому мы стараемся избегать всего того, что может напомнить о тяжелом опыте прошлого. «Я не пойду туда, где тот или та будет присутствовать», «Сейчас я не хочу говорить об этом». Но, возможно, есть лучший путь? Бог не хочет, чтобы душевная боль из прошлого продолжала отравлять нашу сегодняшнюю жизнь.

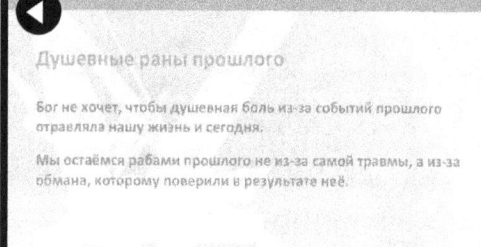

Душевные раны прошлого

Бог не хочет, чтобы душевная боль из-за событий прошлого отравляла нашу жизнь и сегодня.

Мы остаёмся рабами прошлого не из-за самой травмы, а из-за обмана, которому поверили в результате неё.

После того, как произошло тяжелое событие, ваш мозг обработал его. Почти наверняка, это привело к образованию определенного представления о себе и о Боге: «Я не смогла избежать насилия, значит я бессильна, я жертва»; «Эти хулиганы сказали мне, что я дрянь, наверное, я такая и есть»; «У моего отца никогда не было для меня времени, значит, я не представляю особого интереса».

Если вы пострадали от сексуального насилия в детстве, то после этого, вероятно, стали чувствовать себя беспомощными, нечистыми и виноватыми. Эти убеждения, возможно, перешли с вами и во взрослую жизнь. Если вы решили, что Бог не захотел вам помочь, то, скорее всего, сомневаетесь в Его любови к вам и своем спасении.

Твердыни в нашем разуме, образованные вследствие тяжелых переживаний, искажают наше понимание как Бога, так и самих себя. ▶ Мы остаемся рабами прошлого не из-за травмы, но из-за обмана, которому поверили в результате нее. Помните про колеи на мокром поле? Так ложное убеждение прокладывает подобные колеи в наших умах. Если мы не станем активно сопротивляться, решив верить правде, наша плоть будет направлять наши мысли по тем же старым путям.

▶ Дети Божьи не продукты своего прошлого. Они результат распятого и воскресшего Христа. Никто не может исправить того, что было, но мы можем быть свободными от его влияния. Можем пересмотреть наше прошлое с точки зрения того, кто мы теперь во Христе. С этой позиции истины мы в состоянии получить Божью свободу, если простим от всего сердца тех, кто причинил нам боль.

Душевные раны прошлого

Мы не продукты своего прошлого. Мы результат распятого и воскресшего Христа.

Никто не изменит того, что было. Но мы можем стать свободными от этого, если выберем простить от всего сердца.

[Прочитайте текст].

Помню, держал я в плотно сжатом кулаке горстку пепла, пепла от ожога, опалившего мое десятилетнее тело, пепла, которого я не просил. Этот ожог мне нанесли другие люди, и целых семнадцать лет огонь тлел. Втайне я продолжал сжимать кулак, ненавидя тот пепел и вместе с тем не желая его выбросить; я не был уверен, как поступить, сомневался, что пепел нужно выбросить, и пачкал все, к чему прикасался, оставляя повсюду черные следы. Я пытался это исправить, но пепел всегда был со мной и напоминал мне о том, чего я не мог сделать. Я действительно не мог, но Бог мог. Однажды ночью Его ласковый Дух Святой заговорил с моим сердцем, умывающимся слезами отчаяния. Он прошептал: «Я хочу дать тебе красоту вместо пепла, елей радости вместо печали, одежду хвалы вместо унылого духа». Я никогда не слышал о такой сделке, как эта — обмен моего пепла на Его красоту, моих грустью окрашенных воспоминаний на исцеление Его Словом, моих черных, как сажа, снов на Его песни в ночи, моих беспомощных и больных чувств на Его вечный мир в душе. Мог ли я быть таким упрямым, чтобы отказаться от такого предложения? Уже желая, но, все еще медля и всхлипывая, я открыл зажатые пальцы, и позволил пеплу упасть на землю. В тишине, я услышал, как ветер унес его прочь, прочь от меня навсегда. Теперь я могу ласково охватить своими открытыми ладонями зажатый кулак другой больной души и с уверенностью сказать: «Отпусти... И ты увидишь красоту, превосходящую всякое описание».

Сделайте этот шаг. Доверьтесь Ему. Он даст вам красоту взамен пепла. Возможно ли такое? Да. Это и есть Евангелие — Благая Весть Христа. ▶

 ## СВИДЕТЕЛЬСТВО

Было бы лучше, если бы нехристиане не замечали, что вы испытываете гнев, тревогу или угнетенность? Почему? Почему нет?

 ## НА СЛЕДУЮЩЕЙ НЕДЕЛЕ

Поразмышляйте над эмоциональной жизнью апостола Петра. Во-первых, рассмотрите некоторые ситуации, когда он позволял своим чувствам брать верх и действовал или говорил сгоряча (Мф. 16:21–23; Мф. 17:1–5; Ин. 18:1–11). Во-вторых, обратите внимание на то, как Иисус смог сквозь эти эмоциональные всплески увидеть настоящий потенциал Своего ученика (Мф. 16:17–19). И как Петр, исполненный Духом Святым, смог так пламенно выступить перед многотысячной толпой, что больше трех тысяч человек присоединились к церкви (Деян. 2:14-41). Ничто в вашем характере не может быть настолько трудным, чтобы Бог был не в состоянии сделать из этого что-то особенно хорошее!

Занятие 9

ПРОЩЕНИЕ ОТ ВСЕГО СЕРДЦА

Занятие 9. Прощение от всего сердца

КЛЮЧЕВОЙ СТИХ:

Мф. 18:34–35: И, разгневавшись, государь его отдал его истязателям, пока не отдаст ему всего долга. Так и Отец Мой Небесный поступит с вами, если не простит каждый из вас от сердца своего брату своему согрешений его.

ЦЕЛЬ ЗАНЯТИЯ:

Понять, что является прощением, а что нет, и узнать, как прощать от всего сердца.

КЛЮЧЕВАЯ ИСТИНА:

Чтобы испытать свободу во Христе, нам необходимо относиться к людям так же, как к нам относится Бог — с полным прощением и принятием.

Заметки для ведущего

Эта часть курса фундаментальная. Большинство христиан знают, что должны прощать, однако, опыт показывает, что у многих в душе все еще живет непрощение. Одним кажется, что они пережили нечто особенное, не такое как у других, и поэтому не прощают. Другие, обманываясь, считают, что уже простили, хотя, на самом деле, просто спрятали непрощение глубоко внутрь и пытаются его игнорировать. Третьи ошибочно представляют, что не в состоянии простить или что тот, кто их обидел, прощения не заслуживает.

Многие люди не понимают, что такое прощение и почему Бог велит нам прощать. Если им это объяснить, большинство делают выбор искреннее простить ради своей собственной свободы и правильных отношений с Господом. Тем же, кто поверил лжи, что они не в состоянии простить, нужно при помощи Библии помочь узнать истину (Фил. 4:13), убедить их задуматься над вопросом, требует ли Бог от человека чего-то невозможного.

В конце занятия мы рекомендуем участникам в молитве попросить Духа Святого показать им тех, кого необходимо простить, и сказать Богу о своей готовности сделать это во время практического занятия «Шаги к Свободе во Христе». Этот процесс полезен, но важно его не затягивать. Если вы совмещаете данное занятие с прохождением «Шагов», то лучше всего провести его после второго «Шага», чтобы затем участники сразу перешли к третьему — «Прощение».

В конце этого занятия (стр. 190–191) вы найдете раздел «Шаги к прощению». Можно снять с него копии и раздать участникам.

РАСЧЕТ ВРЕМЕНИ ЗАНЯТИЯ:

ЗНАКОМСТВО	10 мин.	0:10
ПРОСЛАВЛЕНИЕ	10 мин.	0:20
СЛОВО. ЧАСТЬ 1	13 мин.	0:33
ПАУЗА ДЛЯ РАЗМЫШЛЕНИЯ 1	15 мин.	0:48
СЛОВО. ЧАСТЬ 2	11 мин.	0:59
ПАУЗА ДЛЯ РАЗМЫШЛЕНИЯ 2	30 мин.	1:29
СЛОВО. ЧАСТЬ 3	13 мин.	1:42
ПАУЗА ДЛЯ РАЗМЫШЛЕНИЯ 3	15 мин.	1:57
СЛОВО. ЧАСТЬ 4	3 мин.	2:00

 ЗНАКОМСТВО

Прочитайте Мф. 18:21–25 или разыграйте сценку, используя сценарий (стр. 74 и 75 «Руководства для участника» и стр. 192 «Руководства для ведущего»). Поставьте себя на место одного из героев и скажите, что в этой истории поражает вас больше всего.

 ПРОСЛАВЛЕНИЕ

Предлагаемая тема: Мы полностью прощены Богом.

Прочитайте вслух следующие отрывки:

«Посему да приступаем с дерзновением к престолу благодати, чтобы получить милость и обрести благодать для благовременной помощи» (Евр. 4:16).

«...в Котором мы имеем дерзновение и надежный доступ через веру в Него» (Еф. 3:12).

«Из глубины взываю к Тебе, Господи. Господи! услышь голос мой. Да будут уши Твои внимательны к голосу молений моих. Если Ты, Господи, будешь замечать беззакония, — Господи! кто устоит? Но у Тебя прощение, да благоговеют пред Тобою. Надеюсь на Господа, надеется душа моя; на слово Его уповаю» (Пс. 129:1–5).

После прочтения каждого отрывка подчеркивайте, что все сказанное относится не только к другим людям, но и ко всем собравшимся! Обратитесь персонально к нескольким присутствующим, например, так: «Марина, вы теперь можете смело приблизиться к престолу благодати».
Предложите участникам поблагодарить Бога за то, что эти стихи в самом деле относятся к ним.

 СЛОВО

Как вы думаете, что больше всего помогает сатане побеждать христиан? Оккультная деятельность? Секты и культы? Грехи плоти?

«А кого вы в чем прощаете, того и я; ибо и я, если в чем простил кого, простил для вас от лица Христова, чтобы не сделал нам ущерба сатана, ибо нам не безызвестны его умыслы»

Почему необходимо прощение?

Вспомните что-то плохое, причинившее вам вред.

[Сделайте паузу, пока участники думают, не просите никого делиться воспоминаниями].

Почему вам необходимо это простить? Давайте рассмотрим причины.

▶ Бог велит прощать (Мф. 6:9–15)

Мы все помним, как Христос учил нас молиться:

> Молитесь же так: Отче наш, сущий на небесах! да святится имя Твое; да приидет Царствие Твое; да будет воля Твоя и на земле, как на небе; хлеб наш насущный дай нам на сей день; и прости нам долги наши, как и мы прощаем должникам нашим.

Фраза «прости нам долги наши, как и мы прощаем должникам нашим» означает, что наши отношения с Богом неразрывно связаны с нашими отношениями с другими людьми. У нас не может быть правильных отношений с Богом, если наши отношения с окружающими неправильные.

Нужно научиться строить отношения с людьми на тех же принципах, на которых основано отношение Бога к нам.

Иисус продолжает:

> Ибо если вы будете прощать людям согрешения их, то простит и вам Отец ваш Небесный, а если не будете прощать людям согрешения их, то и Отец ваш не простит вам согрешений ваших.

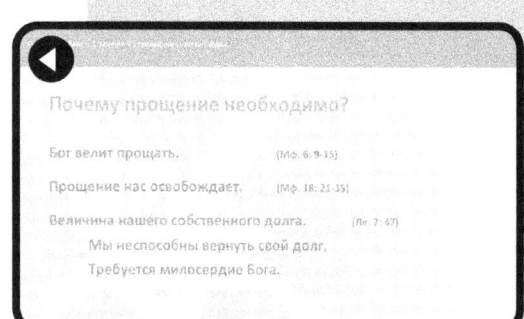

Эти слова нужно понять правильно. Бог по отношению к нам выступает в двух ролях: как Судья и как Отец. Если вы приняли Иисуса Христа как своего Спасителя, ваши грехи прощены и вам больше не нужно бояться Божьего суда — в вечной жизни вы будете с Господом. Здесь разговор идет о ваших отношениях с Богом как с Отцом. Если вы кого-то еще не простили, Он не даст вам душевного покоя, пока вы этого не сделаете. Ваша вечная жизнь — в безопасности, но под угрозой качество вашей жизни сейчас.

▶ Прощение дает свободу

Самое ясное учение о прощении мы находим в Мф. 18:21–35.

> Тогда Петр приступил к Нему и сказал: Господи! сколько раз прощать брату моему, согрешающему против меня? до семи ли раз? Иисус говорит ему: не говорю тебе: до семи раз, но до седмижды семидесяти раз (Мф. 18: 21–22).

Иисус не предлагает вам купить калькулятор и отсчитывать число прощений, пока оно не достигнет 78, а затем взять ружье и прострелить обидчику голову. Прощение необходимо ради вас самих. Бог не хочет, чтобы Его дети отравлялись горечью и были прикованы к прошлому.

▶ Величина нашего долга

Христос продолжает объяснение прощения притчей про царя и его должников:

> Посему Царство Небесное подобно царю, который захотел сосчитаться с рабами своими; когда начал он считаться, приведен был к нему некто, который должен был ему десять тысяч талантов; а как он не имел, чем заплатить, то государь его приказал продать его, и жену его, и детей, и всё, что он имел, и заплатить (Мф.18:23–26).

Прежде всего нам необходимо понять размер собственного долга перед Богом. В Евангелии от Луки (Лк. 7:36–46) есть история про фарисея под именем Симон, который устроил банкет, пригласив на него Иисуса. Узнав об этом, туда пришла женщина, ведущая греховную жизнь. Она подошла ко Христу и, плача, обливала его ноги слезами, отирала волосами, целовала и мазала миром. Это привело Симона в раздражение, и он подумал про себя: «...Если бы Он был пророк, то знал бы, кто и какая женщина прикасается к нему...» Тогда Иисус сказал: «Симон! Я имею нечто сказать тебе:... у одного заимодавца было два должника: один должен был пятьсот динариев, а другой пятьдесят, но... он простил обоим. Скажи же, который из них более возлюбит его?» Фарисей ответил: «...Думаю, тот, которому более простил...» Иисус сказал: «...Правильно ты рассудил... видишь ли ты эту женщину? Я пришел в дом твой, и ты воды Мне на ноги не дал, а она слезами облила Мне ноги...; ты целования Мне не дал, а она... не перестает целовать у Меня ноги; ты головы Мне маслом не помазал, а она миром помазала мне ноги».

После этого Христос добавил: «...Прощаются грехи ее

многие за то, что она возлюбила много, а кому мало прощается, тот мало любит». Те, кому прощено многое, любят много. Те, кому прощено мало, любят мало.

Нам нужно осознать, что перед лицом Бога «...вся праведность наша — как запачканная одежда...» (Ис. 64:6). Без Христа мы все осуждены. Нам всем простилось многое. Осознание этого дает способность любить и прощать других.

▶ Мы неспособны вернуть долг

В притче про царя и его должников говорится о долге слуги в десять тысяч талантов. По тем временам это была огромная сумма, далеко превышающая доход человека за всю жизнь. Используя аналогию с такой большой суммой денег, Иисус старается показать, что мы сами не в состоянии вернуть долг. Для решения проблемы необходим был другой путь.

Вы знаете, что ваш долг перед Богом был слишком большой, чтобы вы сами могли его погасить?

▶ Требуется милосердие Бога

«Тогда раб тот пал, и, кланяясь ему, говорил: государь! потерпи на мне, и все тебе заплачу» (Мф. 18:26).

Как должен был царь поступить со своим должником? Как должен был Бог поступить с нами? Свершить правосудие?

Ключевые понятия

▶ **Правосудие** — это справедливость. Оно предполагает воздаяние по заслугам. Бог справедлив, Он не может быть несправедливым или неправедным. Верша правосудие, Он мог нам дать только то, что мы заслуживаем — послать в ад.

Но Бог также милосерден, и Он нашел способ нас простить и принять. Заслуженное нами наказание пало на Христа. ▶ **Милосердие** – это не воздать по заслугам.

Нам сказано проявлять милосердие к другим так же, как Бог проявляет милосердие к нам (Лк. 6:36). Другими словами, мы не должны давать людям то, что они заслужили.

Но, как христианам, нам нужно идти еще дальше —

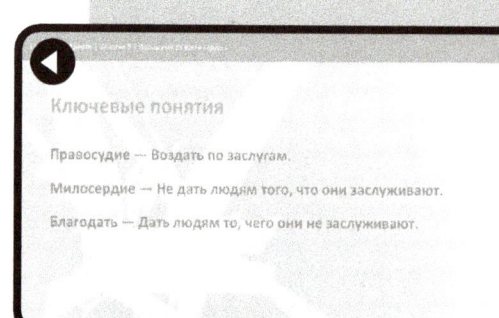

Ключевые понятия

Правосудие — Воздать по заслугам.

Милосердие — Не дать людям того, что они заслуживают.

Благодать — Дать людям то, чего они не заслуживают.

любить других и давать им то, чего они не заслуживают.

▶ **Благодать** — это дать людям то, чего они не заслуживают.

Все начинается с отношений, которые Бог установил с нами: мы получили даром, должны даром и давать (Мф. 10:8). Мы должны относится к другим так же, как Бог относится к нам.

ПАУЗА ДЛЯ РАЗМЫШЛЕНИЯ 1

ЗАДАЧА:

ПОКАЗАТЬ, ЧТО У ВСЕХ НАС ПЕРЕД БОГОМ БЫЛ ДОЛГ, ВЕРНУТЬ КОТОРЫЙ МЫ БЫЛИ НЕ В СОСТОЯНИИ, НО ОН ЭТОТ ДОЛГ ПРОСТИЛ. ПОЭТОМУ НАШЕ ОТНОШЕНИЕ К СВОИМ ОБИДЧИКАМ ДОЛЖНО СТРОИТЬСЯ НА ТОЙ ЖЕ ОСНОВЕ, ЧТО И ОТНОШЕНИЕ БОГА К НАМ.

▶ ВОПРОСЫ:

ЛЮДЯМ ИНОГДА КАЖЕТСЯ, ЧТО ИХ ГРЕХИ НЕ ТАКИЕ УЖ БОЛЬШИЕ, ВЕДЬ У ДРУГИХ БЫВАЮТ И ХУЖЕ. ЧТО ВЫ ДУМАЕТЕ ПО ЭТОМУ ПОВОДУ?

СКОЛЬКО ВАМ ПРОЩЕНО? МНОГО ИЛИ МАЛО? ПОЧЕМУ ВЫ ТАК СЧИТАЕТЕ?

Послушайте продолжение притчи про долг слуги (стих 28):

> Государь, умилосердившись над рабом тем, отпустил его и долг простил ему. Раб же тот, выйдя, нашел одного из товарищей своих, который должен был ему сто динариев...

Один динарий можно было заработать за день — то есть долг товарища равнялся трехмесячному заработку, не так уж и мало, но несравнимо меньше прощенного царем долга.

Прощение закрывает врагу доступ в нашу жизнь (2 Кор. 2:10–11)

▶ …И, схватив его, душил, говоря: отдай мне, что должен. Тогда товарищ его пал к ногам его, умолял его и говорил: потерпи на мне, и всё отдам тебе. Но тот не захотел, а пошел и посадил его в темницу, пока не отдаст долга. Товарищи его, видев происшедшее, очень огорчились и, придя, рассказали государю своему всё бывшее. Тогда государь его призывает его и говорит: злой раб! весь долг тот я простил тебе, потому что ты упросил меня; не надлежало ли и тебе помиловать товарища твоего, как и я помиловал тебя? И, разгневавшись, государь его отдал его истязателям, пока не отдаст ему всего долга.

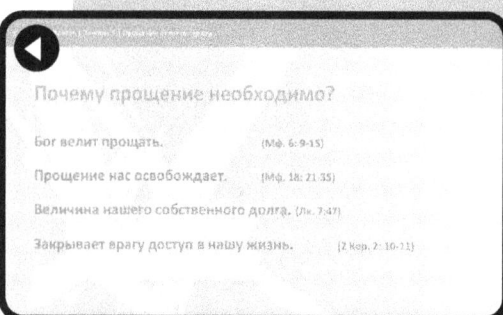

▶ Слово «истязание» здесь подразумевает душевные муки. То же самое слово в греческом оригинале используется в словах демона, когда тот просит Иисуса: «…заклинаю Тебя Богом, не мучь меня!» (Мк. 5:7).

Иисус заканчивает притчу словами:

«**Так и Отец Мой Небесный поступит с вами, если не простит каждый из вас от сердца своего брату своему согрешений его**» (Мф. 18:35).

Христос пытается предостеречь нас о том, что, если мы не простим от всего сердца, то сами будем испытывать душевные муки. Другими словами, мы позволим врагу проникнуть в нашу жизнь и влиять на нее.

Что значит простить от всего сердца?

Это не должны быть просто слова «Я прощаю того-то и того-то». Чтобы простить по-настоящему, нужно посмотреть в лицо своей обиде и боли и признать то, что мы чувствуем.

▶ Может быть, вам поможет следующая молитва: **Господи, я делаю выбор простить** _____(имя человека) **за** _____ (то, что он сделал или не сделал), **что заставило меня чувствовать**_____(вслух перечислите Богу каждое болезненное переживание, связанное с этим событием).

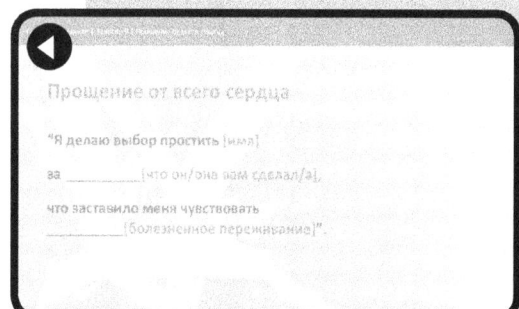

Не торопитесь! Дайте Духу Святому напомнить вам о каждой нанесенной ране. Мы должны позволить Богу проникнуть в самую глубину нашего сердца, где необходимо исцеление.

Мы прощаем других (Еф. 4:31–32), однако процесс прощения происходит между нами и Богом

▶ Нам необходимо понять один из ключевых моментов проблемы прощения: хотя мы и прощаем других, основной вопрос прощения стоит не между нами и людьми. ▶ А между нами и Богом, Который велит нам прощать.

Чтобы простить другого человека, нет необходимости идти к нему и говорить об этом. Все происходит только между нами и Господом. Ситуация меняется, если мы кого-то обидели сами. Иисус, наставляя своих учеников, сказал: «…если ты принесешь дар твой к жертвеннику и там вспомнишь, что брат твой имеет что-нибудь против тебя, оставь там дар твой…, и пойди прежде примирись с братом твоим…» (Мф. 5:23, 24). Обидев кого-то, мы сами идем к тому человеку, просим у него прощения и стараемся сделать все от нас зависящее для примирения.

Однако если кто-то ранил вас, вы идете не к нему, вы идете к Отцу. Ваше прощение не зависит от обидчика, оно только между вами и Богом. Если вы задумаетесь над этим, то увидите логику, потому что ваша свобода не может зависеть от людей — в противном случае ее нельзя гарантировать.

После того как вы простили, можете с тем человеком помириться. С другой стороны, можете и не помириться — это зависит не только от вас. Помирились вы или нет не имеет значения, поскольку вы сделали самое главное — лишили врага возможности держать вас в узах горечи и непрощения. Вы стали свободными.

Мы прощаем, чтобы избавиться от боли

▶ Вы прощаете ради самого себя. Вы можете сказать: «Не представляете, какую боль причинил мне этот человек!» Но разве вы не видите, что вашим непрощением позволяете ему и сейчас продолжать ранить вас? Как можно избавиться от этой боли? Только прощением.

Представьте женщину, муж которой оставил ее ради другой. Это очень болезненно, мы не хотим умалять глубину ее страдания. Женщина говорит: «Я не готова его простить ». На самом деле ее слова означают: «Держа на него гнев, я ему мщу за то, что он сделал». Ее бывший муж, возможно, путешествует по всему свету, развлекается, наслаждается жизнью. То, что она проводит время в горечи и обиде не ранит никого, кроме нее самой.

▶ Это как проходить мимо рыбака и зацепиться щекой за крючок. Случившееся не ваша вина, но вы на крючке у другого человека, и это причиняет вам боль. Как избавиться от боли? Оставить крючок на месте? Нет. Вытащить его!

Нам кажется что, если мы простим, то позволим обидчику «сорваться с крючка». Однако, не прощая, мы сами остаемся на крючке своей боли и своего прошлого. Крючок в нас самих!

Горечь и непрощение — это как яд, проглоченный нами в надежде, что умрет кто-то другой.

ПАУЗА ДЛЯ РАЗМЫШЛЕНИЯ 2

ЗАДАЧА:

ПОДГОТОВИТЬ УЧАСТНИКОВ К «ШАГУ ПРОЩЕНИЯ» В ПРАКТИЧЕСКОМ ЗАНЯТИИ «ШАГИ К СВОБОДЕ ВО ХРИСТЕ». ДЛЯ ЭТОГО ИМ НЕОБХОДИМО ПОНЯТЬ ЧТО, ДЛЯ ИСКРЕННЕГО ПРОЩЕНИЯ НУЖНО ПОЗВОЛИТЬ БОГУ ПРОНИКНУТЬ В САМУЮ ГЛУБИНУ ИХ СЕРДЕЦ, ГДЕ И ПРОИЗОЙДЕТ ЭМОЦИОНАЛЬНОЕ ИСЦЕЛЕНИЕ.

▶ ВОПРОСЫ:

ЧТО НОВОГО ДЛЯ СЕБЯ ВЫ УЗНАЛИ ИЗ ПРОСЛУШАННОГО МАТЕРИАЛА?

НИКТО ИЗ НАС НЕ ХОЧЕТ БЕРЕДИТЬ СТАРЫЕ РАНЫ. ПОЧЕМУ, ПО ВАШЕМУ МНЕНИЮ, ДЛЯ ИСКРЕННЕГО ПРОЩЕНИЯ ВСЕ-ТАКИ НЕОБХОДИМО ЭТО СДЕЛАТЬ? ЕСЛИ ВЫ НЕ СОГЛАСНЫ С ПОДОБНЫМ УТВЕРЖДЕНИЕМ, ТО ПОЧЕМУ?

ПРОБЛЕМА ПРОЩЕНИЯ СТОИТ НЕ МЕЖДУ НАМИ И ОБИДЧИКОМ, А МЕЖДУ НАМИ И БОГОМ. ПОЧЕМУ МЫ НЕ ВСЕГДА ЭТО ЧУВСТВУЕМ?

ПОЧЕМУ ПРИ НЕПРОЩЕНИИ НЕ ОБИДЧИК, А САМА ЖЕРТВА ПРОДОЛЖАЕТ ЧУВСТВОВАТЬ БОЛЬ?

Что значит простить?

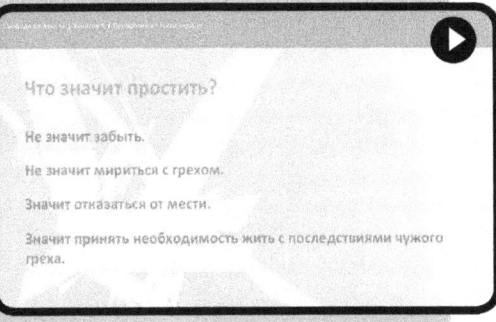

▶ Простить не значит забыть

Простить не значит забыть обиду. Вы скажете: «Но ведь Бог забывает». В Библии на самом деле сказано: «...потому что Я прощу беззакония их и грехов их уже не воспомяну более» (Иер. 31:34). «Не воспомяну» не означает, что Бог забывает. Он Всезнающий и не может забыть, даже если захочет. Он говорит, что удалил от нас беззакония наши так далеко, как восток от запада (Пс. 102:12). Эти слова подразумевают, что Господь не будет использовать наше прошлое против нас.

Если муж говорит жене: «Два года назад ты сделала то-то и то-то», что, на самом деле, говорят его слова? «Я тебя не простил. Я все еще держу в сердце обиду и использую прошлое против тебя». Поэтому частью нашего прощения является решение: «Я собираюсь отпустить обиду. Я больше не буду держаться за прошлое, напоминать о нем и использовать его против тебя».

Нам нужно отпустить, а не забыть. Просто пытаясь забыть обиду, мы никогда не избавимся от боли.

▶ Не мириться с грехом

Прощение не означает, что мы проявим терпимость к греху. Прощает ли Бог? Да. Терпит ли Он грех? Нет, Бог не может мириться с грехом.

Например, что делать женщине, которую постоянно бьет муж? В прошлом некоторые церкви рекомендовали жертвам такого насилия «идти домой и смириться». А если тот же мужчина побьет в церкви кого-то другого? Или бить свою жену считается нормальным? Подобное поведение вдвойне неправильно, поскольку женщину бьет не кто-то, а мужчина, которому Бог сказал заботиться о ней и защищать ее.

Конечно, в Библии сказано, что женам нужно быть смиренными, но это далеко не все. В 1 Пет. 2:13-18 и Рим. 13:1-7 также говорится о подчинении тем, кто поставлен у власти. Правительство, в свою очередь, ввело в действие определенные законы. Будет правильно простить человека, причинившего вам страдания, но, при необходимости, все равно решить передать его в руки правосудия и дать действовать закону. Насилие имеет тенденцию продолжаться, пока его кто-нибудь не остановит.

Вы имеете полное право или остановить грех, руководствуясь библейскими принципами, или самому уйти из сложившейся ситуации. Ни то ни другое прощению не противоречит.

Одна женщина понимала, что ей необходимо простить свою мать. Она говорила: «Я пытаюсь, но каждый раз, когда я ее навещаю, она продолжает меня критиковать и унижать». Такое поведение нужно остановить. Кто-то спросит: «Но разве ей не положено уважать и почитать своих родителей?» Однако уважение к матери не означает позволить разрушить семью дочери негативным влиянием. Что можно сделать в подобном случае? Этой женщине нужно сказать: «Мама, я хочу, чтобы ты знала, что я тебя люблю и молюсь за тебя, но я больше не хочу мириться с твоими оскорблениями. То, что ты делаешь, разрушает мою жизнь и мою семью. Если ты будешь продолжать обращаться со мной подобным образом, то я буду вынуждена избегать встреч с тобой».

▶ Отказаться от мести

Прощение — это отказ от желания отомстить. Значит ли это, что мы должны не обращать внимание на причиненное нам зло и притвориться, что ничего не случилось? Для многих эта мысль является камнем преткновения на пути к прощению: ведь если простить, это будет значить, что произошедшее было не важно. На самом деле это не так.

Бог ни в коем случае не попросит вас закрыть глаза на случившееся, как будто оно не имеет значения. На самом деле все наоборот. Если вы отдадите дело в Его руки, Он обязательно проследит, чтобы ничего не было скрыто.

Главной причиной нежелания отпустить обиду, является жажда торжества справедливости. Мы хотим быть отомщенными.

Послушайте внимательно, что написано в Библии по этому поводу:

«Не мстите за себя, возлюбленные, но дайте место гневу Божию. Ибо написано: Мне отмщение, Я воздам, говорит Господь» (Рим. 12:19).

Простив, вы отдаете правосудие в руки Творца с уверенностью, что причиненное вам зло будет полностью отплачено.

Ничего не будет скрыто. Бог потребует справедливой платы за каждую нанесенную вам рану. Тот, кто совершил против вас грех, будет стоять перед Божьим судом и держать ответ за свое деяние. Если человек покаялся и пришел к вере, содеянный проступок будет омыт кровью Христа. В противном случае обидчик будет судим Богом. «Я воздам» — говорит Господь.

Вы можете сделать выбор доверить Богу свою ситуацию, отдать Ему всю свою боль и требования правосудия, зная, что с Ним справедливость обязательно восторжествует. В то же время вы сами будете жить в свободе.

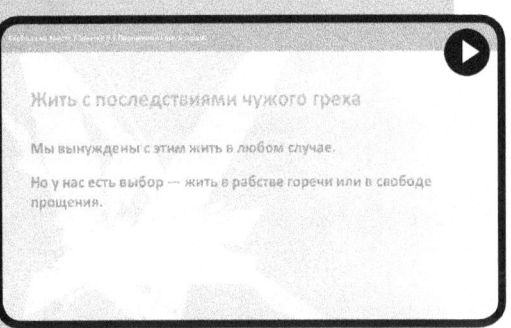

Жить с последствиями чужого греха

Мы вынуждены с этим жить в любом случае.

Но у нас есть выбор — жить в рабстве горечи или в свободе прощения.

▶ Принять необходимость жить с последствиями чужого греха

▶ Прощение — это, в том числе, принятие неизбежности жизни с последствиями чужого греха. Вы можете сказать: «Но ведь это несправедливо!» Конечно, несправедливо, но вам все равно придется с этим жить. Мы все живем с последствиями непослушания Адама и в той или иной мере страдаем от грехов других людей.

Однако у нас есть выбор — жить в рабстве горечи или в свободе прощения.

ПАУЗА ДЛЯ РАЗМЫШЛЕНИЯ 3

ЗАДАЧА:

ОСОЗНАТЬ, ЧТО ПРОСТИТЬ НЕ ЗНАЧИТ ЗАКРЫТЬ ГЛАЗА НА СЛУЧИВШЕЕСЯ И СЧИТАТЬ, ЧТО ОНО НЕ ИМЕЕТ ЗНАЧЕНИЯ ИЛИ ЧТО ОБИДЧИКУ ВСЕ СОЙДЕТ С РУК. ПОНЯТЬ, ЧТО МЫ ПРОЩАЕМ РАДИ СОБСТВЕННОЙ СВОБОДЫ И КАЧЕСТВА СВОИХ ОТНОШЕНИЙ С БОГОМ.

▶ ВОПРОСЫ:

КАК ЭТО ЗАНЯТИЕ ИЗМЕНИЛО ВАШ ВЗГЛЯД НА ПРОЩЕНИЕ?

КОГДА В СЛЕДУЮЩИЙ РАЗ КТО-НИБУДЬ ВАС ОБИДИТ, СМОЖЕТЕ ЛИ ВЫ ПРОСТИТЬ ЕГО БЫСТРЕЕ, ЧЕМ РАНЬШЕ?

ЕСЛИ ВЫ ПРОСТИТЕ, ПОЛУЧИТ ЛИ ВАШ ОБИДЧИК КОГДА-НИБУДЬ ПО СПРАВЕДЛИВОСТИ? КАКИМ ОБРАЗОМ?

Заключение

▶ Простить — это отпустить пленника и затем понять, что, на самом деле, пленником были вы сами. Это вопрос между вами и Богом. Он велит вам простить, потому что любит вас. Он знает, что горечь непрощения вредит вам и окружающим вас людям, мешает вам обрести полноту жизни во Христе.

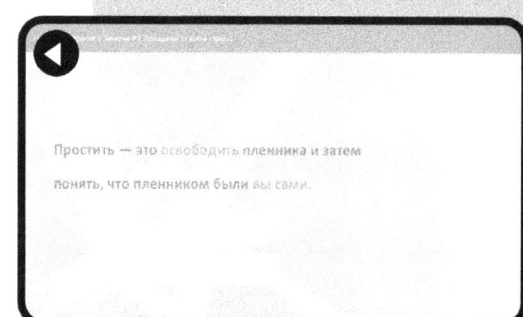

У вас будет возможность разобраться с этой проблемой во время прохождения третьего «Шага» на занятии «Шаги к Свободе во Христе». Попросите Духа Святого показать, кого вам необходимо простить, и затем простите.

Помните, что вопрос прощения не в том, кто прав, а кто виноват. Простить — значит очистить свою жизнь от мусора. И это нужно ради вас, а не человека, причинившего вам боль.

Давайте закончим молитвой, попросив Духа Святого приготовить наше сердце к тому, чтобы на следующем занятии мы смогли простить тех людей, на которых Он

нам укажет.

[Помолитесь примерно так: «Господи, покажи, пожалуйста, есть ли кто-то в моей жизни, кого необходимо простить, чтобы я мог жить в свободе, которую Ты мне даровал »]. ▶

Дайте участникам несколько минут тишины, затем попросите их произнести молитву. После этого попросите встать или поднять руку тех, кто принял решение на следующем занятии «Шаги к Свободе во Христе» совершить акт прощения.

 ## СВИДЕТЕЛЬСТВО

Как может отнестись человек, не знающий Бога, к вопросу прощения? Как вы объясните ему проблему прощения?

 ## НА СЛЕДУЮЩЕЙ НЕДЕЛЕ

Попросите Духа Святого подготовить ваше сердце к прохождению «Шагов к Свободе во Христе», открывая, в каких сферах вашей жизни есть нерешенные проблемы.

Шаги к прощению

[Эти страницы можно скопировать для раздачи участникам].

1. Попросите Бога открыть вам, кого необходимо простить

Попросите Духа Святого проникнуть в глубину вашего сердца и показать вам тех, кого необходимо простить. Запишите их имена на отдельном листке бумаги. Составьте список всех людей, приходящих на ум. Даже если вам кажется, что прощать некого, все равно попросите Господа напомнить. Два имени, о которых большинство участников забывают, это собственное и самого Бога.

Прощение себя. Для многих людей, особенно перфекционистов, труднее всего простить самих себя. Вам нужно принять Божье прощение и отказаться слушать обвинения дьявола. Хорошо помогает произнесение вслух подобной фразы: «Я прощаю себя за (список всего, что вы имеете против себя) и снимаю себя "с крючка"».

Прощение Бога. Прощение Бога понять труднее, поскольку Он благой и плохого не делает никогда. Он всегда руководствуется нашими интересами.

И если вы вините Создателя за то, что вам причинили другие люди или дьявол, то вы совсем не поняли Божий план для своей жизни. Вам кажется, что вас подвел Бог.

Многие разочаровываются в Господе или даже сердятся на Него, если не получают ответа на свои молитвы. Люди кричат о помощи, но не могут ее дождаться, и им кажется, что Богу нет до них дела или Он о них забыл. Обычно признаться в подобных чувствах трудно. Но Отец и без слов знает и понимает то, что мы чувствуем, и у Него достаточно большое сердце, чтобы быть снисходительным к нашим слабостям.

Если вам сложно сказать Богу, что вы Его прощаете, скажите такую фразу: «Я отказываюсь от необоснованных ожиданий, а также от мыслей и чувств, которые у меня были против Тебя».

2. Признайте наличие боли и обиды

Иисус учил нас прощать от всего сердца. Это намного большее, чем просто сказать «Я прощаю» и притвориться, что мы разобрались с проблемой. Чтобы искренне простить, нам нужно посмотреть в лицо своей боли и обиде. Люди часто пытаются подавить эмоциональную боль, но, чтобы от нее избавиться, нужно сначала поднять ее на поверхность.

3. Поймите значимость креста

Христос умер за вину всех людей (Евр. 10:10). Он уже взял на Себя наши грехи и грехи обидевшего нас человека. Когда ваше сердце кричит: «Это несправедливо!», вспомните, что справедливость — на кресте. Крест делает прощение законным и морально правильным.

4. Решите, что вы понесете бремя греха вашего обидчика

Вам нужно принять решение не напоминать обидчику про его грех против вас. «Прикрывающий поступок ищет любви; а кто снова напоминает о нем, тот удаляет друга» (Прит. 17:9). Это не значит, что вам никогда не следует давать показания в суде. Однако если вам придется это сделать, то не с горечью и непрощением, а простив всем сердцем.

5. Примите решение простить

Прощение — это волевое решение. Если вы будете дожидаться, когда почувствуете желание простить, вы, скорее всего, никогда этого не сделаете. Вам может казаться, что вы не в состоянии простить. Но повелит ли Бог сделать то, что вам не под силу? Когда Он говорит, что вы все можете в укрепляющем вас Иисусе Христе (Фил. 4:13), так это или нет? Вам необходимо сделать сознательный выбор: будете вы продолжать купаться в горечи, прикованные к прошлому, давая врагу лазейку в ваш разум; или избавитесь от этого раз и навсегда?

Вы принимаете решение простить, и, делая подобный выбор, соглашаетесь жить с последствиями греха, совершенного против вас. Вы отдаете эту ситуацию в руки Бога и доверяете Ему Самому вершить правосудие. Принесите вашу боль к подножию креста и оставьте ее там.

Врата ада не одолеют Царства Божьего. Никто не может помешать вам стать таким, каким Бог создал вас. Только вы сами. Простите, будьте милосердными и любите так, как Спаситель любит вас. Отпустите обидчика, продолжайте жить и наслаждайтесь свободой во Христе.

6. Отдайте свой список Богу

Начните прощение с первого человека в списке. Например, называя своего отца, скажите «Господи, я делаю выбор простить своего отца» и затем перечислите все, за что вы его прощаете. Не переходите к следующему человеку до тех пор, пока не вспомните все обиды, и старайтесь быть как можно более конкретными. Затем сделайте еще один шаг и признайте, какие чувства случившееся заставило вас испытать: «Я выбираю простить отца за то, что он оставил нас, что заставило меня чувствовать себя брошенным».

Часто в этот момент у человека появляются слезы, но цель нашего процесса не вызвать эмоции. Самое главное – проработать каждую ситуацию, вызвавшую боль. Одна женщина сказала: «Я не могу простить свою мать. Я ее ненавижу». Важно, что дочь осознала свои истинные чувства. После этого у нее появилась возможность простить. Не признавшись себе в ненависти к матери, она никогда не смогла бы ее простить.

Прощая каждого человека из своего списка, вслух произнесите такие слова: «Господи, я избираю простить _____ (имя человека) за _____ (то, что он сделал или не сделал), что заставило меня чувствовать_____(вслух перечислите Богу каждое болезненное переживание, связанное с этим событием)».

Обращайте особое внимание на то, что говорите после фразы «заставило меня чувствовать». Возможно, вы заметите, что одно и то же слово повторяется несколько раз (например, «брошенным», «глупым», «грязным»). Это может указывать на наличие твердынь, образовавшихся в результате прошлых переживаний. Подобные твердыни можно разрушить. Для этого вам необходимо вслух отвергнуть ложь и утвердить истину, сказав, например, следующее: «Я отвергаю ложь, что я глупый. Я утверждаю истину, что я имею ум Христа (1 Кор. 2:16). «Я отвергаю ложь, что я брошенный. Я утверждаю истину, что Бог никогда меня не оставит и не покинет (Евр. 13:5). На десятом занятии курса «Свобода во Христе» будет предложена специальная стратегия разрушения твердынь («Разрушитель твердынь»), позволяющая сделать это эффективно.

7. Разорвите список

Вы теперь свободны от обидевших вас людей и событий прошлого.

8. Не ожидайте, что после того, как вы человека простите, он обязательно изменится

Прощение нужно прежде всего для вас самих и ваших отношений с Богом. Молитесь за тех, кого вы простили, чтобы они получили благословение и также обрели свободу (Мф. 5: 44; 2 Кор. 2:7).

9. Постарайтесь понять прощенного вами человека

Полезно понять, через что пришлось пройти обидчику, но не заходите так далеко, чтобы оправдывать то, что он сделал. Понять его не значит признать, что случившееся не столь важно, потому что оно важно.

10. Ожидайте положительного влияния прощения на вас самих

Самое главное в прощении — это стать свободным. Однако, как результат освобождения, придут и положительные изменения в душевном состоянии, в ваших чувствах. Обратите особое внимание на обновление своего ума: старый негативный образ мышления должен замениться на новый, основанный на истине.

11. Поблагодарите Бога за то, чему вы научились и как возросли в вере

Вы теперь свободны жить полноценной жизнью христианина и духовно расти.

12. Признайте свою долю вины

Если вы знаете, что в случившимся есть и ваша вина, признайтесь и сделайте шаги к примирению. При этом не вспоминайте грехи другого, не обвиняйте его.

Сценарий (по Мф. 18:21–35)

Персонажи: Иисус, Петр, господин, первый слуга, второй слуга.

Петр	Господи, сколько раз должен я прощать брата, если он передо мной провинится? Семь раз?»
Иисус	Нет, не семь, а семьдесят раз по семь.
	Вот с чем можно сравнить Царство Небесное. Представьте себе: некий царь решил потребовать у своих слуг отчета. Когда начались денежные расчеты, к нему привели одного человека, который был должен ему десять тысяч талантов серебра. Так как вернуть эти деньги он не мог, то господин приказал продать в рабство для уплаты долга и его самого, и его жену, и детей, и все имущество.
	Слуга, простершись перед ним ниц:
Первый слуга	Потерпи с моим долгом! Я все тебе верну!
Иисус	Господин сжалился над слугой, отпустил его и простил ему долг. Слуга, уйдя, встретил одного из своих собратьев, который был должен ему всего-навсего сто денариев. Он схватил его за горло и стал душить:
Первый слуга	Верни мне долг!
Иисус	Тот, упав на колени, молил его:
Второй слуга	Потерпи, я верну!
Иисус	Но он не согласился, а бросил его в тюрьму — до тех пор, пока не вернет долг. Другие слуги, увидев это, сильно огорчились, пошли и доложили обо всем, что произошло, своему господину.
	Тогда господин, призвав его, говорит:
Хозяин	Негодный раб! Ты просил меня, и я простил тебе весь твой долг. Разве не должен был и ты проявить милосердие к собрату, как я проявил к тебе?
Иисус	Разгневанный господин велел пытать его до тех пор, пока тот не отдаст весь свой долг. Так и Мой Небесный Отец поступит с вами, если не простите брата от всего сердца».

Шаги к Свободе во Христе

Проведение практического занятия «Шаги к Свободе во Христе»

КЛЮЧЕВОЙ СТИХ:

Иак. 4:7: Итак, покоритесь Богу; противостаньте диаволу, и убежит от вас.

ЦЕЛЬ ЗАНЯТИЯ:

Провести участников через процесс покаяния, чтобы они смогли разрешить свои личные и духовные конфликты посредством подчинения Богу и противостояния дьяволу, тем самым обретая свободу во Христе (Иак. 4:7).

Помочь людям распознать ложь, в которую они верили, и предпринять шаги к обновлению своего сознания.

КЛЮЧЕВАЯ ИСТИНА:

Христос даровал нам свободу, но, не совершив искреннего покаяния, мы не сможем ощутить ее в своей жизни.

Исповедование грехов (признание в том, что мы сделали плохого) — первый шаг к покаянию, но этого недостаточно.

Мы также должны покориться Богу и противостать дьяволу. Нам необходимо выбрать, во что мы собираемся верить, и принять решение изменить свою жизнь. Если мы хотим обрести свободу и возрастать во Христе, мы должны отречься от старых ложных убеждений и грехов, провозгласить свой выбор верить в то, что Бог называет истиной, и начать жить в соответствии с этим решением.

Заметки для ведущего

Заметки для ведущего в этом занятии отличаются от других занятий тем, что они предназначены в первую очередь для самих ведущих, а не для участников. В вашем распоряжении есть презентация, где вы найдете вводный слайд для каждого Шага, а также совместные молитвы и провозглашения.

Каждому участнику нужно иметь свой экземпляр буклета «Шаги к Свободе во Христе».

Мы настоятельно рекомендуем всем слушателям нашего курса пройти процесс «Шаги к Свободе во Христе» – мягкий и спокойный способ разрешения личных и духовных конфликтов. Одного теоретического обучения недостаточно, поскольку присутствие внутренних конфликтов и твердынь в разуме помешает участникам глубоко осознать истину, преподаваемую на этом курсе.

Последовательность прохождения процесса «Шагов» простая: участники просят Духа Святого указать им на аспекты жизни, в которых требуется покаяние, и затем делают выбор покаяться. «Шаги» также позволяют людям обнаружить те ложные убеждения, в которые они поверили и согласно которым живут. Слушателям полезно записывать то, что им будет открывать Бог. Это поможет на следующем занятии, когда они будут осваивать стратегию обновления своего ума.

Прежде чем проводить практическое занятие, мы рекомендуем каждому лидеру курса прочитать материал для ведущего в настоящем руководстве и инструкции в буклете «Шаги к Свободе во Христе».

Введение

Проведение людей через «Шаги к Свободе во Христе» доставляет ведущим много радости. Этот простой и недраматичный процесс может, тем не менее, вызвать огромные положительные изменения в жизни людей. Многие христиане считают свой опыт обретения свободы во Христе вторым по значимости после своего обращения.

Не нужно нервничать насчет проведения занятия. Вы просто содействуете встрече тех, кто ищет свободу, и Того, Кто ее дает — Иисуса Христа, Чудного Советника.

Ниже вы найдете всю необходимую информацию о проведении процесса «Шаги к свободе во Христе».

Различные подходы к проведению людей через «Шаги»

Участникам должна быть предоставлена возможность пройти «Шаги к Свободе во Христе» между 9 и 10 занятием. Есть два способа проведения «Шагов», и вы должны решить, какой лучше подойдет в вашем случае:

1. Индивидуальное «занятие по освобождению»

Это идеальный вариант. Каждый человек проходит «Шаги» с помощью наставника и молитвенного партнера. Процесс, как правило, занимает от трех до шести часов. Это всегда вдохновляет и укрепляет веру, когда люди готовы признаться в своих грехах друг перед другом и молиться друг за друга (см. Иак. 5:16). Наставнику и молитвенному партнеру не нужно обладать никакими особыми навыками. Необходима лишь зрелость во Христе и понимание библейских принципов свободы. Для более подробной информации об индивидуальном прохождении «Шагов», пожалуйста, прочитайте приведенный ниже раздел «Три ключевых принципа», а также материал на стр. 199.

2. Прохождение «Шагов» группой в выездной день

Хорошо работает и способ прохождения «Шагов» всей группой одновременно. Для этого лучше всего арендовать помещение вдали от церкви и выехать туда на целый день или на выходные. В программу дня включите время прославления. Вам нужно взять с собой несколько подготовленных помощников, которые, при необходимости, смогли бы оказать участникам индивидуальную помощь. Прохождение «Шагов» в выездной день удобно совместить с Занятием 9 («Прощение от всего сердца»). Его лучше всего провести непосредственно перед «Шагом 3». Если вы делаете выезд на более длительное время, в вашу программу можно также включить Занятия 8 и 10.

Для более подробной информации о групповом выезде, пожалуйста, ознакомьтесь с тремя ключевыми принципами, приведенными ниже, а также с материалом на стр. 202.

Если вы выберете этот вариант, постарайтесь также предоставить участникам возможность индивидуальных встреч. Мы рекомендуем, чтобы все ваши помощники прошли индивидуальные «занятия по освобождению». Возможно, некоторым слушателям, имеющим глубокие проблемы, не хватит времени разобраться с ними в выездной день. Тогда им понадобится дополнительная встреча. Внимательно наблюдайте, как они будут справляться с процессом и, при необходимости, назначьте индивидуальное занятие на более позднее время.

Три ключевых принципа

В церкви существует два противоположных подхода к вопросу помощи людям с различными проблемами в жизни: первый использует исключительно терапевтические методы, игнорируя реальность духовного мира, тогда как второй, концентрируясь на духовном освобождении, не принимает во внимание психологические проблемы человека и его личную ответственность. Полноценного результата можно добиться, только объединив оба подхода и приняв во внимание все реалии человеческой жизни.

Процесс «Шаги к Свободе во Христе» обладает важными преимуществами:

•   Не нужны эксперты со специальной подготовкой. Ведущим может быть любой духовно зрелый христианин, сам живущий в свободе.

•   Дает устойчивые результаты, поскольку люди сами принимают все решения и берут личную ответственность за себя, а не их пастор или наставник.

•   Задействует разум человека.

•   Фокусом всего процесса является Иисус Христос и личное покаяние. Главный акцент не на сатане, а на Боге и наших с Ним отношениях. Семь «Шагов» — это семь ключевых моментов, которые необходимо разрешить в наших отношениях с Богом.

1. Свобода обретается не силовой борьбой, а встречей с истиной

До креста сатана был еще непобежденным врагом, и церковь еще не существовала. Верующие еще не родились свыше. В подобной духовной среде для борьбы с демоническим влиянием необходима была особая власть и сила от Бога. Иисус обладал такими властью и могуществом противостоять царству тьмы, которые Он передал сначала своим двенадцати ученикам (Лк. 9:1), а затем семидесяти последователям.

Сегодня мы живем в совершенно другой духовной обстановке. Теперь каждый верующий является новым творением во Христе и посажен с Ним на небесах.

Изгнание демонов более не обязанность какого-то специально подготовленного человека. Каждый верующий имеет одинаковый статус во Христе, и мы не можем за другого человека исповедовать грехи, каяться, верить, отрекаться, прощать, или брать личную ответственность. Возможно, поэтому в Посланиях апостолов нет никаких инструкций для изгнания бесов.

Христиане, несущие служение освобождения, основывают свои методы на Евангелиях, не учитывая, что там описываются события, происходившие в духовной среде до креста и воскресения. Служители пытаются вызвать демона, узнать его имя и звание и затем изгнать его из человека. При таком подходе освободителем является пастор или наставник, и информацию он получает от врага. Однако можем ли мы доверять демонам, ведь все они лжецы? В Библии сказано о сатане: «Он был человекоубийца от начала и не устоял в истине, ибо нет в нем истины. Когда говорит он ложь, говорит свое, ибо он лжец и отец лжи»
(Ин. 8:44).

Если вам удалось изгнать беса, какая у вас гарантия, что он не вернется обратно? Если сам человек не примет личную ответственность за свое освобождение, дело может закончиться тем, что свободное место займут семь других, хуже прежнего (Мф. 12:43–45).

В Посланиях, написанных после креста и воскресения, мы видим другой подход к обретению свободы для христианина. Во-первых, Освободителем является Христос. Во-вторых, информацию мы получаем из Слова Божьего и от Духа Святого, Который приводит нас к истине, и истина нас освобождает. Если мы будем пытаться противостоять дьяволу без подчинения Богу, результатом будет силовая схватка, в которой вы проиграете. С другой стороны, если мы подчинимся Богу, но не будем противостоять сатане, то останемся в рабстве, в котором, к сожалению, находятся многие христиане. Они пришли к вере в Иисуса, но их никто не научил, как искренним покаянием закрыть дверь для влияния врага на их жизнь.

Для обретения свободы у христианина нет необходимости в силовой борьбе. Единственно необходимая схватка двух сил произошла более 2000 лет назад, когда Христос полностью разоружил сатану (Кол. 2:15). В Библии вы не найдете ни одного стиха, обязующего христианина стремиться к обретению силы, поскольку каждый верующий уже обладает могуществом во Христе.

Власть сатаны основывается на его способности обманывать. Его могущество эффективно только в темноте. Однако весь мрак мира не способен скрыть света одной свечи. Свободу нам дает свет истины. Христианам следует искать ее, поскольку в Иисусе они уже обладают силой исполнять Божью волю. Истина защищает нас от сатаны, поскольку его главная стратегия — это обман.

Больше всего дьявол боится быть обнаруженным. Когда на него проливается свет истины, он и его демоны разбегаются по темным углам, как тараканы. Демоны боятся Бога и Его правды.

2. Ответственность за свою свободу несет сам человек

Бог установил в мире определенный порядок. Он дал нам одни обязанности, а Себе оставил другие. Ничто так не вредит духовному развитию ближних, чем наши попытки играть роль Бога в их жизни. Процесс «Шаги к Свободе во Христе» следует принципу, определенному в следующем стихе: «Итак, покоритесь Богу; противостаньте диаволу, и убежит от вас (Иак. 4:7). Кто должен покориться и противостать? Сам человек, ищущий свободы.

Побежденными становятся христиане, которые надеются, что ради них Бог изменит Свои пути. Такие верующие хотят, чтобы ответственность за их освобождение принял на Себя Сам Бог или другой человек. Господь этого не сделает, и никто другой этого сделать не в состоянии. Мы не можем подчиняться, противостоять, каяться, прощать или верить вместо кого-то.

В Иак. 5:13–16 мы находим четкие инструкции о том, кто и что должен делать в случае болезни или беды. Заметьте, инициативу проявляет сам человек. Если он в трудной ситуации, то сам молится. Если заболел, то сам приглашает старейшин из церкви.

Обратите внимание на порядок действий: «Признавайтесь друг пред другом в проступках и молитесь друг за друга, чтобы исцелиться: много может усиленная молитва праведного» (Иак. 5:16).

Первым идет исповедование грехов. Если вы за кого-то молились, а позже обнаружили, что этот человек исполнен гордыни, горечи или возмущения, удивитесь ли вы, что Бог не ответил на вашу молитву? Конечно, нет. «Если бы я видел беззаконие в сердце моем, то не услышал бы меня Господь» (Пс. 65:18). Важно, чтобы прежде всего человек признал свою ответственность и исповедался в грехах.

Исповедоваться — значит согласиться с Богом, что вы грешник. Будьте честны. Все психологи скажут вам, что исцеление начинается с честности — нужно посмотреть правде в глаза.

Следующий шаг — это покаяние. Оно поможет вам захлопнуть дверь для греха и отнять у врага место, занятое им в вашей жизни. Этого мы также не можем делать за других.

Вы, как ведущие, наверняка, почувствуете облегчение, поняв, что ответственность за выявление и исправление проблемы в жизни человека лежит не на вас. Роль ведущего или наставника ограничивается тем, что мы предлагаем участникам попросить Господа показать им их проблемы и направить к истине.

Наша роль хорошо описывается апостолом Павлом во 2 Послании к Тимофею 2:24–26:

«Рабу же Господа не должно ссориться, но быть приветливым ко всем, учительным, незлобивым, с кротостью наставлять противников, не даст ли им Бог покаяния к познанию истины, чтобы они освободились от сети диавола, который уловил их в свою волю».

Этот отрывок учит, что людей освобождает истина, и что покаяние дает сам Дух Святой. Христианское наставничество — это содействие встречи человека с Богом. Он — Чудесный Наставник. Только Господь может исцелять разбитые сердца и освобождать пленников. Однако Он действует через своих служителей, которые полностью от Него зависят. Наша задача не пытаться решить проблемы или исцелить других людей, а направить их к Чудесному Наставнику.

Как мы видим во 2 Тим. 2:24–26, основная способность, которой должны обладать ведущие или наставники, — это быть «рабами Господа». Главное требование для того, чтобы стать инструментом в руках Бога, — это полностью на Него полагаться. Кроме этого, слуги Господа должны быть приветливы, кротки, незлобивы и способны обучать других. То есть, нам нужно самим знать истину и уметь с любовью ее передавать, поскольку освобождение дает именно она. Христиане не пленники прошлых травм. Они в плену у лжи, которой поверили в результате этих травм. Указав на правду, мы можем помочь им разорвать эти оковы.

3. Свобода — не разовый опыт, а процесс всей жизни

Людей освобождают не «Шаги к Свободе во Христе»! Свободу им дает Иисус Христос. А получают они ее посредством веры и покаяния.

Важно, чтобы участники не отнеслись к Занятию как к разовому мероприятию, и не сделали его просто для галочки. Цель процесса «Шагов» — помочь обрести всю полноту жизни, предлагаемую Христом, и для этого мы хотим дать людям не разовый опыт освобождения, а оснастить их способом сохранения обретенной свободы навсегда.

Хорошие результаты дает объединение двух подходов, группового и индивидуального, в одном выездном мероприятии. Участники могут взять с собой близкого друга и во время прохождения «Шагов» всей группой проговаривать ему молитвы и провозглашения. Посоветуйте людям регулярно повторять процесс «Шагов», желательно каждый год. Им не нужно будет еще раз разбираться с прошлым грехом, если, конечно, они не поддались ему снова. Но вы сами удивитесь, как много мусора может скопиться в нас за один год.

Заметьте, что существует большая разница между духовной свободой и духовной зрелостью. Подробно мы это обсудим на Занятии 10. Сейчас же отметим только то, что обретение свободы через прохождение «Шагов к Свободе во Христе» не гарантирует того, что человек сможет оставаться в ней и дальше. Однако после этого процесса, возможно, впервые в жизни, он будет в состоянии сделать свободный выбор обновлять свой ум — единственный способ изменить себя и свою жизнь (см. Рим. 12:2).

Индивидуальное проведение участника через «Шаги»

1. Соберите общую информацию о консультируемом человеке

Выберите удобное помещение и приготовьтесь провести там несколько часов, особенно, если случай серьезный. Имейте под рукой бумажные носовые платки и воду. Мы настоятельно рекомендуем, чтобы участник подписал «Заявление понимания», в котором он официально подтвердит понимание того факта, что наставник не выступает в роли психотерапевта. Образец этого заявления можно найти на сайте служения.

Прежде всего, постарайтесь получить как можно больше информации об истории семьи человека. Какое отношение к религии было у родителей и предков? Были ли они связаны с оккультизмом или ложными религиями? Была ли в семье гармония? Были ли случаи измен или разводов? У ребенка, выросшего в неблагополучной семье, почти наверняка сформировались некоторые ложные убеждения. Например, многие дети винят себя за распад семьи. Другие долгие годы хранят обиду на своих родителей за то, что произошло в детстве.

Важно узнать, были ли алкогольная, наркотическая или сексуальная зависимости, а также душевные болезни. Какова моральная атмосфера и быт семьи? Попросите человека поделиться воспоминаниями раннего детства и школьных лет.

Слушая историю консультируемого, помните, что вы не пытаетесь разрешить его проблемы. Вам только нужно постараться понять, какие события его жизни могли привести к формированию ложных убеждений. Более личные детали всплывут позже, во время прохождения «Шагов».

2. Проведите консультируемого через «Шаги»

Суть «Шагов к Свободе во Христе» — это встреча человека, ищущего свободы, и Бога. Поэтому любой может пройти весь процесс самостоятельно, что многие и делают. Все происходит только между самим человеком и Богом. Подобный способ отличается как от психотерапевтических методов, так и от служений освобождения. Молится сам человек, нуждающийся в помощи, обращаясь к Тому, Кто единственный может ему помочь.

Наставник только способствует этой встрече, а молитвенный партнер поддерживает молитвой.

Объясните консультируемому весь процесс: что нужно делать и почему. Постарайтесь пройти все семь «Шагов» за одну встречу. Многим людям не требуются все семь «Шагов», но, на всякий случай, лучше пройти весь процесс полностью. Пусть консультируемый произносит каждую молитву и доктринальное провозглашение вслух. Важно, чтобы он дал знать, если почувствует какое-либо духовное противостояние или физический дискомфорт. Если он это сделает, поблагодарите за то, что он поделился с вами, и продолжайте процесс. В большинстве случаев духовной оппозиции бывает немного. Чаще всего она проявляется в течение первых двух «Шагов».

Прощение — самый фундаментальный Шаг («Шаг 3»). У всех нас есть кто-то, кого нам нужно простить. Непрощение открывает для сатаны дверь в нашу жизнь шире всего. Если мы не сможем помочь человеку искренне простить, то и не сможем помочь ему освободиться от прошлого.

Когда консультируемый будет молиться и просить Бога напомнить ему людей, которых необходимо простить, будьте уверены, что их имена всплывут в его памяти. Если он скажет «У меня нет никого,

кого я должен простить», просто предложите назвать каждое имя, приходящее ему в голову в тот момент. Запишите их. Часто случается, что человек удивляется некоторым именам, однако затем вспоминает болезненные моменты, связанные с этими людьми.

Объясните консультируемому, что такое прощение и как нужно простить. Ключевые моменты выделены в буклете «Шаги к Свободе во Христе». Потом передайте человеку лист с именами и спросите, готов ли он искренне простить этих людей ради своей собственной свободы. Прощение — это вопрос, разрешаемый между ним самим и Отцом Небесным. Примирение с прощенными людьми может состояться, а может и нет.

С 4-го по 6-й «Шаг» особого сопротивления обычно не возникает. В «Шаге 6» разберитесь с сексуальными грехами отдельно. Поразительно, какую роль играет похоть в порабощении человека. В этом «Шаге» предоставлены несколько молитв, относящихся к некоторым особым проблемам. Спросите участника, какие подходят ему.

В большинстве случаев полное освобождение не достигается, пока не будет произнесено последнее провозглашение и молитвы в «Шаге 7». Когда консультируемый завершит их, попросите его сесть удобно и закрыть глаза. Дайте ему немного времени и затем спросите: «Какие у вас ощущения? Спокойно ли у вас на душе?» Обычно, после небольшой паузы, человек отвечает с улыбкой облегчения: «Да. Наконец внутри меня мир». Если во время «Шага 2» консультируемому было сложно произнести доктринальные «Утверждения истины», предложите повторить их снова. Он удивится, насколько легко ему теперь будет осознавать и произносить истину. Часто вся его внешность настолько меняется, что вы можете предложить ему посмотреть на себя в зеркало.

Обретение свободы во Христе — одно дело. Оставаться в этой свободе — совсем другое. В Послании к Галатам 5:1 апостол Павел пишет: «Итак, стойте в свободе, которую даровал нам Христос, и не подвергайтесь опять игу рабства». В материал «Шагов» включена информация для помощи участникам в сохранении обретенной свободы.

На Занятии 10 участники обучаются специальной стратегии сохранения свободы.

3. Продолжайте напоминать консультируемому истину

Наличие неразрешенных духовных конфликтов приводит человека к искаженному представлению, как о Боге, так и о себе. Важно определить, какие ложные убеждения сформировались у консультируемого. Будьте внимательны к его рассказу. Полезно еще раз напомнить истину о том, каков Бог, а также о чудесном положении верующего. Побежденных христиан можно узнать по нескольким признакам. Они не понимают своего положения во Христе или того, что значит быть дитем Божьим. Некоторые ставят под сомнение свое спасение. Многие думают, что они не такие, как остальные, и их христианская жизнь не приносит плодов. Другие на грани нервного срыва или наполнены тревогой. Почти все чувствуют себя нелюбимыми, бесполезными или отверженными. Они перепробовали все, чтобы приподнять свою самооценку, но ничто не работает. Кто-то подозревает, что у его проблемы духовная природа, но не знает, как поступить.

У побежденных христиан часто бывает неправильное понимание ситуации: они представляют себя между двумя, одинаково сильными, но противоположными по духу силами. Плохой сатана с одной стороны, добрый Бог с другой, а они, бедняги, зажаты посередине. Конечно, это неправда, и вера в подобное ведет к поражению. Они забывают, что Бог всеведущ, вездесущ и всемогущ, а сатана сокрушенный враг; что мы живые во Христе и посажены с Ним по правую руку от Отца Небесного – место главной власти и могущества всей Вселенной.

4. Помогите консультируемому в его духовной битве

Процесс «Шагов» — абсолютно для всех христиан, а не только для «тяжелых случаев». Каждый человек вынесет из него что-то полезное для себя.

Некоторые ощущают присутствие сатаны в своей жизни больше, чем присутствие Бога, и им кажется, что он сильнее и реальнее, чем Бог. Подобные люди находятся в центре духовной битвы за свой разум и часто слышат у себя в голове аргументы противника. В течение процесса «Шагов» они непрерывно сталкиваются с ложью, с побуждением отказаться от освобождения, с угрозой оказаться в неловком положении или даже с угрозой причинения вреда.

Подобное психическое вмешательство не редкость. Объясните тому, кто его испытывает, что наш разум — это центр управления; напомните ранее приведенную иллюстрацию об авиадиспетчере, принимающем решение, какому самолету разрешить посадку, а какому нет. Если человек не потеряет контроль над своим разумом, вы не потеряете контроль над процессом освобождения. Неважно, откуда приходят обвиняющие слова — из громкоговорителя на стене, памяти или врат ада. Мысли смогут управлять человеком только в том случае, если он им поверит. Чтобы помочь ему сохранить контроль над своим разумом, попросите регулярно рассказывать, что происходит у него в голове. Важно вынести негативные мысли на свет. Как только ложь раскрыта, она теряет свою силу.

Иногда консультируемые не хотят рассказывать о своих мыслях и ощущениях во время процесса «Шагов». Обычно это происходит по двум причинам. Первая: они чувствуют, что вы им не верите. Если человек слышит голоса, светские психологи, наряду со многими христианскими наставниками, не рассматривают возможность демонического вмешательства. Они наклеивают ярлык психического расстройства и выписывают рецепт. Вторая причина: демонические голоса могут запугивать, угрожать нанести вред самому консультируемому, его семье, друзьям или наставнику.

Наблюдайте за глазами человека, проходящего «Шаги». Если взгляд станет рассеянным, стеклянным или блуждающими, остановитесь и спросите у консультируемого, что он чувствует. Если вы не будете внимательны, то можете потерять контроль над процессом. В случае сильного духовного конфликта, предложите человеку встать и немного пройтись: это покажет ему, что есть выбор, и он в состоянии свободно его принимать.

Труднее всего помочь тем, кто никогда не брал ответственности за происходящее в своей голове. К ним приходит идея, и они действуют в соответствии с ней. Такое впечатление, что они не осознают, что могут проявить волю и сказать «нет» плохим мыслям. Попросите подобных людей поделиться с вами, если во время процесса у них появится негативная мысль, а не идти у нее на поводу. Помогите им понять, что идеи, приходящие им в голову, не обязательно их собственные. Для некоторых людей осознание, что они могут управлять своим разумом и определять, каким мыслям позволить там быть, а каким нет, является настоящим открытием.

Для помощи консультируемому защититься от влияния врага и сохранить контроль в течение всего процесса «Шаги» начинаются со специальной молитвы и провозглашения. Когда участник провозгласит свою веру в Бога, сатана теряет над ним власть и не может причинить ему вред.

Не дотрагивайтесь до человека в течение всей встречи. Если в прошлом он подвергался насилию, то может чувствовать себя уязвимым при любом физическом контакте. Люди, находящиеся под демоническим влиянием, могут отодвинуться от вас подальше. Но после своего освобождения, наоборот, приблизятся. Противоположные духи отталкиваются, а Дух Святой объединяет.

Никогда не пытайтесь никого удерживать физически. Наше оружие не плотское (2 Кор. 10:3, 4). Если человек убежит из комнаты, позвольте ему это. Ждите и молитесь, и он обязательно вернется.

Консультируемые полностью свободны уйти или остаться. Мы ни в коем случае не должны заставлять их что-либо делать.

Если человек, которому вы пытаетесь помочь, активно участвовал в сатанизме, будьте готовы к серьезной оппозиции. «Шаг 1» содержит список особых отречений для тех, кто поклонялся сатане или был жертвой сатанинского ритуального насилия. Все, что делают сатанисты, — это антитеза христианству, потому что сатана — антихрист. Проработка этих отречений может занять несколько часов. Павел писал: «Итак, возлюбленные, имея такие обетования, очистим себя от всякой скверны плоти и духа, совершая святыню в страхе Божием» (2 Кор. 7:1). Помощь человеку в восстановлении верного понимания Бога и самого себя потребует не только большого количества времени, но еще большего количества любви, принятия и поддержки понимающей христианской общины. Павел описывает подобное служение в 2 Кор. 4:1–4:

> Посему, имея по милости Божией такое служение, мы не унываем; но, отвергнув скрытные постыдные дела, не прибегая к хитрости и не искажая слова Божия, а открывая истину, представляем себя совести всякого человека пред Богом. Если же и закрыто благовествование наше, то закрыто для погибающих, для неверующих, у которых бог века сего ослепил умы, чтобы для них не воссиял свет благовествования о славе Христа, Который есть образ Бога невидимого.

Прохождение «Шагов» группой в выездной день

Другой способ проведения «Шагов» — это выехать всей группой в какое-нибудь приятное место, желательно вдали от церкви. Лучше всего обеспечить обед или попросить каждого участника захватить еду с собой. Во время перекуса постарайтесь создать спокойную атмосферу и предложить людям не расходиться. Вы найдете предлагаемое расписание всего дня на стр. 209.

Арендуемое помещение должно быть достаточно большим, чтобы каждый участник смог найти уединенное место. Во время процесса «Шагов» хорошо включить музыку, чтобы люди могли произносить свои молитвы вслух, не боясь быть услышанными. Лучше всего подходит инструментальный вариант, поскольку он меньше всего отвлекает.

На встрече каждому необходимо иметь свой экземпляр буклета «Шаги к Свободе во Христе» и «Руководство для участника», а также карандаш. В начале каждого «Шага» вся группа вместе произносит молитвы и провозглашения. После этого людям дается возможность провести время наедине с Богом. Никто не будет поставлен в неловкое положение; никто не должен делиться со всеми чем-то личным. Все будет происходить только между самим человеком и Богом. Объясните, что некоторые воспоминания могут всколыхнуть душевную боль и вызвать слезы, что совершенно нормально и приемлемо.

Иногда в процессе прохождения «Шагов» всей группой может возникнуть необходимость уделить внимание какому-нибудь участнику. Чаще всего трудности возникают во время 1-го, 2-го и 6-го «Шагов». Возьмите с собой достаточное количество помощников (например, одного на десять участников), задачей которых будет помогать тем, у кого возникнут проблемы. Помощниками должны быть духовно зрелые христиане, сами прошедшие индивидуальные «занятия по освобождению» и хорошо понимающие принципы свободы во Христе.

Для кого-то одни «Шаги» будут важнее и займут больше времени, для кого-то другие. Предложите тем, кто пройдет определенный «Шаг» быстрее остальных, провести оставшееся время в молитве за тех, кто еще не закончил. Молитва может заключаться в том, чтобы попросить Духа Святого открыть все то, что человеку необходимо понять, и чтобы попытки сатаны вмешаться в процесс провалились. Если же у кого-то не хватит времени на проработку всех своих проблем в отведенное время, заверьте их, что это не разовый процесс, и что еще будет возможность его продолжить, в идеале во время индивидуальной встречи.

Вы можете воспользоваться презентацией PowerPoint «Шаги к Свободе во Христе», которая содержит слайды всех молитв и провозглашений, проговариваемых группой, и вводную информацию к каждому «Шагу». Начните с объяснения «Шага», затем все вместе произнесите молитву. После этого предоставьте участникам время проработать этот «Шаг» наедине с Господом и разобраться с проблемами, на которые им укажет Дух Святой. Ниже вы найдете конспект, которым можете воспользоваться для проведения всего процесса.

Конспект для ведущего, проводящего группу через «Шаги»

Это конспект в помощь ведущему для проведения группы через «Шаги к Свободе во Христе». В наличии также есть слайдовая презентация этого занятия. В буклете «Шагов» вы найдете дополнительную информацию, объясняющую весь процесс.

В начале каждого «Шага» дайте ему объяснение, затем произнесите совместную молитву и после предоставьте участникам время наедине с Богом.

На стр. 208 вы найдете краткое руководство по проведению группы через «Шаги».

Введение

Процесс «Шаги к свободе во Христе» основан на словах апостола Иакова: «Итак, покоритесь Богу; противостаньте диаволу, и убежит от вас» (Иак.4:7). Вы попросите Духа Святого показать, какие в вашей жизни есть лазейки для сатаны, а также твердыни в вашем разуме, которые он установил, используя ваши прошлые грехи. Затем вы покаетесь и отречетесь от всего неправильного, что откроет вам Дух Святой, и тем самым отнимите у врага право дальше влиять на вас.

В конце всего процесса, подчинившись Богу, вы прикажете противнику оставить вас. Поскольку к тому времени вы уже разберетесь с внутренними проблемами, открытыми вам Духом Святым, дьяволу ничего не останется сделать, как оставить вас в покое.

Этот процесс очень мягкий и спокойный. Вы им управляете сами, и его результат находится в ваших руках. Все происходит только между вами и Богом. Если вы честно разберетесь со всем, что вам откроет Дух Святой, к концу процесса вы обретете истинную свободу во Христе.

Однако помните, что сатана будет стараться обмануть вас, подсовывая такие мысли, как «Со мной это не сработает», «Я не в состоянии это сделать» или даже «Мне надо отсюда убежать». Если у вас возникнет подобная идея, просто постарайтесь понять, откуда она пришла, и прикажите врагу оставить вас. При необходимости, попросите помощи.

На одних «Шагах» у вас будет больше проблем, необходимых для разрешения, на других – меньше или не будет совсем. У каждого человека процесс проходит по-разному, в зависимости от его жизненного опыта. Если вы закончите какой-либо из «Шагов» раньше остальных, пожалуйста, посвятите оставшееся время молитве за тех, кому требуется больше времени: попросите Духа Святого открыть им истину и не дать врагу помешать процессу. Если вы сами не успеете проработать какой-то «Шаг», не волнуйтесь, сможете закончить его позже — либо дома, либо на индивидуальном занятии с наставником. Этот процесс не разовый, вы можете возвращаться к нему каждый раз, когда обнаружите в себе какую-то проблему. Мы рекомендуем проходить «Шаги» регулярно (возможно, раз в год) как форму духовной профилактики.

Шаг 1: Подмена или реальность?

Первая часть «Шага 1» посвящена участию в оккультизме, различных культах, нехристианских религиях и любых духовных опытах не от Бога.

Вторая – расстановке приоритетов и выявлению аспектов нашей жизни, ставших важнее Бога (идолов).

Вы произнесете молитву, прося Господа показать сферы вашей жизни, содержащие проблемы. Затем проработаете предоставленный в буклете перечень «Нехристианский духовный опыт», ответив на вопросы и определив, в чем вам необходимо покаяться и от чего отречься. Этот список неполный и является только отправной точкой.

Вы произнесете молитву отречения для каждого пункта, на который Господь вам укажет. Лучше всего молиться вслух, так как враг не может читать ваши мысли. Чтобы другие участники вас не услышали, можно говорить шепотом.

Если вы не уверены, решена ли проблема, или то, над чем вы уже работали, все равно приходит на память, то мы советуем повторить необходимый пункт. От того, что вы сделаете это еще раз, хуже не будет. Иначе возникнет опасность оставить лазейку для врага.

Поскольку процесс проходит вся группа, в открывающей молитве вместо своего имени, будем произносить «мы» и «нас».

На стр. 22 вы увидите «Особые отречения». Эти провозглашения предназначены для тех, кто участвовал в сатанинских ритуалах. Мы рекомендуем не произносить их всей группой, поскольку отречение от подобных практик может вызвать в человеке реакцию, требующую специального внимания. Вы можете сделать это дома, громко произнося каждое отречение. Если у вас возникнут сложности, попросите индивидуальное «занятие по освобождению».

Шаг 2: Ложь или истина?

В этом «Шаге» мы разберемся с обманом, которому, возможно, вы верите уже длительное время. Мы можем быть обмануты тремя способами:

- миром;
- самим собой;
- неправильной самозащитой.

Помните, что обман, по определению, кажется правдой. В процессе прохождения «Шагов» примите решение верить Слову Божьему независимо от того, что вам говорят чувства. Мы произнесем утверждения истины «Мой Бог Отец» все вместе. Особенно это поможет тем, у кого были плохие отцы . Полезно произносить эти утверждения в течение нескольких недель.

В буклете «Шагов» есть приложение, посвященное эмоции страха. Мы рекомендуем всем участникам поработать над этим материалом. Это поможет вам раскрыть обман, который вы замените на истину. Там же вы найдете приложение, посвященное тревожным расстройствам, над которыми можно поработать самостоятельно в качестве домашнего задания.

Шаг 3: Горечь или прощение?

Непрощение — это главное оружие сатаны против нас. Этой проблеме важно посвятить достаточно времени, чтобы искренне простить всех, кого необходимо.

Помните, что вы прощаете ради самого себя, ради собственной свободы. Сделав выбор простить, вы не закрываете глаза на случившееся, не говорите, что оно не имеет значения, а просто передаете ситуацию в руки Бога с верой, что Он — справедливый Судья, который Сам совершит правосудие над всем причиненным вам злом.

Чтобы простить от всего сердца, вам необходимо быть честным перед Господом и самим собой в том, что вы чувствуете. Записывайте все свои эмоции. Это поможет увидеть определенные твердыни в вашем разуме, над которыми будет необходимо поработать позже, чтобы сатана не смог заставить вас вернуться к старому мышлению.

Примечание для ведущего: одним из преимуществ процесса «Шагов» является то, что Дух Святой открывает участникам, какие их размышления не соответствуют истине. Чтобы сохранить обретенную свободу, важно, чтобы люди приняли твердое решение верить в то, что Бог называет истиной. Мы рассмотрим, как конкретно они смогут это сделать, на Занятии 10. В данный момент главное обнаружить обман в их мышлении.

Предложите фиксировать мысли, не соответствующие истине, каждый раз, когда Дух Святой будет на них указывать, особенно в «Шаге 3» (Прощение).

Когда участники будут работать с формулой «Я делаю выбор простить (имя человека) за (его поступок), который заставляет меня чувствовать себя (переживание)...», попросите их составить список всех своих эмоций. Повторяющееся в нем слово может указать на твердыню в разуме, которую враг использует для влияния.

На следующем занятии вы обучите участников стратегии разрушения подобных твердынь. Для многих это станет поворотным моментом жизни.

Шаг 4: Неповиновение или подчинение?

Бог установил определенные виды власти, которые призваны защищать нас, и неповиновение им находится наравне с колдовством (1 Цар. 15:23). Хотя этот «Шаг» обычно не требует много времени, тем не менее, он важен. Подчинение поставленному над нами руководству — это акт веры. Однако мы не обязаны повиноваться начальствам, преступающим данные им Богом границы. Нам необходимо покаяться только в тех случаях, когда мы не подчинились тем, кто действовал по праву.

Шаг 5: Гордость или смирение?

Этот «Шаг» также обычно не занимает много времени, хотя он исключительно значим.

В конце его вы рассмотрите некоторые примеры предрассудков и фанатизма (нетерпимости), которые являются формой гордыни.

Шаг 6: Рабство или свобода?

Этот «Шаг» состоит из трех частей. В первой вы будете работать над замкнутым кругом «грех–покаяние». Для того чтобы его разорвать, недостаточно попросить прощения. Вам необходимо исповедать грех, подчиниться воле Божьей и противостоять дьяволу.

Во второй части вы будете разбираться с сексуальными грехами: это любой половой акт, имеющий место вне брака и произошедший с вашего согласия или нет. Вы попросите Бога разорвать любую греховную связь, существующую между вами и другим человеком.

Третья часть содержит раздел «Специальные молитвы для особых случаев». Внимательно рассмотрите каждую из них, даже если на первый взгляд вам покажется, что к вам это не имеет никакого отношения. Например, мы рекомендуем произнести молитву о гомосексуализме, даже если вам только сделали предложение гомосексуального порядка. Если кто-то из мужчин вел в прошлом беспорядочную сексуальную жизнь, им может быть полезно прочитать молитву об аборте, хотя бы для того, чтобы признать возможные результаты своего безответственного поведения.

Шаг 7: Проклятия или благословения?

На этом «Шаге» мы отрекаемся от грехов своих предков. Мы не виновны в чужих ошибках, но если ничего по этому поводу не сделаем, то они могут негативно сказаться на нашей жизни.

Дух Святой может открыть нам что-то о наших предках, о чем мы и понятия не имели: прелюбодеяние, участие в оккультизме или некоторые семейные черты, например, гневливость.

Мы также отречемся от какого бы то ни было сатанинского проклятия, направленного против нас и нашего служения.

Заключительные комментарии

Закройте глаза и посидите тихо несколько минут (пауза).

Какие у вас ощущения? Ваш разум спокоен?

Кто-то чувствует себя на седьмом небе, а кто-то чувствует просто усталость. Помните, что цель этого процесса не вызвать приятные эмоции, а обрести подлинную свободу во Христе. Если вы честно проработали все, что Дух Святой вам сегодня открыл, то вы теперь свободны! С этого момента вам нужно сконцентрироваться на том, чтобы укрепиться в этой свободе и оставаться в ней.

В течение последующих дней, недель, месяцев и лет, Господь, возможно, покажет вам другие аспекты вашей жизни, на которые следует обратить внимание, и теперь вы знаете, как это делать. Где бы вы ни находились, просто нужно будет отречься от неправильного и двигаться вперед.

Занятие 10 даст вам стратегию для укрепления в свободе и обновления ума. А пока постарайтесь не потерять, что уже достигли, и будьте готовы приложить усилия для сохранения обретенной свободы.

Сейчас очень полезно составить список ложных убеждений, от которых вы избавились. В вашем «Руководстве для участника» предусмотрено для этого место. Ложные убеждения могут открыться во время любого «Шага», но обычно их больше всего на «Шаге 3» в списке ваших эмоций, вызванных событиями прошлого. Обратите внимание на повторяющиеся слова, но имейте в виду, что не все в получившемся списке обязательно будет ложным убеждением. Также обращайте внимание на такие слова, как «неадекватный», «никчемный», «бесполезный», «грязный», «беспомощный», «безнадежный», «злой» — ни одно из не подходит для дитя Живого Бога.

Дома, до следующего занятия, мы рекомендуем вам каждый день читать перечень утверждений «Значимость, Защищенность и Принятие, восстановленные во Христе». Полезно также произносить утверждения «Мой Бог Отец» и «Двадцать "Могу" успеха». В вашем буклете «Шагов» вы найдете ежедневные молитвы (стр. 55–57).

Мы также рекомендуем проработать материал двух приложений в буклете «Шагов»: по тревожным расстройствам (стр. 61) и страху (стр. 65). Работа над страхом поможет вам открыть обман, которому вы верили. На следующей встрече мы рассмотрим процесс замены лжи на истину.

Пожалуйста, постарайтесь не пропустить это занятие, оно поможет вам укрепиться в свободе и противостоять попыткам врага вернуть вас в рабство.

Краткое руководство по проведению группы через «Шаги»

Данное руководство — просто перечень того, что вам нужно будет делать, без особых подробностей и разъяснений. Указанные страницы относятся к буклету «Шаги к Свободе во Христе».

Введение. Объясните участникам весь процесс. Прочитайте все вместе молитву и провозглашения на стр. 11 буклета.

Представьте Шаг 1: Подмена или реальность?

Прочитайте все вместе вступительную молитву на стр. 14.

Прочитайте все вместе завершающую молитву на стр. 18 («Господь, я исповедую, что участвовал/а…»).

Прочитайте все вместе молитву о расстановке приоритетов на стр. 19.

Представьте Шаг 2: Ложь или истина?

Прочитайте все вместе вступительную молитву на стр. 24.

Прочитайте все вместе утверждения «Мой Бог Отец» на стр. 28.

Укажите участникам на два приложения в буклете «Шаги к Свободе во Христе»: о тревожных расстройствах и о страхе, которые полезно проработать дома или во время индивидуального «занятия по освобождению».

Прочитайте все вместе доктринальные «Утверждения истины» на стр. 30–31.

Представьте Шаг 3: Горечь или прощение?

Прочитайте все вместе вступительную молитву на стр. 32 и попросите участников записать каждое имя, которое Дух Святой помогает им вспомнить. На этой стадии не нужно задаваться вопросом, почему они должны простить этих людей. Пока нужно просто составить список имен, приходящих на ум.

Сделайте акцент на том, что:

- Процесс прощения — только между вами и Богом, а не между вами и обидевшим вас человеком.

- Вы прощаете ради самих себя.

Объясните молитву прощения на стр. 36 и предложите участникам сохранить перечень чувств, вызванных событиями прошлого. Он может помочь увидеть твердыни в разуме, над которыми надо поработать позднее. На стр. 76 «Руководства для участника» выделено для этого списка специальное место.

Дайте участникам возможность проработать имена всех людей, пришедших им на память. Если времени не хватит, заверьте их, что они смогут закончить этот процесс самостоятельно дома или во время индивидуального занятия с наставником.

Представьте Шаг 4: Неповиновение или подчинение?

Прочитайте все вместе вступительную молитву на стр. 37.

Представьте Шаг 5: Гордость или смирение?

Прочитайте все вместе вступительную молитву на стр. 40.

Прочитайте все вместе молитву о предрассудках на стр. 42.

Представьте Шаг 6: Рабство или свобода?

Объясните, что он состоит из трех частей.

Прочитайте все вместе вступительную молитву на стр. 44 и дайте участникам проработать первую часть.

Прочитайте все вместе молитву о сексуальном грехе на стр. 46 (Господь, я позволил греху...) и дайте людям проработать вторую часть «Шага».

Прочитайте все вместе молитву о посвящении тела Господу на стр. 46.

Укажите на молитвы о специфических проблемах на стр. 47–49 и дайте людям время помолиться о том, что относится к ним. Это третья часть.

Прочитайте все вместе завершающую молитву на стр. 49.

Представьте Шаг 7: Проклятие или благословение?

Прочитайте вступительную молитву на стр. 50.

Дайте участникам время записать то, что приходит на память.

Произнесите все вместе первые две строчки провозглашения на стр. 51 и попросите людей проговорить шепотом, чтобы не мешать другим, то, что открыл им Господь.

Когда все закончат, продолжите провозглашение и закончите заключительной молитвой.

(Презентация на слайдах делит провозглашение на две части для удобства пользования).

Попросите участников сесть удобно, закрыть глаза и несколько минут сохранять тишину. Затем спросите: «Какие у вас ощущения? Чувствуете ли вы умиротворение?

Сделайте заключительные замечания. Напомните участникам, что на Занятии 10 они узнают стратегию замены лжи на истину.

Предлагаемое расписание выездного дня

Расписание совместного проведения Занятия 9 и «Шагов к Свободе во Христе» в выездной день.

9.45   Знакомство и прославление

10.10 «Шаги к Свободе во Христе»

   Введение (15 мин.)

   Шаг 1 (30 мин.)

   Шаг 2 (30 мин.)

11.25 Перерыв

11.40 Занятие 9: Прощение от всего сердца

12.20 «Шаги к Свободе во Христе»

   Шаг 3 (40 мин., при необходимости можно занять часть обеденного перерыва)

13.00 Перерыв на обед

14.00 Шаг 4 (15 мин.)

   Шаг 5 (15 мин.)

   Шаг 6 (40 мин.)

   Шаг 7 (10 мин.)

15.20 Перерыв

15.40 Прославление

16.00 Заключительные комментарии

16.15 Конец мероприятия

Часть IV.

Возрастание в ученичестве

Обретя свободу во Христе, теперь мы призваны не только ее сохранить, но и укрепляться и развиваться в ней. В этой части курса мы научимся, как сохранить достигнутое, как строить отношения с другими и как продолжать становиться все более подобными Христу.

Занятие 10

ЖИЗНЬ В СВОБОДЕ КАЖДЫЙ ДЕНЬ

Занятие 10:
Жизнь в свободе каждый день

КЛЮЧЕВОЙ СТИХ:
Евр. 5:14: Твердая же пища свойственна совершенным, у которых чувства навыком приучены к различению добра и зла.

ЦЕЛЬ ЗАНЯТИЯ:
Помочь участникам осознать, что обретение свободы во Христе не разовый опыт, а процесс всей жизни. Обучить их стратегии сохранения этой свободы.

КЛЮЧЕВАЯ ИСТИНА:
Успех нашего пребывания в свободе и духовного роста зависит от того, насколько эффективно мы будем обновлять свой разум и научимся отличать добро от зла.

Заметки для ведущего

На этом занятии участники узнают, как практически сохранить свободу, обретенную во время прохождения «Шагов к Свободе во Христе». Им важно понять, что они несут личную ответственность за свою жизнь в этой свободе.

Если вы проводите занятие в маленькой группе, мы рекомендуем выделить достаточно времени на «Паузу для размышления 2»: участники будут создавать свой инструмент для разрушения твердынь в своем разуме — «Разрушитель твердынь», который в дальнейшем подготовит их к освоению стратегии обновления ума.

В течение всего занятия полезно напоминать присутствующим, что у них уже есть абсолютно все необходимое, чтобы жить праведной жизнью (2 Пет. 1:3), и просто нужно научиться применять то, что уже даровано им Богом. Но чтобы добиться успеха, необходимо приложить усилие и настойчивость.

Вы научите участников некоторым практическим методам обновления ума. Помните, что это только способы, которые могут оказаться полезными, а не единственно возможный путь.

Примечание: Будет исключительно полезно, если вы сможете рассказывать о «Разрушителе твердынь», исходя из личного опыта. Создайте один инструмент для себя и опробуйте его до того, как будете проводить это занятие.

РАСЧЕТ ВРЕМЕНИ ЗАНЯТИЯ:

ЗНАКОМСТВО	5 мин.	0:05
ПРОСЛАВЛЕНИЕ	5 мин.	0:10
СЛОВО. ЧАСТЬ 1	23 мин.	0:33
ПАУЗА ДЛЯ РАЗМЫШЛЕНИЯ 1	20 мин.	0:53
СЛОВО. ЧАСТЬ 2	20 мин.	1:13
ПАУЗА ДЛЯ РАЗМЫШЛЕНИЯ 2	35 мин.	1:48
СЛОВО. ЧАСТЬ 3	8 мин.	1:56
ПАУЗА ДЛЯ РАЗМЫШЛЕНИЯ 3	4 мин.	2:00

 ЗНАКОМСТВО

Ваше впечатление от процесса «Шаги к Свободе во Христе»?

 ПРОСЛАВЛЕНИЕ

Предлагаемая тема: Свобода, дарованная Богом.

Прочитайте следующие стихи:
«Итак, стойте в свободе, которую даровал нам Христос, и не подвергайтесь опять игу рабства» (Гал. 5:1).

«Буду ходить свободно, ибо я взыскал повелений Твоих» (Пс. 118:45).

Предложите участникам провести несколько минут в молитве благодарения за обретенную свободу и затем обратитесь к нескольким из них, вставляя их имена в такие утверждения, как например: «Саша, Христос даровал тебе свободу...».

 СЛОВО

Духовный рост

Старый христианин и зрелый христианин

▶ Большинство согласится, что естественным состоянием верующего человека должен быть непрерывный духовный рост. Благословен пастор, церковь которого полна духовно зрелых христиан. Проблемы возникают, когда прихожане взрослеют годами, а не верой. С подобной ситуацией столкнулся апостол Павел в церкви в Коринфе (1 Кор. 3:1–3):

> И я не мог говорить с вами, братия, как с духовными, но как с плотскими, как с младенцами во Христе. Я питал вас молоком, а не твердою пищею, ибо вы были еще не в силах, да и теперь не в силах, потому что вы еще плотские. Ибо если между вами зависть, споры и разногласия, то не плотские ли вы? и не по человеческому ли обычаю поступаете?

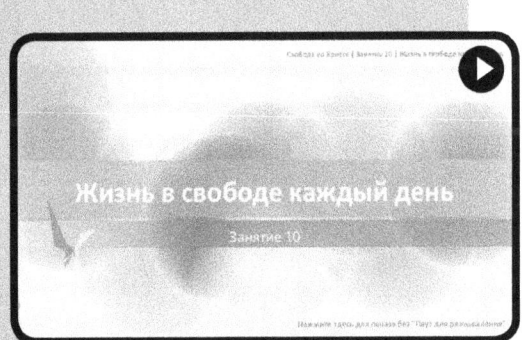

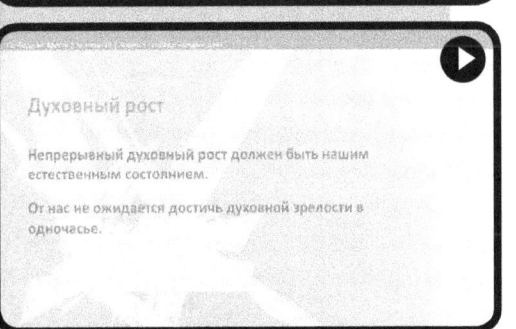

▶ Новообращенные христиане не могут стать зрелыми в одночасье. Они еще часто поступают по плоти, не до конца осознавая, что изменилось в них в тот момент, когда они уверовали. У них все еще присутствуют неразрешенные внутренние конфликты, позволяющие врагу вторгаться в их жизнь.

Павел говорит, что коринфских христиан он «питал молоком». Проблема состояла в том, что, хотя люди были верующими уже довольно долго, духовно они все еще оставались младенцами и не могли употреблять «твердую пищу». Апостол считал эту ситуацию ненормальной.

Грехи, допущенные в жизнь той церкви, особенно зависть и ссоры, стали проблемой, не позволяющей верующим расти духовно и приносить плоды в своей жизни.

Любой христианин может стать старым христианином. Для этого нужно лишь время! Любой христианин может также стать зрелым христианином. Но многие так и не достигают духовной зрелости, оставаясь младенцами в вере.

▶ Младенцы очень милые, не так ли? ▶ Но если, взрослея, они продолжают вести себя как дети, то это печальное зрелище!

Как бы маленький ребенок ни хотел начать есть твердую пищу, он не сможет этого делать, пока его желудок не будет готов ее переваривать.

Мы все хотим духовно расти. Однако одного страстного желания стать зрелым в вере недостаточно.

Пройдя «Шаги к Свободе во Христе», вы обрели личную свободу. Теперь мы хотим научить вас, как, утверждаясь в ней, вы можете изменить свою жизнь и стать зрелыми христианами.

После «Шагов» в жизни многих людей происходят фундаментальные изменения. На этом занятии мы покажем, каким образом любой человек может добиться не просто небольших изменений, но преобразования всей своей жизни.

У нас уже есть все необходимое для жизни в свободе

▶ Давайте еще раз посмотрим на стих, который мы уже упоминали:

Как от Божественной силы Его даровано нам все потребное для жизни и благочестия, через познание Призвавшего нас славою и благостию (2 Пет. 1:3).

Возможно, утверждение, что у вас уже есть **все** необходимое для жизни в свободе, стало для вас новостью. Когда вы обретали свободу через процесс «Шаги к Свободе во Христе» (каялись, отрекались и приказывали врагу удалиться из вашей жизни), вы просто принимали то, что вам уже было даровано «для жизни и благочестия». Теперь вы знаете, что делать, если вдруг обнаружите несвободу в тех или иных сферах своей жизни или снова вернетесь к старым привычкам.

Если у вас еще нет твердой уверенности в том, что вы имеете все необходимое для плодотворной христианской жизни, давайте рассмотрим несколько других стихов из Библии:

▶ В Еф. 1:3 сказано, что Бог уже благословил «нас во Христе **всяким** духовным благословением в небесах» (выделено нами).

▶ В Кол. 2:9–10 мы прослеживаем ту же самую мысль:

> Ибо в Нем обитает вся полнота Божества телесно, и вы имеете полноту в Нем, Который есть глава всякого начальства и власти.

Слово «полнота» предполагает целостность личности, наличие всего необходимого для полноценной духовной жизни.

Разница между духовной свободой и духовной зрелостью

▶ Процесс «Шаги к Свободе во Христе» не является концом пути к духовной зрелости. Он только его начало. Быть свободным христианином еще не значит быть духовно зрелым. Есть большая разница между свободой, которую можно получить в относительно короткое время, и зрелостью, которая является процессом всей жизни.

▶ Духовная зрелость — это **процесс** духовного роста, продолжающийся всю нашу жизнь и основанный на познании Бога и изучении Его Слова. Как бы долго ни был человек христианином, четыре дня или сорок лет, он еще не достиг духовной зрелости, а только находится на пути к ней.

▶ Духовная свобода, с другой стороны, — это **позиция, которую мы занимаем** благодаря победе Христа над грехом и сатаной. Мы либо свободны, либо все еще пленники в различных сферах своей жизни. Мы не растем к свободе, мы обретаем ее властью, данной нам Христом.

Однако свобода и зрелость неразрывно связаны. Если мы сначала не обретем свободу, то не сможем духовно расти и становиться зрелыми христианами. Похоже, в этом и состояла проблема в церкви Коринфа: люди еще не поняли, что являлось основной причиной их греховного поведения. Поэтому они были не в состоянии расти духовно. Никакие попытки стать духовно зрелыми не помогут, пока грехи и неразрушенные твердыни в разуме будут открывать доступ врагу.

Три ключа к духовной зрелости

Теперь, когда вы уже обрели свободу, я хочу поделиться с вами тремя ключами к духовной зрелости.

Первый ключ – Принятие личной ответственности

▶ Прежде всего, нам необходимо принять личную ответственность за свою жизнь с Господом.

Представьте, что вы, как и апостол Павел в церкви в Коринфе, пытаетесь помочь верующим, которым не удается духовно расти и которые запутались в своих проблемах. Как бы вы подошли к подобной задаче?

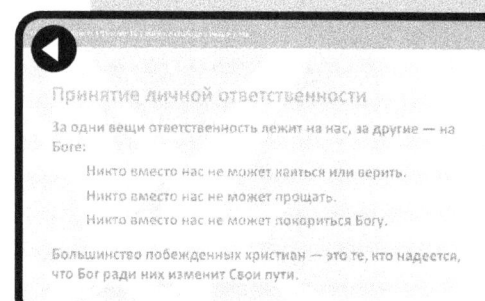

Принятие личной ответственности

За одни вещи ответственность лежит на нас, за другие — на Боге:

Никто вместо нас не может каяться или верить.

Никто вместо нас не может прощать.

Никто вместо нас не может покориться Богу.

Большинство побежденных христиан — это те, кто надеется, что Бог ради них изменит Свои пути.

Вы могли бы сказать: «Я буду молиться с вами о том, чтобы Бог убрал зависть и ссоры между вами». Павел этого не говорит. Почему? Потому что это была не его работа. От коринфских христиан требовалось исповедование грехов, покаяние, подчинение Христу и противостояние дьяволу. Апостол не мог этого сделать за них, они должны были сделать это сами. Единственное, что он мог, так это помочь им увидеть истину. А вот действовать в соответствии с этой истиной или нет, это уже было их решение.

Распределение ответственности

▶ Бог установил в мире определенный порядок и передал нам ответственность за одни вещи, оставив Себе ответственность за другие. Проблема в том, что мы часто в этом путаемся. Мы пытаемся делать за Бога

Его работу или хотим, чтобы Он сделал за нас нашу.

Однажды, во время конференции, молодая женщина обратилась к выступающему за помощью. Она рассказала, что каждую ночь просыпается от демонического присутствия в ее спальне. Ей было двадцать с лишним лет, какое-то время назад она съехала от своих родителей, но теперь из-за этих кошмаров ей пришлось к ним вернуться. Каждый раз, когда ее будило ощущение присутствия беса, от страха она забиралась в кровать к родителям. Несчастная все время молилась, чтобы Бог ее от этого избавил, но ничего не помогало, и она была на грани нервного срыва. Она принимала антидепрессанты и была не в состоянии продолжать работать.

Почему же Бог не избавил ее от этой проблемы? Был ли Он к ней жесток? Почему Он не ответил на ее отчаянные ежедневные молитвы? Да потому, что ответ был дан давно, задолго до этой ситуации: сатана был полностью разоружен на кресте (Кол. 2:15). Бог дал нам всю власть и силу над дьяволом. Здесь вопрос был просто в осознании собственной ответственности. Создатель сказал, что разбираться с этой проблемой — это **наша** задача: «Итак, покоритесь Богу; противостаньте диаволу, и убежит от вас». Кто должен покоряться и противостоять? Мы сами!

Когда выступающий объяснил женщине, что на ней лежит ответственность разобраться с этим бесом, и у нее для этого есть вся власть и сила, первой реакцией было: «Нет, я сама не могу. Я слишком слабая!» Однако она решила попробовать и приняла решение следовать тому, что говорит Бог, а не своим чувствам. На следующий день она подбежала к ведущему, подпрыгивая от радости, и сказала: «Представляете, это сработало! У меня получилось!» Следование Божьей истине всегда работает!

Нам всем хочется легкого решения жизненных вопросов: попросили кого-то за нас помолиться и все сложности мгновенно исчезли. Однако есть только один путь — покаяние и вера в истину. ▶ И никто за нас этого сделать не может. Также как никто за нас не может прощать и покоряться Богу. Как вы думаете, такой легкий выход из проблем помог бы нам выработать настойчивость или быть готовыми противостоять врагу, когда он вновь попытается на нас напасть?

▶ Большинство побежденных христиан — это те, кто надеется, что для их удобства Бог изменит Свои пути: «Пожалуйста, Господи, измени Свои правила только один раз, только для меня». И хотят, чтобы Бог выполнил ту часть работы, ответственность за которую лежит **на них самих**. Если бы Отец уступил мольбам дочери и сделал за нее то, что та сама должна была сделать, она бы никогда не узнала, какой властью и силой во Христе обладает. Теперь, после того урока, женщине не нужно волноваться о подобной проблеме в будущем. Она сделала большой шаг вперед к духовной зрелости. Если бы Бог вмешался и поступил против правил, она бы ничему не научилась.

Если вы хотите развиваться и духовно расти, никто другой за вас этого сделать не может. За это ответственны вы сами. Многим из нас хотелось бы найти сильного и духовно здорового христианина и попросить его помолиться за нас в надежде, что что-нибудь от его духовной силы перейдет и нам. Но здоровьем не заражаются. Даже если просидим весь день около здорового человека, мы здоровее не станем. И если хотим стать такими же, как он, нам нужно следовать его образу жизни, исполнять режим питания, физических упражнений и отдыха. С другой стороны, посидите рядом с больным человеком, и вы увидите, сколько всего можно от него подхватить! То же самое относится и к нашему духовному здоровью. Побыв рядом с гигантом духа, мы увидим, что духовной диффузии не бывает: сила его веры в нас не перетечет. Мы не заразимся его духовным здоровьем. Но, если мы проведем с таким человеком время, учась от него духовной дисциплине, преодолевая трудности и испытания, то постепенно сможем стать на него похожими. Для этого нам необходимо принять личную ответственность за то, что возложено на нас.

Как христианин может достичь внутреннего преобразования?

▶ Это один из ключевых вопросов. Что насчет этого сказано в Библии? Я знаю только один ответ:

> И не сообразуйтесь с веком сим, но преобразуйтесь обновлением ума вашего, чтобы вам познавать, что есть воля Божия, благая, угодная и совершенная (Рим.12:2).

Мы преобразуемся обновлением своего ума.

▶ Кто несет за это ответственность? Бог? Наш пастор? Нет, мы сами!

Ключ к преобразованию всего себя, а не просто небольшому изменению, — в наших руках! Не правда ли замечательная новость?

Предположим, вы отец двух сыновей. Младший

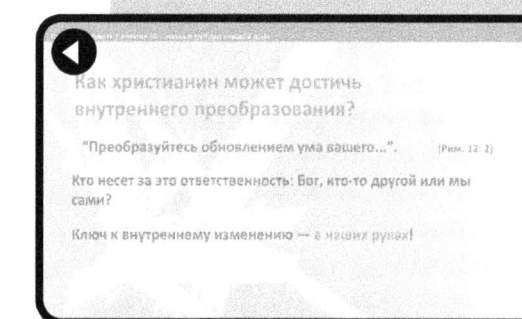

подходит к вам и спрашивает: «Можно старший брат сходит вечером в кино?» Что вы ответите? «Пусть он подойдет и попросит сам!»

Как вы думаете, что бы сказал Господь, если бы кто-то постоянно просил других: «Не могли бы вы помолиться Богу за меня?» Наверное, Он бы сказал: «Эй, Я твой Отец, и Я тебя люблю, подойди и поговори со Мной сам!». У вас не может быть «секонд-хенд»-отношений с Богом.

Нам не следует просить других разрешить проблему, ответственность за которую возложена на нас самих и на разрешение которой нам даны все необходимые ресурсы. В Новом Завете каждый раз, когда в жизни верующего возникала проблема, ответственность за ее разрешение всегда возлагалась на самого человека. То же самое относиться к вопросам сохранения обретенной свободы и духовного роста.

Сделать это способны только вы, но вы не можете это сделать в одиночку

▶ Мы не хотим сказать, что нам не нужна помощь других людей. Только вы одни способны сохранить собственную свободу и духовно расти, но вы не можете сделать это в одиночку. ▶ Вам необходима поддержка и любовь христиан, которые будут вас вдохновлять и напоминать об истине. ▶ Но, в конечном счете, каждый из нас несет личную ответственность за свои отношения с Богом. А Он хочет, чтобы мы обращались к Нему напрямую, а не через кого-то.

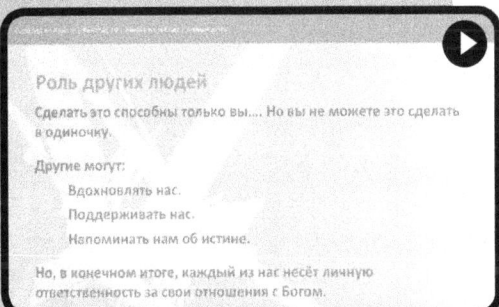

Вас это немного пугает? Подумайте, если бы ваша духовная зрелость зависела от того, найдете ли вы правильного христианина помолиться за вас, ее невозможно было бы гарантировать. Вы можете никогда не найти подобного человека. Бог уже дал все необходимое вам самим, все благословения во Христе, и вы можете перестать искать особо помазанного служителя, особую книгу, особое место, даже особый курс ученичества! Потому что ответ находится в ваших собственных руках. Во Христе у вас есть все необходимое, чтобы становиться зрелым и плодовитым христианином.

Теперь, после того как вы обрели свободу, у вас нет препятствий к духовному росту и духовной зрелости. Но никто другой за вас эту дорогу не пройдет.

Какие неприятности мы бы ни испытывали в прошлом, какими бы ни были обстоятельства нашей жизни сейчас, мы больше не можем оправдывать ими то, что не растем духовно. Ничто и никто не может помешать нам стать такими, какими создал нас Бог — только мы сами!

«Итак, стойте в свободе, которую даровал нам Христос, и не подвергайтесь опять игу рабства» (Гал. 5:1).

ПАУЗА ДЛЯ РАЗМЫШЛЕНИЯ 1

ЗАДАЧА:

ОСОЗНАТЬ ЧТО, ХОТЯ БОГ ДАЛ НАМ ДРУГИХ ХРИСТИАН ДЛЯ ПОМОЩИ И ПОДДЕРЖКИ, ОН ТАКЖЕ ДАЛ НАМ ВСЕ НЕОБХОДИМОЕ ДЛЯ ДУХОВНОГО РОСТА. ПОЭТОМУ, ЕСЛИ МЫ ХОТИМ ВОЗРАСТАТЬ В ВЕРЕ, ТО ДОЛЖНЫ ПРИНЯТЬ ЗА ЭТО ЛИЧНУЮ ОТВЕТСТВЕННОСТЬ.

▶ ВОПРОСЫ:

КАК ВЫ ДУМАЕТЕ, ЧТО МОЖЕТ СДЕРЖИВАТЬ ХРИСТИАН, КОТОРЫМ НЕ УДАЕТСЯ РАСТИ В ВЕРЕ ТАК, КАК ИМ ХОТЕЛОСЬ БЫ? ЧТО ВЫ ДУМАЕТЕ О СВОЕМ ДУХОВНОМ РОСТЕ?

В 2 ПЕТ. 1:3 ГОВОРИТСЯ, ЧТО У НАС УЖЕ ЕСТЬ ВСЕ НЕОБХОДИМОЕ ДЛЯ ПОЛНОЦЕННОЙ ХРИСТИАНСКОЙ ЖИЗНИ (СМ. ТАКЖЕ ЕФ. 1:3 И КОЛ. 2:9–10). ПОЧЕМУ НАМ ИНОГДА ТАК НЕ КАЖЕТСЯ?

ВЫ СОГЛАСНЫ С МЫСЛЬЮ, ЧТО «СДЕЛАТЬ ЭТО СПОСОБНЫ ТОЛЬКО ВЫ, НО ВЫ НЕ МОЖЕТЕ ЭТО СДЕЛАТЬ В ОДИНОЧКУ»? В ВОПРОСАХ ВОЗРАСТАНИЯ В ВЕРЕ И ДУХОВНОЙ ЗРЕЛОСТИ, ЧТО ОТНОСИТСЯ К ЛИЧНОЙ ОТВЕТСТВЕННОСТИ ЧЕЛОВЕКА? КАКУЮ ПОДДЕРЖКУ МОГУТ ОКАЗАТЬ ВАМ ДРУГИЕ ХРИСТИАНЕ?

Второй ключ – Обновление разума

Теперь, когда мы разрешили свои личные и духовные конфликты (во время процесса «Шаги к Свободе во Христе»), нам будет намного легче «соединиться» с истиной, то есть по-настоящему ее понять и принять. Однако на нас все еще влияет наша плоть, и в нашем разуме все еще есть старые негативные стереотипы мышления, основанные на прошлом опыте и обмане, — так называемые твердыни. Как мы видели ранее, нам трудно принять настоящую истину по той причине, что эти твердыни очень похожи на правду.

Однако у нас есть против них оружие:

> Оружия воинствования нашего не плотские, но сильные Богом на разрушение твердынь: ими ниспровергаем замыслы и всякое превозношение, восстающее против познания Божия, и пленяем всякое помышление в послушание Христу (2 Кор. 10:4–5).

Заметьте, опять Павел говорит о нашей ответственности: мы сами должны ниспровергать замыслы и пленять всякое помышление. Обладание оружием предполагает его использование.

Итак, мы внутренне преобразуемся через обновление своего ума. Давайте теперь посмотрим на стратегию, как практически можно это сделать.

Раскрытие обмана

▶ Прежде всего, нам нужно увидеть обман, которому мы верили, то есть сформировавшиеся в нас ложные убеждения, не соответствующие Божьей истине.

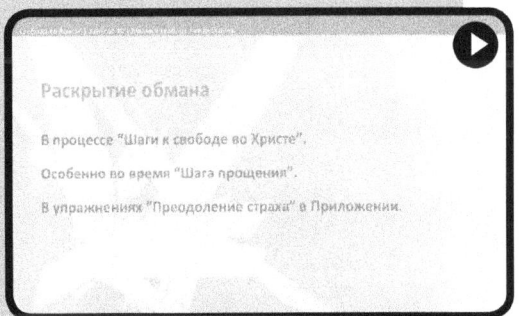

Раскрытие обмана
В процессе "Шаги к свободе во Христе".
Особенно во время "Шага прощения".
В упражнениях "Преодоление страха" в Приложении.

Одна девушка проходила «Шаги к Свободе во Христе». Наставник, помогающий ей, сказал, что, как ему кажется, у нее сложилось ложное убеждение, что она «грязная». Девушка ответила: «Нет, это не так!» Помощник спросил: «Вы уверены? А почему тогда вы так часто упоминали, что чувствуете себя грязной?» «Да потому, — ответила она, — что я не просто чувствую, **а на самом деле** грязная. Это не ложь, а правда!»

В детстве над ней надругался работник по дому, и этот тяжелый опыт прошлого заставил ее видеть себя и свое тело грязными. Последствиями этой травмы стали различные зависимости, желание причинять себе боль и анорексия. Все это было просто средством или попыткой справиться с душевной болью, заглушить свои негативные чувства.

Девушка уже прошла «Шаги», дала отпор врагу и стала свободной. Но если бы она на этом остановилась, все еще веря, что внутри грязная, то что бы произошло? Наверняка, она возвратилась бы к своим привычным защитным механизмам, потому что боль от ощущения себя непристойной все еще оставалась и не давала покоя.

Для укрепления в завоеванной свободе ей было необходимо понять одну истину: после того как она приняла в свое сердце Христа, ее внутренняя сущность стала чистой, как снег; Бог зовет ее в Свое присутствие и гордится ею, как своим ребенком.

Даже пройдя весь процесс «Шагов», она не смогла увидеть обман. Это неудивительно, поскольку искусная ложь всегда маскируется под правду.

А какой лжи вы привыкли верить о себе, о Боге и о сатане?

Вы можете раскрыть этот обман различными путями:

▶ **В процессе «Шаги к Свободе во Христе»**

Пройдя «Шаги к Свободе во Христе», вы, возможно, уже смогли обнаружить некоторые ложные убеждения, существовавшие в вас долгие годы.

▶ Больше всего лжи раскрывается во время третьего «Шага прощения», когда вы говорите Богу, какие ощущения вызвали в вас происшедшие события. Если вы эти чувства записали, посмотрите сейчас на этот список. Заметили ли вы вновь и вновь повторяющееся слово, например, «грязный», «глупый», «никчемный», «неадекватный»? Если да, то вы, вероятно, обнаружили обман — твердыню или ложное убеждение, то есть ту стратегию, которую враг использовал против вас. Он, скорее всего, создавал в вашей жизни ситуацию за ситуацией, заставляющие вас поверить этой лжи.

▶ **В упражнениях «Преодоление страха» в Приложении**

В конце брошюры «Шагов» есть приложение, посвященное преодолению страха. Мы рекомендуем вам обязательно использовать этот материал на практике. У большинства из нас есть различные страхи, и за каждым из них скрывается ложь, влияющая на нашу жизнь.

Например, вы можете обнаружить, что боитесь сатаны. Тогда вам нужно понять, какой обман стоит за этим страхом. Скорее всего, это будет ложь, что дьявол

> ℹ️ Здесь важно объяснить, что не каждое слово в списке о том, что вы чувствовали, обязательно будет неправдой. Большинство из них — это просто констатация факта, например, «грустный», «сердитый», «запутавшийся»

намного сильнее вас и обладает большей властью. Однако правда в том, что «...Тот, Кто в вас, больше того, кто в мире» (1 Ин. 4:4).

Избавление от обмана — создание «Разрушителя твердынь»

Если вам удалось раскрыть какую-то ложь, поблагодарите Бога за то, что Он направил вас к истине. Но вам нужно сделать больше, чем просто понять, что было обманом в вашей жизни. Вам нужно предпринять шаги, чтобы заменить его на истину.

▶ Я хочу поделиться с вами стратегией обновления разума, которую мы называем «Разрушитель твердынь»

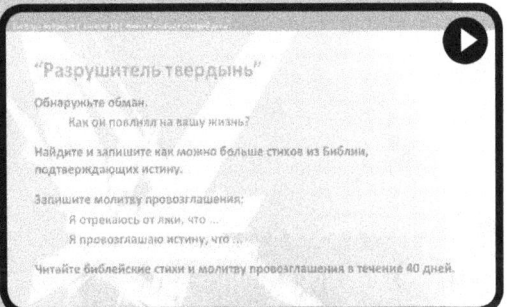

▶ Прежде всего, вам нужно обнаружить обман, которому вы верили (любые убеждения или привычные мысли, не соответствующие тому, что Бог говорит о вас в Библии). Раскрыв ложь, не обращайте внимания на то, что вам говорят чувства, а всем сердцем примите решение верить Божьей истине.

▶ После этого найдите и запишите как можно больше библейских стихов, подтверждающих эту истину. Здесь вам может помочь Библия в электронном виде или знающий пастор.

▶ На данном этапе полезно записать, какое влияние оказали на вашу жизнь ложные убеждения. Девушку, о которой мы говорили, они привели к негативной самооценке, анорексии и различным зависимостям. Обман, что сатана сильнее вас, может заставить отказаться от участия в духовной борьбе, парализовать вашу духовную жизнь или заставить жить в страхе.

Осознание последствий присутствия твердыни в вашем разуме должно убедить вас в необходимости ее разрушения.

▶ Запишите молитву провозглашения, используя следующие слова:

Я отрекаюсь от лжи, что...

Я провозглашаю истину, что...

▶ Наконец, читайте вслух найденные вами стихи из Библии и произносите молитву провозглашения в течение 40 дней, все время, напоминая себе, что Бог есть Истина и если Он что-то назвал истиной, то это истина и для вас.

СВОБОДА ВО ХРИСТЕ 225

Почему 40 дней? Психологи говорят, что для формирования или разрушения любой привычки требуется около шести недель. После того, как вы закрыли доступ врагу в свою жизнь, твердыни в разуме стали просто плохой привычкой мышления. Можно ли эту привычку разрушить? Конечно! Но для этого вам необходимо приложить усилие в течение какого-то времени.

Не смотрите на эти действия как на обладающие какой-то магической силой. Вас меняет не произнесение вслух волшебной формулы. Так же не становитесь слишком религиозными: ничего не случится, если вы пропустите раз или два. Просто продолжайте уничтожать твердыню на следующий день.

Будьте настойчивы, пока не закончите все 40 дней. Возможно, вам даже захочется продлить этот процесс или вернуться к нему через какое-то время.

Эд Сильвозо рассказал о том, как его друг-пастор наблюдал за разрушением бетонной стены. Она выдержала 10, 15, 30 и даже 35 ударов без видимых трещин. Так и вы можете не чувствовать изменений какое-то время, изо дня в день работая с «Разрушителем твердынь». Однако каждый раз, когда вы отрекаетесь от лжи и провозглашаете правду, в вас что-то происходит. Рано или поздно, например на 36-й удар, в стене вашей твердыни появятся несколько трещин. С каждым последующим ударом они будут все больше и больше расширяться, пока, наконец, не упадет вся стена.

Несколько вариантов «Разрушителя твердынь» показаны в «Руководстве для участника» (стр. 83-85). Один из них для борьбы с импульсивным поглощением пищи, другой — с чувством одиночества, третий – с порнографической зависимостью. Эти примеры дадут вам представление о стратегии работы над твердынями. Если вы боретесь с подобными проблемами, все равно лучше создать собственный вариант, а не пользоваться готовым.

> «That none should perish» Эд Сильвозо, Regal Books, 1994, стр. 174-175.

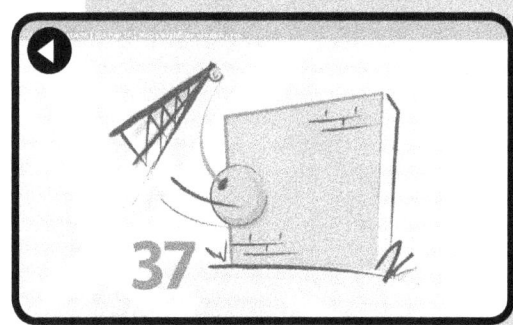

ВСЕГО 4 СЛАЙДА

ПАУЗА ДЛЯ РАЗМЫШЛЕНИЯ 2

ЗАДАЧА:

ПОМОЧЬ УЧАСТНИКАМ СОЗДАТЬ СВОЙ «РАЗРУШИТЕЛЬ ТВЕРДЫНЬ» ДЛЯ УНИЧТОЖЕНИЯ ОБНАРУЖЕННЫХ ЛОЖНЫХ УБЕЖДЕНИЙ.

Примечание:

Лучше всего это сделать в три этапа:

1) Сначала проделайте с присутствующими «Упражнение по раскрытию обмана» («Руководство для Участника», стр. 80). Разбейте группу на два-три человека и дайте им несколько ложных убеждений из списка. Попросите найти истинные утверждения из Библии, опровергающие обман. Если кто-то будет испытывать затруднения, внизу приведены некоторые стихи (они есть только у ведущего). Объедините всех людей обратно и послушайте все вместе, какие стихи нашла каждая подгруппа.

> **ВОПРОСЫ (Часть 1):**
>
> ПОСМОТРИТЕ СПИСОК ТИПИЧНЫХ ЛОЖНЫХ ПРЕДСТАВЛЕНИЙ О СЕБЕ, КОТОРЫМ ЧАСТО ВЕРЯТ ЛЮДИ. КАКИЕ ВЫ МОЖЕТЕ ПРИВЕСТИ БИБЛЕЙСКИЕ СТИХИ, ПОКАЗЫВАЮЩИЕ, ЧТО ДЛЯ ХРИСТИАНИНА ЭТО НЕ МОЖЕТ БЫТЬ ПРАВДОЙ?
>
> | ЛОЖЬ | ИСТИНА |
> |---|---|
> | Нелюбимый | Иер. 31:3; Ин. 3:16; 1 Ин. 4:10. |
> | Оставленный | Нав. 1:5; Мф. 28:20. |
> | Отверженный | Ин. 1:12; Рим. 8:1; 1 Кор. 9:19, 20; Еф.1:11; 1 Фес. 1:4. |
> | Неадекватный | Иер. 1:6,7; Ин. 15:15; Фил. 4:13. |
> | Безнадежный | Еф. 1:10-13; 1 Фес. 5:18; 1 Тим. 4:10. |
> | Глупый | Рим. 12:2; 1 Кор. 2:16. |
> | Некрасивый | Пс. 138:14; Еф. 2:10. |

После этого попросите одного из помощников показать свой «Разрушитель твердынь». Там должны быть: обнаруженное ложное убеждение, последствия, вызванные им, отрывки из Библии, опровергающие обман, и молитва провозглашения: «Я отрекаюсь от лжи, что...», «Я провозглашаю истину, что...». Наконец, дайте участникам время подумать о своем опыте прохождения процесса «Шаги к Свободе во Христе» и постараться обнаружить повторяющуюся мысль о себе (например, «Я неудачник», «Я грязная», «Я уверен, что это может помочь другим, но никогда не сработает со мной»). Затем попросите ответить на следующие вопросы:

ПАУЗА ДЛЯ РАЗМЫШЛЕНИЯ 2 (продолжение)

▶ **ВОПРОСЫ (Часть 2):**

УДАЛОСЬ ЛИ ВАМ ОБНАРУЖИТЬ ОБМАН, КОТОРОМУ ВЫ ДОЛГОЕ ВРЕМЯ ВЕРИЛИ? ВОЗМОЖНО, КАКИЕ-ТО НЕВЕРНЫЕ УБЕЖДЕНИЯ СТАЛИ ОЧЕВИДНЫ ДЛЯ ВАС В ПРОЦЕССЕ ПРОХОЖДЕНИЯ «ШАГОВ». ЭТО МОЖЕТ БЫТЬ ПОВТОРЯЮЩАЯСЯ МЫСЛЬ, КАЖУЩАЯСЯ ПРАВДОЙ, НО КОТОРАЯ, КАК ВЫ ТЕПЕРЬ ЗНАЕТЕ, ЯВЛЯЕТСЯ ЛОЖЬЮ.

ЗАПИШИТЕ ЭТО УБЕЖДЕНИЕ, А ТАКЖЕ ТО, КАК ОНО ПОВЛИЯЛО НА ВАШУ ЖИЗНЬ. ПОСТАРАЙТЕСЬ ВСПОМНИТЬ ПО КРАЙНЕЙ МЕРЕ ОДИН ИЛИ ДВА СТИХА ИЗ БИБЛИИ, ОПРОВЕРГАЮЩИЕ ЭТОТ ОБМАН. НАКОНЕЦ, ЗАПИШИТЕ ПРОВОЗГЛАШЕНИЯ: «Я ОТРЕКАЮСЬ ОТ ЛЖИ, ЧТО…», «Я ПРОВОЗГЛАШАЮ ИСТИНУ, ЧТО…». ЧИТАЙТЕ ВЫБРАННЫЕ СТИХИ И ПРОИЗНОСИТЕ ПРОВОЗГЛАШЕНИЯ ВСЛУХ КАЖДЫЙ ДЕНЬ В ТЕЧЕНИЕ ШЕСТИ НЕДЕЛЬ.

Третий ключ – Принятие долгосрочной перспективы

Помнить, что для разрушения твердынь нужно время и усилие

Помните, что для разрушения твердынь в разуме и избавления от негативного мышления, нужно время. И нужны серьезные усилия. Нам необходимо принять долгосрочную перспективу на дело разрушения твердынь.

В течение большей части необходимых 40 дней вам будет казаться, что это напрасная трата времени.

То, что негативные мысли будут продолжать возвращаться, не значит, что ваша стратегия не работает. Важно то, будете ли вы каждый раз принимать решение не верить этим мыслям.

Допустим, вы пытаетесь справиться с порнозависимостью. Это серьезная твердыня, и для ее разрушения потребуется время. Вам бы хотелось в одно мгновение избавиться от картинок, заполоняющих вашу голову. Но ничего не получается. Представьте, что ваш разум — это кувшин, наполненный черным кофе. Вы хотите сделать жидкость светлой. Рядом стоит миска со льдом, на которой написано «Слово Божье». Хотелось бы взять ее и сразу высыпать всю в кофе. Но вы не в состоянии этого сделать. Зато можете каждый день брать один кусочек льда и класть его в кувшин. Если вы будете продолжать этот процесс длительное время, напиток постепенно перестанет выглядеть и пахнуть как кофе, потеряет его вкус. И станет светлым. Однако ничего не получится, если каждый раз вместе со льдом вы будете добавлять еще кофе. Вы никогда не сможете избавиться от зависимости, если будете сочетать чтение Библии и просмотр порно: Слово Божье (кусочек льда), затем порно-журнал (кофе), библейская истина, потом порно-сайт и так далее. В вашей битве это будет отступлением. Чтобы одержать победу, вам потребуется приложить серьезное усилие в течение какого-то времени. Но будьте уверены, что в конце концов достигнете успеха — ваш разум полностью очистится от непристойных образов и мыслей.

Учиться отличать добро от зла

В послании к Евреям сказано:

> Твердая же пища свойственна совершенным, у которых чувства навыком приучены к различению добра и зла (Евр. 5:14).

Заметьте, опять акцент ставится на нашу собственную ответственность: если мы хотим стать зрелыми христианами, нам нужно приобретать навык отличать добро от зла.

▶ То есть нам необходимо развивать духовное чутье, позволяющее чувствовать, видеть то, что неправильно, что не от Бога. Как нам это сделать? Вспомните, как банковские работники тренируются распознавать фальшивую купюру. Они изучают подлинники, учатся распознавать настоящую банкноту настолько хорошо, что немедленно видят поддельную. И нам необходимо так хорошо познать истину, что, как только в наш разум придет ложная мысль, мы сразу сможем ее обнаружить.

Для этого нам нужно окунуться в Слово Божье, Библию. Самим узнать то, что говорит наш Создатель.

Может быть, вы сейчас испугались, что вам придется каждый день читать длинные списки библейских истин и работать над полудюжиной «Разрушителей твердынь»! Ни в коем случае. Важно все делать разумно.

Настроиться на марафонский забег

▶ Павел, объясняя жизнь в вере, часто использует аналогию марафонского забега. Нам нужно знать, куда мы бежим — к духовной зрелости, и, как апостол, устремляться вперед, настраиваясь на длительную работу:

> Братия, я не почитаю себя достигшим; а только, забывая заднее и простираясь вперед, стремлюсь к цели, к почести вышнего звания Божия во Христе Иисусе
>
> (Фил. 3:13, 14)..

Если мы будем думать, что необходимо достигнуть всего сразу, то, скорее всего, быстро начнем, но так и не сможем закончить, сгорим и решим, что провалились. Мы добьемся победы только в том случае, если настроимся на длительный процесс. Нам необходимо терпеливо работать над каждой твердыней до тех пор, пока не убедимся, что наше мышление изменилось, и только тогда переходить к следующей твердыне. В течение одного года мы сможем разобраться с восемью или девятью внутренними проблемами, что позволит коренным образом изменить нашу жизнь.

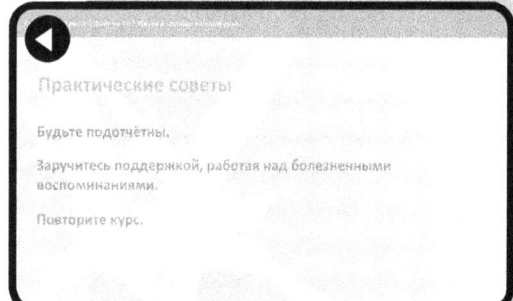

Практические советы

Будьте подотчётны.

Заручитесь поддержкой, работая над болезненными воспоминаниями.

Повторите курс.

Несколько практических советов

Для укрепления в достигнутой свободе полезно сделать следующее:

▶ Если вы работаете над замкнутым кругом повторяющегося греха «грех-покаяние-грех-покаяние» и разрушением твердынь в этой сфере, полезно воспользоваться помощью друга-христианина, которому вы будете подотчетны. Попросить его звонить вам раз в неделю или месяц и интересоваться, как продвигаются дела. Знание, что нужно будет честно все ему рассказать, поможет вам не отступить от своего решения. Вы в состоянии подняться над законом греха, потому что в вас теперь действует другой, высший закон — закон Духа Святого.

▶ Если вы испытали особенно тяжелое переживание в детстве и теперь работаете над обновлением своего разума, то вам может понадобиться помощь зрелого христианина. Когда нахлынут болезненные воспоминания, он сможет поддержать вас и напомнить, что вы более не продукт своего прошлого, а результат того, что Иисус Христос совершил для вас на кресте. Такой человек поможет вам смотреть на болезненные воспоминания не с позиции, кем вы были тогда, а с позиции того, кто вы теперь.

И последнее, после того, как мы закончим этот курс (осталось всего три занятия), будет полезно повторить обучение, либо снова прослушав его, либо прочитав сопутствующие книги. Почему? Любой материал полезно слушать дважды, но особенно это относится к данному курсу. Причина в том, что вы работаете над такими внутренними проблемами, которые дают врагу возможность влиять на ваш разум, путать ваше мышление и вызывать духовную слепоту. Пройдя курс впервые и разобравшись с этими преградами, в следующий раз вы, скорее всего, сможете усвоить его значительно глубже.

ПАУЗА ДЛЯ РАЗМЫШЛЕНИЯ 3

ЗАДАЧА:

ВДОХНОВИТЬ УЧАСТНИКОВ НАЧАТЬ ИСПОЛЬЗОВАТЬ НА ПРАКТИКЕ ТО, ЧЕМУ ОНИ НАУЧИЛИСЬ НА КУРСЕ.

▶ **ВОПРОСЫ:**

ЗАПИШИТЕ, КАКИЕ ПРАКТИЧЕСКИЕ ШАГИ ВЫ СОБИРАЕТЕСЬ ПРЕДПРИНЯТЬ ДЛЯ СОХРАНЕНИЯ ОБРЕТЕННОЙ СВОБОДЫ И ОБНОВЛЕНИЯ СВОЕГО РАЗУМА.

 ## СВИДЕТЕЛЬСТВО

Запишите две самые важные для вас вещи, которые вы узнали на этом курсе. Как вы можете объяснить их неверующему человеку?

 ## НА СЛЕДУЮЩЕЙ НЕДЕЛЕ

Создайте «Разрушитель твердынь» для самой значительной лжи, которую вы открыли в своей жизни, и начинайте его использовать для ее уничтожения.

«Разрушитель твердынь» Пример 1:

Поиск утешения в пище, а не у Бога.

Ложь: постоянное поглощение пищи может дать мне утешение и поможет справиться со стрессом.

Влияние на мою жизнь: вредит моему здоровью; ведет к ожирению; открывает лазейку для врага; мешает движению к духовной зрелости.

«Что город разрушенный, без стен, то человек, не владеющий духом своим» (Прит. 25:28).

«Я говорю: поступайте по духу, и вы не будете исполнять вожделений плоти» (Гал. 5:16).

«Плод же духа: любовь, радость, мир, долготерпение, благость, милосердие, вера, кротость, воздержание...» (Гал. 5:22).

«Благословен Бог и Отец Господа нашего Иисуса Христа, Отец милосердия и Бог всякого утешения, утешающий нас во всякой скорби нашей, чтобы и мы могли утешать находящихся во всякой скорби тем утешением, которым Бог утешает нас самих!» (2 Кор. 1:3–4).

«Так благословлю Тебя в жизни моей; во имя Твое вознесу руки мои. Как туком и елеем насыщается душа моя, и радостным гласом восхваляют Тебя уста мои» (Пс. 62:4–5).

«Да будет же милость Твоя утешением моим, по слову Твоему к рабу Твоему» (Пс. 118:76).

Господь Иисус, я отрекаюсь от лжи, что постоянное поглощение пищи может дать мне утешение и поможет справиться со стрессом.

Я провозглашаю истину, что Ты источник всякого утешения. И мое единственное и настоящее утешение — это Твоя неизменная любовь.

Я обещаю, что теперь буду жить по духу, а не исполнять вожделений плоти. Когда мне будет нужно утешение, я обращусь не к еде, а к Тебе и получу лучшую пищу в мире. Наполни меня снова Своим Духом Святым и живи во мне, помогая укрепляться в самодисциплине и воздержании. Аминь.

Отмечайте дни:

1	2	3	4	5	6	7	8	9	10	11	12
13	14	15	16	17	18	19	20	21	22	23	24
25	26	27	28	29	30	31	32	33	34	35	36
37	38	39	40								

«Разрушитель твердынь» Пример 2:

Постоянное чувство одиночества.

Ложь: я всеми оставлен, забыт, и никому до меня нет дела.

Влияние на мою жизнь: сторонюсь людей; замкнулся в себе; думаю, что меня никто не любит; живу в страхе.

«Будьте тверды и мужественны, не бойтесь, [не ужасайтесь] и не страшитесь их, ибо Господь, Бог твой, Сам пойдет с тобою [и] не отступит от тебя и не оставит тебя» (Втор. 31:6).

« И до старости вашей Я тот же буду, и до седины вашей Я же буду носить вас; Я создал и буду носить, поддерживать и охранять вас»

(Ис. 46:4).

«Ибо только Я знаю намерения, какие имею о вас, говорит Господь, намерения во благо, а не на зло, чтобы дать вам будущность и надежду»

(Иер. 29:11).

«Ибо я уверен, что ни смерть, ни жизнь, ни Ангелы, ни Начала, ни Силы, ни настоящее, ни будущее, ни высота, ни глубина, ни другая какая тварь не может отлучить нас от любви Божией во Христе Иисусе, Господе нашем»

(Рим. 8:38–39).

Дорогой Отец Небесный, я отрекаюсь от лжи, что я оставлен, забыт, и никому до меня нет дела.

Я провозглашаю истину, что Ты меня любишь и никогда не оставишь, что намерения Твои — дать мне будущее и надежду, и ничто не может отлучить меня от Твоей любви.

Во имя Иисуса Христа. Аминь.

Отмечайте дни:

1	2	3	4	5	6	7	8	9	10	11	12
13	14	15	16	17	18	19	20	21	22	23	24
25	26	27	28	29	30	31	32	33	34	35	36
37	38	39	40								

«Разрушитель твердынь» Пример 3:

Непреодолимое желание посещать порносайты

Ложь: я не могу сопротивляться желанию посещать порносайты.

Влияние на мою жизнь: глубокое чувство стыда; извращенные сексуальные влечения; неспособность строить правильные отношения с людьми; разрушение семейной жизни.

«Так и вы почитайте себя мертвыми для греха, живыми же для Бога во Христе Иисусе, Господе нашем. Итак, да не царствует грех в смертном вашем теле, чтобы вам повиноваться ему в похотях его и не предавайте членов ваших греху в орудия неправды, но представьте себя Богу, как оживших из мертвых, и члены ваши Богу в орудия праведности. Грех не должен над вами господствовать, ибо вы не под законом, но под благодатью»
(Рим. 6:11–14).

«Не знаете ли, что тела ваши суть храм живущего в вас Святаго Духа, Которого имеете вы от Бога, и вы не свои?»
(1 Кор. 6:19).

«Вас постигло искушение не иное, как человеческое; и верен Бог, Который не попустит вам быть искушаемыми сверх сил, но при искушении даст и облегчение, так чтобы вы могли перенести»
(1 Кор. 10:13).

«Я говорю: поступайте по духу, и вы не будете исполнять вожделений плоти»
(Гал. 5:16).

«Плод же духа: любовь, радость, мир, долготерпение, благость, милосердие, вера, кротость, воздержание…»
(Гал. 5:22).

Боже, я отрекаюсь от лжи, что я не в состоянии сопротивляться искушению посещать порносайты.

Я провозглашаю истину, что, если я буду жить по духу, то не буду исполнять желания плоти, и во мне проявится плод Духа Святого, включая воздержание. Я считаю себя мертвым для греха и не позволяю ему править моим телом. Сегодня и каждый день я предоставляю себя Тебе как храм Духа Святого, чтобы жить праведно. Я провозглашаю, что у греха больше нет надо мной власти. Я выбираю полностью покориться Господу и противостать дьяволу, который должен сейчас же меня покинуть.

Отмечайте дни:

1	2	3	4	5	6	7	8	9	10	11	12
13	14	15	16	17	18	19	20	21	22	23	24
25	26	27	28	29	30	31	32	33	34	35	36
37	38	39	40								

Занятие 11

ПОСТРОЕНИЕ ОТНОШЕНИЙ С ЛЮДЬМИ

Занятие 11. Построение отношений с людьми

КЛЮЧЕВОЙ СТИХ:

Мф. 22:37-40: Иисус сказал ему: возлюби Господа Бога твоего всем сердцем твоим и всею душою твоею и всем разумением твоим: сия есть первая и наибольшая заповедь; вторая же подобная ей: возлюби ближнего твоего, как самого себя; на сих двух заповедях утверждается весь закон и пророки.

ЦЕЛЬ ЗАНЯТИЯ:

Понять свои права и обязанности в отношениях с другими людьми, чтобы вместе расти во Христе.

КЛЮЧЕВАЯ ИСТИНА:

Как христианам, нам нужно принять ответственность за собственный характер и стараться восполнять нужды людей, а не наоборот.

> ## Заметки для ведущего
>
> Наиболее важная заповедь Христа гласит о том, что мы должны возлюбить Господа Бога нашего всем сердцем, душой и умом, а также ближнего своего, как самого себя. Это повеление вбирает в себя весь смысл библейского послания. Мы призваны любить Бога и друг друга.
>
> Невозможно иметь праведные отношения с Богом и при этом не иметь их с людьми. Правильные отношения с Ним должны вести к правильным отношениям с ближними.
>
> Сатана часто нападает на наши отношения. Если мы хотим духовно расти, нам необходимо уяснить, как правильно относиться к окружающим. Многие по этому поводу находятся в заблуждении. На этом занятии мы поможем участникам понять свои права и обязанности в отношениях, разницу между осуждением и исправлением, степень ответственности перед людьми и важность восполнения нужд ближних.

РАСЧЕТ ВРЕМЕНИ ЗАНЯТИЯ:

ЗНАКОМСТВО	10 мин.	0:10
ПРОСЛАВЛЕНИЕ	10 мин.	0:20
СЛОВО. ЧАСТЬ 1	13 мин.	0:33
ПАУЗА ДЛЯ РАЗМЫШЛЕНИЯ 1	20 мин.	0:53
СЛОВО. ЧАСТЬ 2	24 мин.	1:17
ПАУЗА ДЛЯ РАЗМЫШЛЕНИЯ 2	20 мин.	1:37
СЛОВО. ЧАСТЬ 3	8 мин.	1:45
ПАУЗА ДЛЯ РАЗМЫШЛЕНИЯ 3	15 мин.	2:00

 # ЗНАКОМСТВО

Из того что вы узнали на этом курсе, что вас больше всего поразило?

 # ПРОСЛАВЛЕНИЕ

Предлагаемая тема: славить Бога за тех людей, которых Он нам дал.

Прочитайте 1 Ин. 3:16: Любовь познали мы в том, что Он положил за нас душу Свою: и мы должны полагать души свои за братьев.

Предложите участникам сказать друг другу или Самому Иисусу, что для них значит Его любовь.

 # СЛОВО

Понять сущность благодати

Две женщины разговаривают. Одна говорит: «Мой муж, как Моисей. Он может блуждать по пустыне 40 лет и ни разу не спросить, как добраться до цели». Другая отвечает: «А мой муж, как Бог: редко показывается, но когда что-то делает, то это просто чудо!»

В Мф. 22:37–40 Иисус сказал: «Возлюби Господа Бога твоего всем сердцем твоим и всею душею твоею и всем разумением твоим: сия есть первая и наибольшая заповедь; вторая же подобная ей: возлюби ближнего твоего, как самого себя; на сих двух заповедях утверждается весь закон и пророки».

Мы призваны любить других, как самих себя. Как же полюбить тех, кого, кажется, терпеть невозможно? Своими силами мы этого сделать не можем, но Бог никогда не попросит сделать невыполнимое. Теперь, обретя свободу во Христе, вы в состоянии строить такие отношения с людьми, какие Создатель предназначил с самого начала.

Осознание своего положения во Христе, являясь основанием нашей христианской жизни и духовного роста, также формирует основу, на которой должны строиться наши отношения с другими людьми. Мы будем любить Его, потому что Он прежде возлюбил нас (1 Ин. 4:19). Мы даем даром, потому что получили даром (Мф. 10: 8). Мы милосердны, потому что Бог милосерден к нам (Лк. 6:36), и мы прощаем так же, как Иисус простил нам (Еф. 4:32).

Ничего этого не получится, если мы не поймем, что такое Божья благодать для нас. ▶ Благодать — это дать людям то, чего они не заслуживают. Благо, которое нельзя заработать.

- ▶ Мы любим, потому что Он прежде возлюбил нас.
- ▶ Мы даем даром, потому что Он дал даром нам.
- ▶ Мы милосердны, потому что Он милосерден к нам.
- ▶ Мы прощаем, потому что Он простил нам.

Когда мы начинаем понимать сущность благодати, происходит странная вещь. Мы обнаруживаем, что действительно намного радостнее давать, нежели принимать (Деян. 20:35). И возникает желание поделиться тем, что у нас есть.

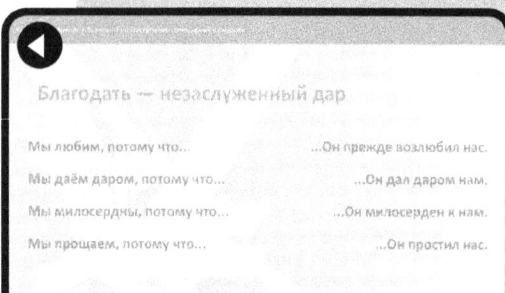

Ответственность за собственный характер и нужды других

▶ Вам когда-нибудь приходилось быть свидетелем ссоры двух супругов? Вы замечали, что, ругаясь, они неизбежно нападают на характер друг друга («Ты эгоист!»), в то же время, ища удовлетворения своих собственных потребностей («Ты мне никогда не помогаешь!»). С подобным подходом ни у кого не может быть хороших отношений, поскольку это прямая противоположность тому, чему учит Бог. Послушайте следующие стихи из Библии и подумайте, в чем состоят наши обязанности в отношениях с другими людьми.

> ▶ Кто ты, осуждающий чужого раба? Перед своим Господом стоит он, или падает. И будет восставлен, ибо силен Бог восставить его (Рим. 14:4).

Характер другого человека не должен быть вашей заботой. Это между ним и Богом. Не нам судить. Каждый из нас ответственен перед Господом только за свой собственный характер.

> Ничего не делайте по любопрению или по тщеславию, но по смиренномудрию почитайте один другого высшим себя. Не о себе только каждый заботься, но каждый и о других. Ибо в вас должны быть те же чувствования, какие и во Христе Иисусе… (Фил. 2:3–5).

▶ Из этого отрывка ясно видно, что на нас лежит ответственность заботиться о ближних, восполнять их нужды.

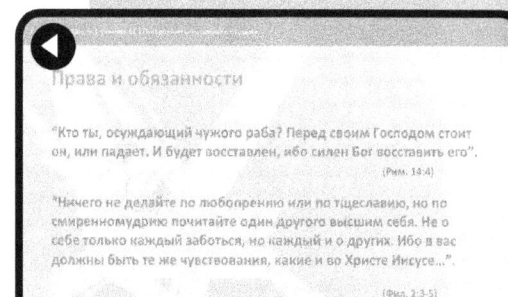

Итак, что входит в наши обязанности в отношениях с людьми? Ответственность за свой собственный характер и восполнение нужд других.

Представьте, какой бы стала жизнь, если бы каждый человек принял на себя ответственность стать подобным Христу, в то же время делая все возможное для других. Это был бы рай на Земле!

Видеть собственные грехи

Все понимают, что нам нужно видеть, прежде всего, собственные грехи. Вопрос в том, поступаем ли мы так?

Слишком часто мы хорошо видим недостатки других людей, совсем не замечая свои. Способность видеть собственные грехи зависит во многом от состояния наших отношений с Отцом, насколько они близки.

Мы с нетерпением ожидаем однажды увидеть Иисуса таким, какой Он есть (1 Ин. 3:2). Со времени грехопадения ни один человек не видел Бога во всей Его полноте. Однако в Библии описаны несколько событий, когда некоторые святые удостоились испытать проявления Божьего присутствия. Например, пророк Исаия. В Ис. 6:1 мы читаем: «В год смерти царя Озии видел я Господа, сидящего на престоле высоком и превознесенном, и края риз Его наполняли весь храм». Интересна реакция пророка на то, что он оказался настолько близок к Богу. Послушайте, что воскликнул Исаия: «...горе мне! погиб я! ибо я человек с нечистыми устами, и живу среди народа также с нечистыми устами, — и глаза мои видели Царя, Господа Саваофа» (Ис. 6:5). Если бы мы, так приблизились к Создателю, чьи грехи мы бы увидели? Кого-то другого? Нет, свои собственные!

В Лк. 5 описывается, как Иисус воспользовался лодкой ученика, чтобы обратиться к толпе, собравшейся на берегу. Всю предшествующую ночь Петр безуспешно пытался ловить рыбу. Иисус ему сказал: «...отплыви на глубину и закиньте сети свои для лова» (Лк. 5:4). Петр повиновался, отплыл подальше от берега и вдруг стал вытаскивать сеть, полную рыбы. Он, должно быть, внезапно осознал, что с ним в лодке находился кто-то совершенно особенный, раз ему повинуется даже рыба. Какова была реакция Петра? Может быть, он сказал: «...выйди от меня, Господи! потому что я женат на грешной женщине?» Нет! Он сказал: «...выйди от меня, Господи! потому что я человек грешный» (Лук. 5:8).

▶ Когда мы близки к Богу, то начинаем видеть не

грехи других людей, а свои собственные.

▶ С другой стороны, если наши отношения с Богом чуть теплые, то мы, наоборот, склонны больше замечать грехи других, чем свои. Если окружающие нас люди не оправдывают наших ожиданий, мы склонны решать, что это они неправы, и стараемся их в этом убедить. Однако мы ответственны не за их характер, а за свой собственный.

Фокусировать внимание на своих обязанностях, а не на не правах

▶ Отношения между людьми предполагают наличие прав и обязанностей разных сторон. Вопрос в том, на чем мы должны фокусировать свое внимание, на правах или обязанностях?

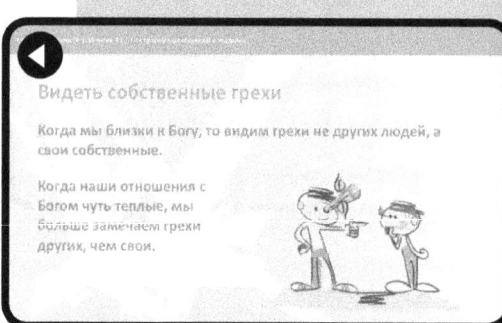

Возьмите, например, брак. В Библии сказано, что жена должна подчиняться своему мужу, и, естественно, он может настаивать на этом, как на своем праве. Однако ему дана и соответствующая обязанность: любить свою жену так же, как Христос любит Церковь (только подумайте, что это означает!). ▶ На чем супруг должен больше фокусировать свое внимание, на своих правах или обязанностях?

Жена может пилить своего мужа потому, что считает себя вправе ожидать от него духовного руководства семьей. В самом деле, Бог дал мужьям такое наставление. С другой стороны, ей самой дана обязанность любить и уважать своего супруга. На чем она должна сосредоточиться, на своих правах или обязанностях?

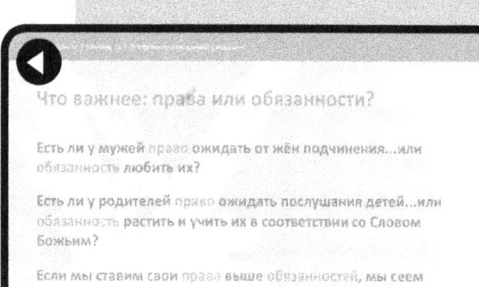

Когда мы встретимся со Христом лицом к лицу, что для Него будет важно? Спросит ли Он: «Дал ли тебе муж все, в чем ты нуждалась?» Или все-таки захочет узнать, как мы справились с собственной задачей?

Сатана же, наоборот, всегда искушает нас помнить о своих правах, а не обязанностях, что быстро приводит к разрушению отношений.

▶ Имеют родители право ожидать, что дети будут их слушаться? Или должны наставлять сыновей и дочерей в Слове Божьем и исправлять, если они ошибаются?

Есть ли у вас право критиковать других христиан вашей церкви? Или у вас есть обязанность следовать руководству тех, кто поставлен над вами, и в отношениях с окружающими проявлять такую же любовь, какую Христос показал вам? Быть прихожанином церкви — замечательная привилегия. С ней также приходит и ответственность вести себя, как дети Божьи, и любить Отца и других людей.

▶ Если мы ставим свои права выше обязанностей, то сеем семена разрушения в отношениях с ближними.

Я не хочу сказать, что у нас не должно быть прав. У всех есть права, чтобы к нам относились с любовью и уважением независимо от расы, цвета кожи, вероисповедания и тому подобное. Но, настаивая на своих правах, мы не должны забывать и об обязанностях.

Если мы научимся не ожидать слишком многого от окружающих, а сосредоточимся только на своей собственной роли, мы сможем убрать из отношений всякую напряженность. Более того, каждый раз, когда другой человек сделает для нас то, на что мы не рассчитываем, мы будем воспринимать это, как подарок.

Вам намного будет радостнее жить, если, вместо того, чтобы постоянно обращать внимание на промахи людей и чувствовать себя обиженным, вы примите решение замечать и ценить в них хорошее.

ПАУЗА ДЛЯ РАЗМЫШЛЕНИЯ 1

ЗАДАЧА:

ЗАКРЕПИТЬ ПОНИМАНИЕ ПРИНЦИПА, ЧТО МЫ ОТВЕТСТВЕННЫ ЗА СВОЙ СОБСТВЕННЫЙ ХАРАКТЕР И ВОСПОЛНЕНИЕ НУЖД ДРУГИХ ЛЮДЕЙ, А НЕ НАОБОРОТ.

▶ ВОПРОСЫ:

КАК БЫ ВЫ ОПРЕДЕЛИЛИ СВОЮ ОБЯЗАННОСТЬ ПО ОТНОШЕНИЮ К ЛЮДЯМ?

КАК ВЫ ДУМАЕТЕ, ПОЧЕМУ МЫ ВСЕ СКЛОННЫ СУДИТЬ ДРУГИХ И УДОВЛЕТВОРЯТЬ СОБСТВЕННЫЕ НУЖДЫ?

ЕСЛИ ВЫ ОСОЗНАЕТЕ, ЧТО СТАЛИ КРИТИКОВАТЬ ОКРУЖАЮЩИХ, НЕ ЗАМЕЧАЯ СОБСТВЕННЫЕ НЕДОСТАТКИ, В ЧЕМ МОЖЕТ БЫТЬ ПРИЧИНА? И КАК ВЫ МОЖЕТЕ ЭТО ИСПРАВИТЬ?

▶ **Что делать, если мы видим недостатки или ошибки других людей?**

Легко сказать: «Сосредоточьтесь на собственном характере и обязанностях и замечайте в других только хорошее». Но что делать, если нам кажется, что мы видим чужие недостатки? Или кто-то сделал что-то не так? Игнорировать? Или нам следует играть роль совести и обвинить его в этом грехе?

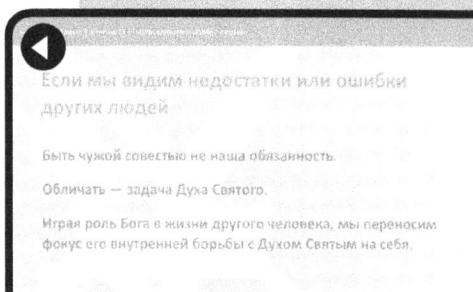

Важно понять, что нет на земле человека, которому было бы легко признать свою ошибку. Нам всем трудно сказать: «Это сделал я».

Об этом важно помнить, когда мы решаем указать ближнему или нет на его промахи или недостатки.

В самом деле, иногда со стороны увидеть проблемы легче. Однако вопрос в том, на нас ли лежит ответственность о них говорить?

▶ Нет, это задача Духа Святого (Ин. 16:8). Не сомневайтесь, что Он уже обличает совесть человека.

Уже происходит внутренняя борьба. ▶ В тот момент, когда мы вмешиваемся и пытаемся указать на промах, фокус духовного противостояния переносится на нас. Мы вызываем огонь на себя. А это не наша борьба. Не наша задача играть роль Бога в жизни другого человека.

«Что?! Оставить Духу Святому указать моему мужу на его недостатки?!» Да.

«Но разве Бог не дал мне служение осуждения?!» Нет, Бог дал нам служение примирения (2 Кор. 5:18).

«Но разве любовь не обнажает множество грехов?» Нет, апостол Петр писал, что: «...любовь покрывает множество грехов» (1 Пет. 4:8).

Ясно осознав, как легко могу сам нечаянно обидеть другого, я принял решение не принимать к сердцу, когда кажется, что кто-то обидел меня. Я решаю верить в его невиновность. Я выбираю думать о нем хорошо.

Конфликт — нормальная часть повседневной жизни. И очень важно для качества отношений и самой жизни то, как вы будете этот конфликт разрешать.

Исправлению — да, осуждению — нет

Если указывать другим на их ошибки и недостатки не моя задача, то что я могу сделать, когда вижу, что кто-то совершает грех? Христиане тоже грешат, и это серьезно отражается на их отношениях с Богом и людьми. Неужели нужно закрывать на это глаза? Могут ли быть ситуации, когда я обязан прямо сказать человеку о его проступке?

Иисус сказал:

> Не судите, да не судимы будете, ибо каким судом судите, таким будете судимы; и какою мерою мерите, такою и вам будут мерить (Мф. 7:1).

В то же время апостол Павел учит, что должен сделать верующий по отношению к своему брату-христианину, если видит, что тот грешит:

> Братия! если и впадет человек в какое согрешение, вы, духовные, исправляйте такового в духе кротости, наблюдая каждый за собою, чтобы не быть искушенным (Гал. 6:1).

Как можно примирить то, что нам велено не судить, с тем, что мы должны исправлять согрешившего человека?

▶ Осуждение не то же самое, что исправление.

Нам нужно понять, насколько сложно большинству людей признать свой грех. Что сказать труднее: «Это сделал я. Это моя вина» или «Прости, пожалуйста»? Конечно, «Это сделал я».

Если отец поймает сына на том, что тот бросал в машину камни, разговор может получиться примерно такой:
- Зачем ты бросал в машину камни?!
- Я этого не делал!
- Я видел это собственными глазами!
- Прости, папа.

Хулиган признался? Еще нет.

- За что ты просишь прощение?
- Ну, ты сам знаешь.
- И все таки, за что?
- Ну, извини.

Сознался он сейчас? Нет.

- Конечно, я тебя прощу. Только за что?
- Ну, ты сам видел...

Или разговор между двумя прихожанами церкви:
- В наших отношениях не все в порядке. Извини меня.
- Конечно, а за что?
- Ну, за то, что между нами происходит...
- Так за что конкретно?
- Ах, забудь об этом!

Осуждение и исправление

Осуждение относится к характеру.

Исправление относится к поведению, которому мы сами свидетели.

СВОБОДА ВО ХРИСТЕ 243

▶ Осуждение всегда относится **к характеру**, тогда как исправление – **к поведению**. Исправление должно основываться на том, что мы сами видели или слышали. Если другой христианин согрешил против нас, мы должны сказать ему об этом лично. Если он не остановится, нам следует пойти к нему снова с двумя-тремя старейшинами, которые также были свидетелями его греха. Если он не послушает и их, мы должны сказать всей церкви (Мф. 18:15–17). Целью всего процесса является не осуждение человека, а восстановление его во Христе. Если же других свидетелей нет, то тогда его слово против вашего. На этом и оставьте все дело. Бог знает обо всем, и это Его роль обличать, а не наша. Он с этим разберется Своей совершенной мудростью.

Мы часто поддаемся искушению судить чужой характер. Если видим, что человек говорит очевидную ложь, мы склонны сказать: «Ты лжец!» Но это будет осуждением, потому что мы задеваем его. Лучше сказать: «Ты сказал неправду!», что указывает на неправильное поведение, а не на характер.

Все еще не совсем понятна разница? Первая фраза подразумевает, что суть его **личности** — это лжец. Что глубоко внутри он плохой, и мало надежды на изменение. Вторая фраза ничего не говорит о его сущности. Она просто указывает на неправильное **поведение**, которое в будущем легко изменить.

В такой ситуации лучше всего сказать: «Ты же **не** лжец. Зачем ты говоришь неправду?» Это поможет человеку понять, что, как дитя Божье, он поступил против своей истинной природы.

Назвать кого-то «лжецом», «глупым», «неуклюжим», «гордым» или «злым» значит задеть его личность. Это заставляет людей чувствовать, что ничего нельзя изменить, нет пути вперед, потому что характер невозможно изменить быстро.

А если, наоборот, вы просто указываете человеку на неправильный поступок, вы даете ему возможность исправиться: «Да, я сказал неправду. Прости, пожалуйста!» На этом вся проблема и закончится.

Наказание и исправление не одно и то же

Между наказанием человеческим и наказанием Божьим есть существенная разница. ▶ Наказание в понимании большинства людей основано на ветхозаветном принципе «глаз за глаз», то есть

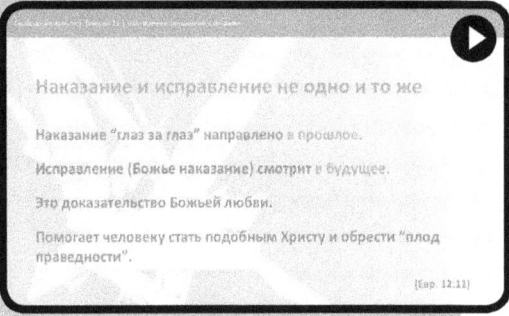

мщении. Оно направлено назад, в прошлое.
▶ Наказание Божье — это не мщение, а исправление, которое смотрит вперед, в будущее. ▶ В Евр. 12:5–11 сказано, что Божье наказание — это доказательство Его любви и совершается для нашей пользы. Если мы остались без наказания Отца, то мы не любимые сыновья, а незаконные дети (Евр.12:8).

Бог не осуждает христиан. Однако Он дисциплинирует нас, чтобы мы исправлялись, не повторяли одни и те же ошибки и развивали свой характер.

▶ Всякое наказание в настоящее время кажется не радостью, а печалью; но после наученным через него доставляет мирный плод праведности (Евр. 12:11)

Бог не наказывает нас за плохое поведение, а исправляет, чтобы мы смогли стать подобными Христу.

Как замечательно осознавать, что если мы поступили дурно, Бог нам за это не мстит. Он настолько нас любит, что иногда принимает трудное решение послать нам испытания, чтобы подготовить нас к будущему и развить наш характер.

Поняв это, мы также сможем с любовью применять дисциплину к тем, кому она необходима, вместо того, чтобы пожать плечами и самоустраниться. Мы не будем наказывать их за прошлое, а только терпеливо исправлять, чтобы в будущем они принимали лучшие решения, а не повторяли старые ошибки.

Когда на нас нападают

▶ Как нам поступить, если мы подвергаемся нападкам? Должны ли мы защищаться? Нам, наверняка, этого захочется. А как повел Себя Иисус, когда подобное случилось с Ним? «Будучи злословим, Он не злословил взаимно; страдая, не угрожал, но предавал то Судии Праведному» (1 Пет. 2:23).

Теперь, когда мы получили прощение и обрели жизнь во Христе, у нас нет нужды защищаться. ▶ Если мы неправы, то мы беззащитны. ▶ Если мы правы, то защита нам не нужна. Наша защита — Христос.

Одна женщина позвонила пастору и договорилась о встрече. Она составила о нем целый список замечаний, которые и хотела обсудить. Там было только два плюса и целая страница минусов! Когда женщина переходила от одного обвинения к другому, у пастора каждый раз возникало искушение защищаться, но он сдерживался и молчал. После того как посетительница закончила, он

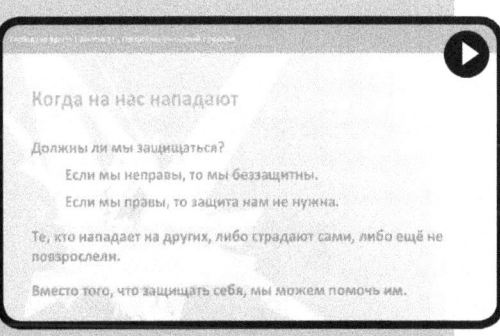

сказал: «Вам, наверное, понадобилось много мужества, чтобы прийти ко мне и поделиться этим. Как вы считаете, что я должен сделать?» Тогда она разразилась слезами и призналась: «Дело не в вас, а во мне!» После этого они по-дружески обсудили ее ситуацию, что привело к замене ее служения на другое, более подходящее для нее.

Что было бы, если бы священник стал защищать себя по каждому обвинению? Женщина бы еще больше уверилась, что ее долг убедить своего пастора в его грехах.

Если вы научитесь не бросаться защищать себя всякий раз, когда кто-то задевает вашу личность или поведение, у вас появится возможность изменить ситуацию и даже помочь обидчику.

Один студент библейского колледжа услышал эту историю и попробовал повести себя так же, как и пастор, о чем позже нам рассказал. Однажды он замещал больного преподавателя, и после занятий ему позвонила рассерженная мама одной из учениц. «Вы самый худший из учителей, которые были у моей дочери!» – кричала она. Ему ужасно хотелось бросить трубку, но он вспомнил рассказ о священнике и сумел сохранить спокойствие. Когда женщина, наконец, закончила свои нападки, молодой человек сказал: «Вам, наверное, понабилось много мужества, чтобы позвонить и сказать мне об этом. Что, по вашему мнению, я должен сделать?» Отгадайте, какой была реакция той родительницы? Она расплакалась, и их отношения были восстановлены. Эта мама одна воспитывала дочь, а та рассказывала об учителе всякие небылицы. Кроме того, взрослые решили вместе молиться за девочку, так как выяснилось, что они христиане.

▶ Сильный и душевно цельный человек никогда не будет нападать на других, унижать их или постоянно критиковать. Те, кто так делают, либо страдают сами, либо еще не повзрослели. Если, подвергаясь нападкам людей, мы научимся не защищать себя, то сможем помочь им самим.

Власть или принятие?

▶ Во избежание анархии в нашем обществе Господь создал иерархию власти. На каждого из нас возложена определенная ответственность.

Когда вы думаете о Боге, каким Он вам кажется:

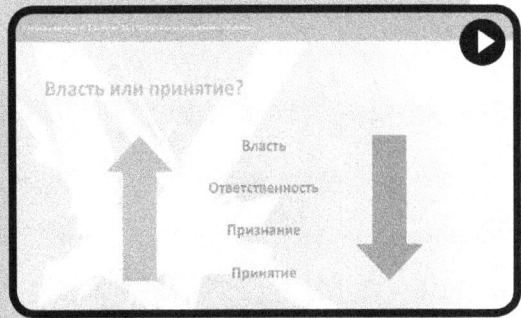

властным директором школы, готовым наказать вас за любой промах, или любящим отцом, готовым принять вас в свои объятия, что бы ни случилось?

Посмотрите на следующие четыре слова и их порядок и подумайте, когда Бог вошел в вашу жизнь, в какой последовательности это произошло? Сверху вниз или снизу вверх? С позиции власти или позиции принятия?

Ответы покажут ваше истинное представление о Боге, которое неизбежно отражается на вашем понимании христианского служения, брака или воспитания детей. Апостол Павел писал: «...Христос умер за нас, когда мы были еще грешниками» (Рим. 5:8). Господь подошел к нам не с позиции власти, а с позиции принятия. После этого идет признание, заверение в Его любви:

«...Дух свидетельствует духу нашему, что мы — дети Божии» (Рим. 8:16). Бог — это любящий Отец.

Дьявол пытается исказить наше представление о Боге, это приводит к тому, что мы смотрим на этот список не с того конца. Мы начинаем сверху, с власти. Мы видим только строгого Судью. Как я могу подойти к «поедающему огню»? Как я могу приблизиться к Святому, будучи таким грешником? Но, если вы осознаете, что Бог — это любящий Отец и Он примет вас несмотря ни на что, то сможете без страха прийти к Нему и излить Ему все свои беды.

Какому начальнику удается извлечь из нас самое лучшее, добиться от нас полной отдачи? Тому, чье отношение к подчиненным основано на уважении и признании. Если же шеф возлагает на своих работников определенную ответственность, но в то же время пренебрегает ими, то он никогда не добьется от подчиненных хорошей работы. Мы служим с радостью тем, кто нас признает и принимает.

Представьте подростка, пришедшего домой поздно, и его отец властно и сердито спрашивает: «Где ты был?!» Сын, скорее всего, ответит одним словом: «Гулял!» Родитель продолжит: «И что ты делал?» На что тот скажет: «Ничего!» Не слишком много достигнуто.

Ни в одном Евангелии мы не находим, чтобы Иисус говорил что-то вроде: «Эй, я Сын Божий! Давайте-ка слушайтесь Меня!» Он — Бог, у Него вся власть, но Он пришел к нам Добрым Пастырем. Во время Нагорной проповеди «...народ дивился учению Его, ибо Он учил их, как власть имеющий, а не как книжники и фарисеи» (Мф. 7:28–29). Этой властью Христос обладал не из-за Своего положения, а из-за Своей сущности.

Когда мы видим людей, борющихся с грехом, то нужно относиться к ним так же, как Бог относится к нам. Тогда мы сможем не отвергать их, а принимать, с любовью и без малейшего осуждения.

ПАУЗА ДЛЯ РАЗМЫШЛЕНИЯ 2

ЗАДАЧА:

ПОНЯТЬ, ЧТО ДЛЯ ПРЕОДОЛЕНИЯ ТРУДНОСТЕЙ В ОТНОШЕНИЯХ С ЛЮДЬМИ НАМ НЕОБХОДИМО НАУЧИТЬСЯ БЫТЬ КОНСТРУКТИВНЫМИ И НЕОСУЖДАЮЩИМИ, А ТАКЖЕ ПРАВИЛЬНО РЕАГИРОВАТЬ НА КРИТИКУ, НАПРАВЛЕННУЮ ПРОТИВ НАС.

▶ **ВОПРОСЫ:**

ПОЧЕМУ ПЫТАТЬСЯ БЫТЬ ЧУЖОЙ СОВЕСТЬЮ (УКАЗЫВАТЬ ЧЕЛОВЕКУ НА ЕГО ОШИБКИ И НЕДОСТАТКИ) НЕМУДРО? К ЧЕМУ ЭТО МОЖЕТ ПРИВЕСТИ?

В ЧЕМ ОТЛИЧИЕ МЕЖДУ ОСУЖДЕНИЕМ, НАКАЗАНИЕМ И ИСПРАВЛЕНИЕМ?

КОГДА В СЛЕДУЮЩИЙ РАЗ ВЫ ПОДВЕРГНЕТЕСЬ НАПАДКАМ ИЛИ ОБВИНЕНИЯМ, КАКОЙ БУДЕТ ВАША РЕАКЦИЯ?

Должны ли мы выражать свои потребности?

Если в отношениях с другим человеком наши потребности не были удовлетворены, должны ли мы молча страдать или рассказать об этом?

В отношениях нужно быть честными. ▶ Поэтому важно сказать о своих нуждах. Однако, все зависит от того, каким образом мы это сделаем. Проблема в том, что часто выражение собственных потребностей выглядит скорее как критика другого. ▶ Рассказывая близкому человеку о своих нуждах, мы должны быть внимательны, чтобы не перейти в осуждение его самого. Предположим, жена не чувствует себя любимой. Она может спросить мужа: «Ты меня больше не любишь, правда?» Наверняка, муж ответит:

«Конечно, я тебя люблю!» И на этом все закончится. Она не выразила это, как потребность. Ее слова прозвучали, как осуждение. Но если жена скажет так: «Я не чувствую себя любимой, а мне так это важно»? Заменив «Ты» на «Я», она выразила свою потребность, избежав осуждения. У мужа теперь есть возможность дать ей то, что она просит, и, что важно, у него не отбито желание это сделать.

Или представьте мужа, который не чувствует, что он нужен своей жене. Вместо того, чтобы сказать: «Ты заставляешь меня чувствовать себя ненужным», он может выразить это по-другому: «Я себя чувствую ненужным». Заменив «Ты» на «Я»-потребность, он уберет из своих слов обвинение, и его жена, скорее всего, постарается изменить ситуацию.

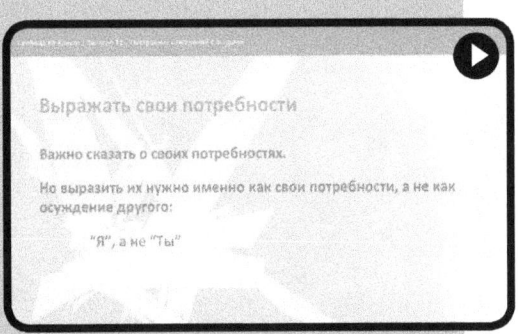

Мы пожинаем то, что сеем

Бог поместил нас в сообщество других людей, потому что именно в общении с ними мы растем и развиваемся.

Какие потребности свойственны каждому человеку? Всем нам необходимо чувствовать себя любимыми, принятыми и нужными. Это совершенно законные потребности. Почему бы вам, вернувшись сегодня домой, не позвонить кому-то и просто сказать: «Наше общение очень важно для меня и приносит мне много радости. Ты всегда знаешь, как поддержать. Спасибо тебе!» Или вы ждете, чтобы кто-то позвонил вам?

▶ Иисус сказал: «блаженнее давать, нежели принимать» (Деян. 20:35), что, на первый взгляд, кажется странным. «Как я могу чувствовать себя лучше, когда отдаю что-то свое? Вы сами это пробовали?!» Однако, когда вы начинаете делать что-то для других, происходит странная вещь — у вас в душе появляется теплое чувство, вам приносит это радость! Помогая другим, вы помогаете самому себе. ▶ Христос сказал:

> Давайте, и дастся вам: мерою доброю, утрясенною, нагнетенною и переполненною отсыплют вам в лоно ваше; ибо, какою мерою мерите, такою же отмерится и вам (Лк. 6:38).

Если вы хотите, чтобы кто-нибудь любил вас, любите сами. Хотите иметь друга — будьте другом.

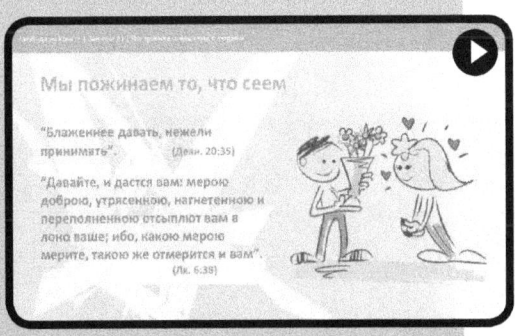

Мы получаем от жизни то, что в нее вкладываем. Это библейский принцип.

Научиться строить правильные отношения с людьми нужно не только для нашего личного благополучия. Это необходимо для выполнения миссии, данной нам Христом — идти в мир и учить народы. Когда Иисус молился за нас в Ин. 17:23, Он просил, чтобы мы стали едины. Для чего? «...Да будут совершенны воедино, и да познает мир, что Ты послал Меня и возлюбил их, как возлюбил Меня». Наше единство приведет к тому, что мир узнает об Иисусе.

Давайте закончим это занятие стихотворением, любимым матерью Терезой и замечательно выражающим то, какой должна быть наша роль в отношениях с другими, как бы они с нами ни поступали:

> Люди бывают неразумны, нелогичны и эгоистичны — все равно прощайте им.
>
> Если вы проявили доброту, а люди обвинили вас в тайных личных побуждениях — все равно проявляйте доброту.
>
> Если вы добились успеха, то у вас может появиться множество мнимых друзей и настоящих врагов — все равно добивайтесь успеха.
>
> Если вы честны и откровенны, то люди будут вас обманывать — все равно будьте честны и откровенны.
>
> То, что вы строили годами, может быть разрушено в одночасье — все равно стройте.
>
> Если вы обрели безмятежное счастье, то вам будут завидовать — все равно будьте счастливы.
>
> Добро, которое вы сотворили сегодня, люди позабудут завтра — все равно творите добро.
>
> Делитесь с людьми лучшим, что у вас есть, и им этого никогда не будет достаточно — все равно делитесь самым лучшим.
>
> В конце концов, вы убедитесь, что все это никогда не было между вами и ими, все это было между вами и Богом.

ПАУЗА ДЛЯ РАЗМЫШЛЕНИЯ 3

ЗАДАЧА:
ПОДУМАТЬ, КАК ВЫРАЖАТЬ СВОИ ПОТРЕБНОСТИ, ЧТОБЫ ЭТО НЕ ВЫГЛЯДЕЛО ОСУЖДЕНИЕМ.

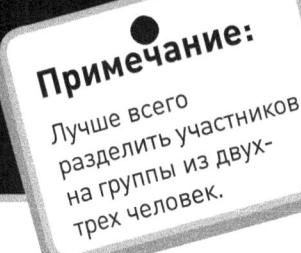

Примечание:
Лучше всего разделить участников на группы из двух-трех человек.

▶ **ВОПРОСЫ:**

КАКИЕ ЗАКОННЫЕ ПОТРЕБНОСТИ ЕСТЬ У КАЖДОГО, И КАК МЫ МОЖЕМ ИХ ВЫРАЗИТЬ, НЕ ИСПОРТИВ ОТНОШЕНИЙ?

ЧТО, ПО ВАШЕМУ МНЕНИЮ, НЕПРАВИЛЬНО В СЛЕДУЮЩИХ ЗАЯВЛЕНИЯХ?

КАК МОЖНО ИХ ИЗМЕНИТЬ В ЛУЧШУЮ СТОРОНУ?

«ТЫ ВСЕГДА ПОСЛЕ ОБЕДА ОСТАВЛЯЕШЬ МНЕ УБИРАТЬ СО СТОЛА, А САМ ИДЕШЬ СМОТРЕТЬ ТЕЛЕВИЗОР. ТЫ ТАКОЙ ЛЕНТЯЙ И ЭГОИСТ!»

«ТВОЯ КОМНАТА ПОХОЖА НА СВИНАРНИК! ТЫ ПРОСТО ГРЯЗНУЛЯ. МНЕ ЖАЛЬ ТВОЕГО БУДУЩЕГО МУЖА».

 ## СВИДЕТЕЛЬСТВО

Как вы можете стать хорошим соседом тем, кто живет в вашем доме?
Как вы можете лучше узнать соседей, чтобы понять, в чем они нуждаются?

 ## НА СЛЕДУЮЩЕЙ НЕДЕЛЕ

Прочитайте Лк. 6:27–41. Возможно, это занятие убедило вас пересмотреть свое отношение к близким, друзьям, соседям. Может быть, вы поняли необходимость попросить у кого-то прощения. Если вы чувствуете, что Бог вас обличает, идите к тому человеку и попросите прощения, честно сказав о своей вине. (Не делайте это в письме или по электронной почте — это может быть не так понято или использовано против вас.)

Занятие 12

ВЫБОР ПРАВИЛЬНОЙ ЦЕЛИ

Занятие 12. Выбор правильной цели

КЛЮЧЕВОЙ СТИХ:

1 Тим. 1:5: Цель же увещания есть любовь от чистого сердца и доброй совести и нелицемерной веры.

ЦЕЛЬ ЗАНЯТИЯ:

Понять, как вера связана с нашими целями и желаниями, что поможет нам жить в настоящей свободе во Христе и стать такими, какими нас создал Бог.

КЛЮЧЕВАЯ ИСТИНА:

Ничто и никто не может помешать нам стать теми, кем нас создал Бог..

Заметки для ведущего

На этом занятии мы рассмотрим Божьи цели для нашей жизни. Нам важно понять, что они из себя представляют, а также то, что с верой они вполне осуществимы. Многие христиане стремятся достичь цели, которые кажутся от Бога, но на самом деле таковыми не являются. Мы поможем обнаружить их по таким признакам, как гнев, беспокойство и депрессия.

Неверные цели основаны на неправильном понимании того, что принесет нам успех, счастье и удовлетворение. Участникам нужно будет увидеть обман, которому они верили, и работать над обновлением своего сознания, чтобы заменить эту ложь на истину.

Некоторые цели сами по себе не плохи, но, все-таки, неправильны. Причина в том, что их достижение зависит от других людей или обстоятельств, которыми нам не дано управлять. Божьи планы для нашей жизни не могут зависеть от окружающих или случая. Их осуществлению может помешать только одно — мы сами!

Это не значит, что людям нужно перестать стремиться к цели, над достижением которой они долго трудились и которая благородна, но зависит от других или обстоятельств. Мы только хотим, чтобы участники поняли, что ее осуществление или неосуществление не должно быть оценкой их успеха в жизни. Цель, зависящую от определенных независимых от них условий, следует перевести из категории «цель» в категорию «желание». Люди могут продолжать стремиться к ее осуществлению, но с осознанием, что, при неудаче, это никак не отразится на их самооценке или ощущении успешности их христианской жизни..

Примечание. В конце этого занятия попросите участников заполнить дома анкету «Чему я верю?» на стр. 272 (стр. 102 в «Руководстве для участника»).

РАСЧЕТ ВРЕМЕНИ ЗАНЯТИЯ:

ЗНАКОМСТВО	10 мин.	0:10
ПРОСЛАВЛЕНИЕ	10 мин.	0:20
СЛОВО. ЧАСТЬ 1	17 мин.	0:37
ПАУЗА ДЛЯ РАЗМЫШЛЕНИЯ 1	25 мин.	1:02
СЛОВО. ЧАСТЬ 2	22 мин.	1:24
ПАУЗА ДЛЯ РАЗМЫШЛЕНИЯ 2	30 мин.	1:54
СЛОВО. ЧАСТЬ 3	6 мин.	2:00

ЗНАКОМСТВО

Чего бы вы хотели достичь к моменту окончания своей жизни?

ПРОСЛАВЛЕНИЕ

Предлагаемая тема: Бог всегда будет с нами.

Прочитайте вслух следующие стихи:

«...Ибо Сам сказал: не оставлю тебя и не покину тебя, так что мы смело говорим: Господь мне помощник, и не убоюсь: что сделает мне человек?» (Евр. 13:5, 6).

«Ибо не отринет Господь народа Своего и не оставит наследия Своего» (Пс. 93:14).

«...Я с вами во все дни до скончания века...» (Мф. 28:20).

Напомните людям, что мы никогда не бываем одиноки, и, куда бы мы ни пошли, Бог всегда будет с нами.

Предложите каждому участнику провести несколько минут в молитве, размышляя над прочитанным.

СЛОВО

Каковы ваши жизненные цели?

Если то, что преподается на этом курсе, правда, то оно должно работать в нашей повседневной жизни. Вспомните себя год назад и сравните с настоящим. По каким признакам вы будете судить, насколько лучше стала ваша христианская жизнь за это время? Чего вам нужно было бы достичь, чтобы вы почувствовали удовлетворенность и, глядя назад, сказали: «Это был хороший год»?

Каждый из нас стремится добиться того, что, как нам кажется, принесет чувство удовлетворенности. Давайте попробуем ответить на важный вопрос: в самом ли деле то, что мы пытаемся сделать, способно дать нам это чувство? Или наши жизненные цели в какой-то степени неверны?

▶ Знаете ли вы, какова Божья цель для вас? На этом занятии мы постараемся понять, чего Бог хочет, чтобы мы добились в жизни. Это очень важный вопрос.

В июле 2007 года на Кесвик Конвенции известный богослов из Великобритании доктор Джон Стотт давал свое последнее публичное выступление в возрасте 87 лет. Был большой интерес к тому, какую он выберет тему для этого завершающего выступления. Джон начал свою речь так: «Много лет назад, когда я был еще молодым христианином, мне не давал покоя один вопрос: какова цель Бога для Своего народа?» Какой был ответ, мы увидим несколько позже.

Как христиане, мы все хотим своей жизнью прославлять Бога. Но что это значит для нашей повседневной жизни? Каковы наши конкретные цели? Часто мы сами этого не знаем, поскольку особенно над этим не задумываемся, а просто, как все люди, стремимся к тому, что, как мы верим, позволит нам обрести счастье и чувствовать себя принятыми, защищенными и значимыми.

С момента своего рождения мы пытаемся найти пути удовлетворения этих законных потребностей. На практике мы обычно определяем их так: чувствовать себя в безопасности, счастливыми, успешными, довольными жизнью и тому подобное. Сознательно или подсознательно мы строим планы достижения подобных целей и делаем все возможное для их осуществления.

На этом этапе необходимо объяснить, что я подразумеваю под словом «цель». Я имею ввиду те достижения, осуществление которых является фундаментально важным для нашей самооценки. Это то, чем мы меряем, насколько состоялись в жизни.

Конечно, существует множество других целей, таких как не опоздать на работу или не заснуть во время проповеди в церкви. Но, если мы их не достигнем, то, возможно, просто пожмем плечами и в следующий раз постараемся сделать лучше.

Здесь мы говорим не о мелких бытовых задачах. Мы имеем ввиду большие жизненные цели, являющиеся определяющими для оценки нашей успешности, и неосуществление которых заставит нас чувствовать себя неудачниками или несостоявшимися людьми.

Отрицательные эмоции — индикаторы неверных целей

▶ Бог оснастил нас системой обратной связи, предназначение которой — привлечь наше внимание к тому, в правильном ли направлении мы движемся. Эту обратную связь дают наши эмоции. Они предупреждают нас о неверных целях, основанных на ложных убеждениях.

Когда происходящее в нашей жизни заставляет нас испытывать чувство гнева, беспокойства или подавленности, то эти эмоции являются индикаторами того, что мы стремимся к неправильной цели, основанной на обмане.

Я хочу привести несколько примеров, иллюстрирующих что, гнев, беспокойство или подавленность указывают на наличие неверных целей. Представьте себе девочку-подростка, которую друзья позвали на рок-концерт. У нее может сложиться убеждение, что ее счастье зависит от того, позволят ли ей родители пойти на концерт. Сначала, предполагая, что они могут ей запретить, то есть, будучи неуверенной в осуществлении своей цели, она испытывает беспокойство. И когда ей в самом деле говорят «нет», она начинает сердиться, так как наталкивается на препятствия к достижению желаемого. Путь к ее цели заблокирован. Девочка пытается упрашивать родителей, торговаться с ними, но, когда окончательно понимает, что своего не добьется, она впадает в уныние, потому что ее цель становится недостижимой.

▶ Гнев — признак заблокированной цели

Если в вашей деятельности или в отношениях с людьми, вы начинаете испытывать чувство гнева, обычно это является сигналом того, что ваша цель заблокирована. Кто-то или что-то мешает ей осуществиться. Вспомните, как вы чувствуете себя в дорожной пробке, опаздывая на важную встречу.

Предположим, что вы для себя решили: «Моя цель в жизни — это создать любящую, счастливую христианскую семью». Хорошая цель? Конечно. Только, к сожалению, ее осуществление зависит от других людей, которые могут легко помешать вам ее достигнуть, заблокировать ее. Кто? Да любой член семьи. И не только может, но, скорее всего, и сделает это! Мама, убежденная, что успех ее жизни определяется гармоничностью отношений между родными, будет переживать нервный срыв каждый раз, когда дети или супруг не смогут соответствовать ее образу идеальной семьи. Проблема в том, что она не может контролировать своих близких. Получается, что ее самооценка полностью зависит от других людей.

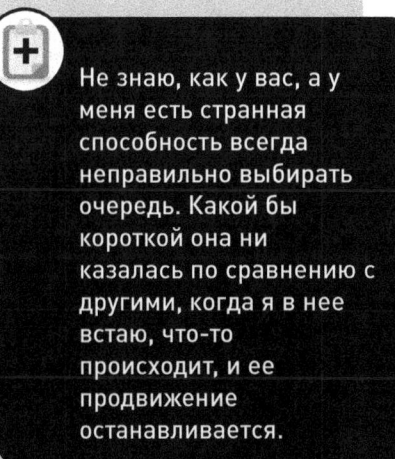

Не знаю, как у вас, а у меня есть странная способность всегда неправильно выбирать очередь. Какой бы короткой она ни казалась по сравнению с другими, когда я в нее встаю, что-то происходит, и ее продвижение останавливается.

Или, допустим, пастор сделал целью своей жизни

привести окружающих его людей ко Христу. Благородное желание, не так ли? Однако, если его осуществлением священник будет оценивать успешность своей жизни, то его ожидает множество проблем. Почему? Опять же, потому, что такая цель зависит от того, будут ли другие люди вести себя определенным образом. Кто может заблокировать ее? Да любой человек в окружении служителя (включая его собственных помощников-христиан!). Пастор, ставящий свой успех в зависимость от других людей, возможно, будет пытаться ими манипулировать, что может привести к ссорам, разрыву отношений или даже его уходу из церкви.

Когда что-то мешает нам осуществить свою цель, то это вызывает в нас чувства раздражения и гнева. Но этот взрыв эмоций может сыграть полезную роль, заставив нас пересмотреть цель и стоящие за ней убеждения.

Если вы не хотите жить в гневе, освободитесь от любой цели, зависящей от других людей или обстоятельств. Потому что у вас нет ни права, ни возможности их контролировать. Подобная цель — не то, что Бог хочет для вашей жизни.

Еще раз хочу напомнить, что под «целью» я имею ввиду результат вашей деятельности, который настолько вам важен, что по нему вы будете оценивать успех своей жизни и себя как личности.

▶ Беспокойство — признак ненадежной цели, достижение которой не гарантировано

Наряду с гневом, индикатором неверно поставленной цели является также и чувство беспокойства или тревоги. Если, выполняя какую-либо задачу, вы чувствуете беспокойство, то это может быть показателем того, что вы не уверены в возможности осуществления желаемого. Вы надеетесь, что достичь это удастся, но гарантии нет. Можно управлять несколькими факторами, но не всеми. Например, если у вас сложилось убеждение, что вы состоитесь в жизни только, если добьетесь финансового успеха, то, скорее всего, вас замучают тревога и беспокойство. Почему? Потому, что никогда не будет гарантии, что вы сможете заработать достаточно денег, а если вам это все-таки удастся, то все равно не будете уверены, что ваши сбережения не пострадают от обвала на финансовом рынке или чего-то подобного.

▶ Депрессия — признак недостижимой цели

Часто бывает, что ненадежная цель переходит в разряд недостижимой. Нам начинает казаться, что «этого никогда не произойдет». В этом случае чувства беспокойства и тревоги могут перейти в подавленность и депрессию.

Допустим, вы посвятили всю свою жизнь достижению какой-то мечты, которая, как вам кажется, принесет счастье. Но, постепенно вы начинаете понимать, что этому не дано свершиться. Ваша цель начинает казаться невозможной, вы теряете надежду и впадаете в уныние. Подавленность и депрессия могут стать индикаторами того, что ваша цель, какой бы благородной или духовной она ни была, возможно, никогда не будет достигнута.

Некоторые верующие считают, что они состоятся как христиане только тогда, когда приведут к вере свою семью. Они молятся, свидетельствуют, приглашают других христиан на обед. Делают все, что могут, говорят все, что им кажется необходимым. Но иногда ничего не помогает, усилия оказываются напрасными, и уверенность в осуществлении мечты увядает. По мере потери надежды на успех, ими все больше овладевает депрессия. Что, в свою очередь, еще больше уменьшает вероятность достижения цели.

Никто не сомневается, что мы должны молиться и делать все возможное, чтобы наши родные и близкие пришли ко Христу. Однако если мы положим в основу своей самооценки и успешности христианской жизни спасение людей, нас ждет множество разочарований. Почему? Потому что чужой выбор от нас не зависит. У нас нет над ним никакой власти. Наша задача — свидетельствовать и молиться, делясь своей верой в силе Духа Святого. А результат мы должны оставить Богу. Мы сами никого спасти не можем. Депрессия часто бывает результатом того, что мы отчаянно стремимся достичь цели, для осуществления которой у нас нет или совсем мало шансов. Это нездоровая цель.

Причина уныния может лежать и в другой плоскости. Например, в биполярной депрессии явно прослеживаются физиологические (или биохимические) причины. Гормоны могут серьезно влиять на наше настроение. Однако если нет проблем со здоровьем, то корень депрессии кроется в чувствах беспомощности и безнадежности. Они часто возникают, когда цель, достижение которой чрезвычайно важно для нашей самооценки, начинает казаться недосягаемой.

К Стиву Госсу, международному директору служения «Свобода во Христе», как-то обратился за помощью мужчина, оказавшийся в тяжелой жизненной ситуации. Ему поставили диагноз «клиническая депрессия». Стив рассказывал: «Для этого человека постановка диагноза стала, в какой-то степени, облегчением. Наконец, нашлось имя тем гнетущим негативным эмоциям, которые мучили его долгое время. Однако у меня возникло ощущение, что это может пойти ему во вред. Стало очевидным, что он принял этот ярлык, как определяющий теперь его личность. Этот мужчина стал смотреть на свою болезнь как на неразрывную часть своего «я», как на что-то неизбежное и навсегда ему присущее».

То, что депрессия клиническая, вовсе не означает пожизненного приговора, а только то, что это болезнь в тяжелой форме.

Стив продолжил: «Разговаривая с ним, мне становилось все более ясно, что его депрессия коренится в событиях прошлого, результатом которых стало чувство безысходности и безнадежности. Но, как мы уже знаем, это чувство основано на обмане. Если этот мужчина будет работать над заменой этой лжи на истину, у него будут все шансы поправиться».

С Богом возможно все. Он — Бог надежды.

ПАУЗА ДЛЯ РАЗМЫШЛЕНИЯ 1

ЗАДАЧА:

ПОМОЧЬ ЛЮДЯМ УВИДЕТЬ СВЯЗЬ МЕЖДУ НАШИМ ДУШЕВНЫМ ЗДОРОВЬЕМ И ВНУТРЕННИМИ УБЕЖДЕНИЯМИ О БОГЕ, О САМИХ СЕБЕ ИЛИ ОБСТОЯТЕЛЬСТВАХ ЖИЗНИ. ЕСЛИ НАША ЦЕЛЬ — ТО, ЧЕГО МЫ СТРЕМИМСЯ ДОСТИЧЬ, — НЕ СООТВЕТСТВУЕТ БОЖЬЕЙ ВОЛЕ, ТОГДА НАШИ ЭМОЦИИ МОГУТ ВЫРАЖАТЬСЯ ГНЕВОМ, БЕСПОКОЙСТВОМ ИЛИ ДЕПРЕССИЕЙ.

▶ ВОПРОСЫ:

КАК НАШИ ЭМОЦИИ ПОКАЗЫВАЮТ (И ПОКАЗЫВАЮТ ЛИ ВООБЩЕ), ЧТО НАША ЦЕЛЬ НЕ СООТВЕТСТВУЕТ БОЖЬЕЙ ВОЛЕ?

КАК ОБЫЧНО ЛЮДИ РЕАГИРУЮТ НА ЗАБЛОКИРОВАННУЮ ЦЕЛЬ? КАК ВЫ РЕАГИРУЕТЕ, ЕСЛИ НЕ ВСЕ СКЛАДЫВАЕТСЯ ПО-ВАШЕМУ, ИЛИ ЕСЛИ КТО-ТО ИЛИ ЧТО-ТО МЕШАЕТ ВАМ ДЕЛАТЬ ТО, ЧТО ХОЧЕТСЯ?

ДЕПРЕССИЯ ЧАСТО ВОЗНИКАЕТ, КОГДА НАС ЗАХВАТЫВАЮТ ЧУВСТВА БЕСПОМОЩНОСТИ И БЕЗНАДЕЖНОСТИ, ОСОБЕННО В ОТНОШЕНИИ НАШЕГО БУДУЩЕГО, ОБСТОЯТЕЛЬСТВ, В КОТОРЫХ МЫ ОКАЗАЛИСЬ, ИЛИ НАШЕГО ПРЕДСТАВЛЕНИЯ О СЕБЕ. КАК ЭТИ ЧУВСТВА МОЖНО ПРЕОДОЛЕТЬ ВЕРОЙ В БОГА?

Неправильная реакция на то, что нам мешают достичь своих целей

Как мы реагируем тогда, когда кто-то или что-то угрожает осуществлению наших целей?

▶ Мы можем либо попытаться манипулировать другими людьми и обстоятельствами, либо изменить свои цели и привести их в соответствие с Божьей целью для нашей жизни.

Представьте пастора, который хочет добиться отличного молодежного служения в своем районе. Однако один из членов команды пытается помешать этой цели, настаивая, что служение прославления для их церкви важнее. Любая попытка священника пригласить

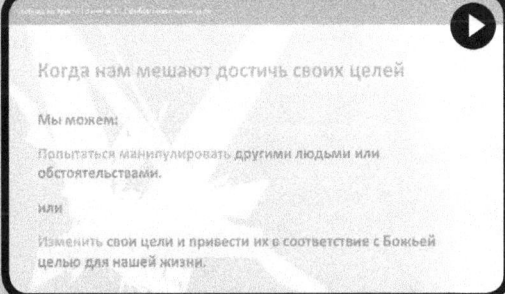

молодежного лидера блокируется этим влиятельным человеком, который предпочитает иметь лидера прославления. Пастору начинает казаться, что успех всей его деятельности под угрозой. Тогда он использует свое положение и делает все возможное, чтобы помеху убрать: пытается привлечь на свою сторону церковный совет, заручается поддержкой лидеров своей деноминации, проповедует о важности служения молодым, ищет возможности изменить мнение своего оппонента или избавиться от него. Все это он делает из искреннего желания иметь превосходное молодежное служение, поскольку внутренне убежден, что именно эта цель определяет его успех как пастора. Что, на самом деле, неверно.

Или представим себе другую ситуацию. Допустим, вы родитель и оцениваете себя и успех своей жизни тем, какими вырастут ваши дети. Вы поставили себе цель вырастить сильных христиан, которые станут миссионерами, докторами, адвокатами или пасторами. Однако, когда дети достигают подросткового возраста, их поведение далеко от идеального. Вас ожидает много неприятностей и столкновений, потому что подростки хотят свободы, а вы чувствуете необходимость держать их под контролем. Вам кажется, что от этого зависит ваш успех, как родителя. Если они не хотят идти туда, куда вы говорите, тогда они не пойдут никуда. Если они не слушают музыку, какую вы выбираете, тогда они лишаются права смотреть телевизор. В воспитании детей важно научиться постепенно их отпускать. И этот процесс, как правило, длится 18 лет.

Нетрудно понять, почему мы иногда пытаемся манипулировать обстоятельствами или другими людьми. Нам может казаться, что от них зависит наша самооценка и успех в жизни. Но это неправда. Тот факт, что манипуляторы — одни из самых неуверенных в себе людей, хорошо доказывает несостоятельность подобного представления.

▶ Замена неправильных целей на правильные

Если Бог хочет, чтобы что-то было сделано, может ли это быть сделано? Другими словами, если у Бога есть для вашей жизни цель, может ли она быть

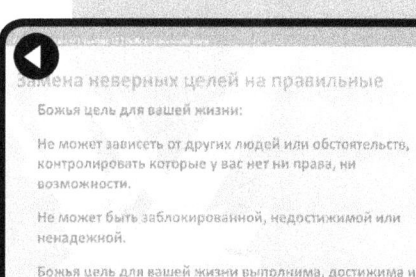

Замена неверных целей на правильные
Божья цель для вашей жизни:

Не может зависеть от других людей или обстоятельств, контролировать которые у вас нет ни права, ни возможности.

Не может быть заблокированной, недостижимой или ненадежной.

Божья цель для вашей жизни выполнима, достижима и надёжна!

заблокирована или ее осуществление быть ненадежным или невозможным?

Казалось, у Бога была невозможная цель для молодой девушки по имени Мария. Она была девственницей, но ангел сказал ей, что у нее родится сын, который станет Спасителем мира. Когда девушка высказала ангелу свои сомнения, тот просто ответил, что «...у Бога не останется бессильным никакое слово» (Лк. 1:37).

Чего бы Создатель ни хотел для вашей жизни, будьте уверены, что никакие обстоятельства или люди не смогут этому помешать. ▶ Божья цель для вашей жизни не может быть недостижимой, ненадежной или заблокированной — Он никогда такую цель вам не даст.

Подумайте, может ли Бог сказать: «Я хочу, чтобы ты выполнил одну работу. Я знаю, что это невозможно, но ты все равно постарайся». Это полная ерунда! Это то же самое, что сказать ребенку: «Я хочу, чтобы ты постриг газон. К сожалению, он завален мусором, косилка сломана и нет бензина. Но все равно постарайся».

Вы никогда не дадите ребенку задания, которое он не в состоянии выполнить. Так и ваш Отец Небесный никогда не даст вам такой цели в жизни, которую вы не сможете достигнуть. ▶ Его цель выполнима, достижима и надежна.

Наверное, вы уже поняли, что ▶ Богом данная цель для нашей жизни не может зависеть от других людей или обстоятельств, потому что у нас нет над ними контроля.

Итак, если вас преследуют чувства гнева, беспокойства или подавленности, может быть пора пересмотреть свои цели и заменить их на те, которые соответствуют Божьему предназначению для вашей жизни?

Разница между «целью» и «желанием»

Что нам делать, если мы осознали, что стремились к цели, зависящей от других людей или обстоятельств, но она достойна и благородна?

Совсем не обязательно от нее отказываться. Вам просто нужно перевести ее из категории «цель», определяющей вашу самооценку и успешность жизни, в категорию, которую можно назвать «благочестивым желанием».

▶ Мы можем определить Божью цель для нас как любое стремление, отражающее Его волю для нашей жизни, и **не** зависящее от людей и обстоятельств,

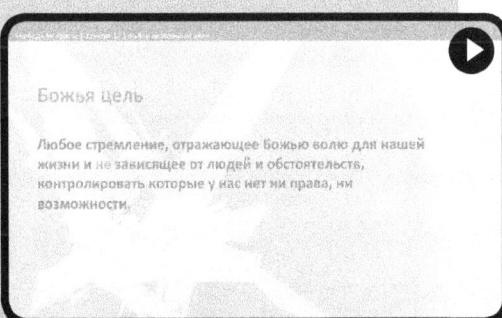

Божья цель

Любое стремление, отражающее Божью волю для нашей жизни и не зависящее от людей и обстоятельств, контролировать которые у нас нет ни права, ни возможности.

контролировать которые у нас нет ни права, ни возможности.

Кого мы можем и имеем право контролировать? Только себя. Единственный человек, который может заблокировать Божью цель, сделать ее ненадежной или невозможной — это вы сами.

▶ **Благочестивое желание** — это любое стремление, **зависящее** от факторов, которые мы не можем и не имеем права контролировать, как например, благоприятное стечение обстоятельств и сотрудничество с нами других людей.

Какими бы благородными ни были ваши желания, вы не можете позволить их исполнению определять вашу самооценку и успешность в жизни, поскольку их исполнение зависит не только от вас.

Мы будем испытывать гнев, беспокойство и депрессию, если примем свои стремления за жизненные цели. Неосуществленное желание приведет только к разочарованию. Жизнь полна разочарований, и нам нужно учиться с ними жить. Однако намного легче жить с разочарованием от неисполненных желаний, чем бороться с гневом, беспокойством и депрессией, вызванными постановкой неверных целей.

Некоторые могут подумать, что это игра слов. Здесь не так важно само определение «цели». Самое главное — донести до участников, что нельзя возлагать слишком большие надежды на что-то, чем мы не в праве и не в состоянии управлять. Это приведет к множеству разочарований.

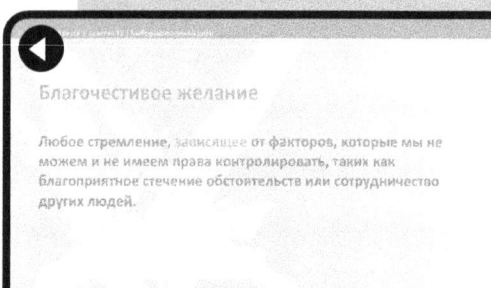

▶ **Какова Божья цель для нашей жизни?**

Теперь мы понимаем, как распознать цели, которые не от Бога, и понизить их значение до разряда желаний. Но мы все еще не пришли к выводу, каково же Божье предназначение для нас. Его цель основана на том, что уже в нашей жизни совершилось.

▶ Чтобы это понять, давайте обратимся к 2 Пет. 1:3-10.

▶ Из первых слов послания становится ясно, что нам уже даровано «все потребное для жизни и благочестия» и ▶ что мы «причастники Божеского естества». Не правда ли, хорошее начало?!

Если мы будем пытаться жить благочестиво, не осознавая, что для нас уже совершено и что у нас уже есть во Христе, то будем просто стараться лучше следовать определенному своду правил. Чудесная свобода, подаренная нам Иисусом, освобождает нас от этой концепции закона.

Давайте уясним одну вещь. Стремиться осуществить ту цель, которую Создатель для нас приготовил, совсем не

значит стараться быть Им принятыми и добиваться Его признания. Если вы христианин, вы уже приняты и признаны Богом. Глубоко внутри вы другой человек: чистый и праведный. Вы **не зарабатываете** свое спасение. Вы **живете в нем**. Его начало — это та фундаментальная перемена, произошедшая в вас тогда, когда вы приняли Христа.

▶ Дальше апостол говорит, что мы «...удалились от господствующего в мире растления...». И больше не обязаны уступать искушениям и впадать во грехи. Каждый день мы можем решать жить по побуждениям Духа, а не по желаниям плоти. Мы теперь свободны делать сознательный выбор, так же, как Адам и Ева до грехопадения.

Христос подарил нам свободу (Гал. 5:1). Мы можем принять решение жить в ней и становиться той личностью, которой нас создал Бог. Ничто и никто не может нам в этом помешать.

Читая послание Петра, мы, наконец, подходим к осознанию Божьей цели для нас:

▶ То вы, прилагая к сему все старание, покажите в вере вашей добродетель, в добродетели рассудительность, в рассудительности воздержание, в воздержании терпение, в терпении благочестие, в благочестии братолюбие, в братолюбии любовь.

Поняли вы из этого отрывка, что хочет от вас Бог? Может быть, еще нет? Посмотрите внимательно. Апостол учит нас начинать с веры. Верить — это просто привести систему наших убеждений в соответствие с истиной. Это видеть реальность именно такой, какой она является, как ее открывает Бог в Своем Слове. После этого нам необходимо приложить усилие, чтобы к вере добавить определенные качества: добродетельность, рассудительность, воздержание, терпение, благочестие, братолюбие и любовь.

Как вы видите, здесь приведен перечень черт характера. Теперь Божье предназначение становится яснее?

Главная забота Бога это не столько то, что мы **делаем**, сколько то, **какие** мы есть. Его цель для нашей жизни связана с нашим характером. У кого мы можем увидеть совершенный характер? У Иисуса.

Итак, цель, которую Бог предназначил каждому христианину, может быть определена следующим образом: ▶ **становиться подобными Христу**. Иисус в совершенстве являет тот характер, который Отец хочет в нас видеть. ▶ Отличная новость в том, что никто и ничто на земле не может помешать нам стать такими, какими Бог предназначил нам быть. Кроме, конечно, нас самих.

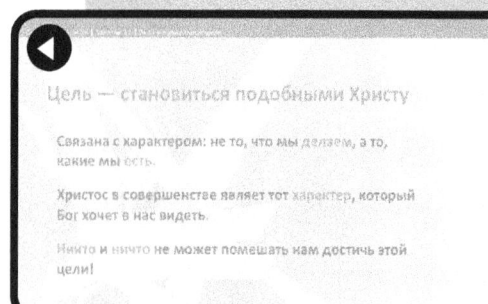

Цель — становиться подобными Христу

Связана с характером: не то, что мы делаем, а то, какие мы есть.

Христос в совершенстве являет тот характер, который Бог хочет в нас видеть.

Ничто и никто не может помешать нам достичь этой цели!

Вернемся к Джону Стотту. После многих лет христианской жизни, а также изучения и преподавания богословия, к какому выводу он пришел? Джон сказал: «Хочу поделиться с вами, какой я нашел ответ на свой вопрос, когда приблизился к концу своего паломничества на этой земле. Итак, какова цель Бога для Своего народа? Он хочет, чтобы Его люди стали подобны Христу. Быть подобными Христу и есть Божья воля для Божьих людей».

Давайте дочитаем до конца отрывок из 2 Пет. 1 (стихи 8–10):

> Если это в вас есть и умножается, то вы не останетесь без успеха и плода в познании Господа нашего Иисуса Христа. А в ком нет сего, тот слеп, закрыл глаза, забыл об очищении прежних грехов своих. Посему, братия, более и более старайтесь делать твердым ваше звание и избрание; так поступая, никогда не преткнетесь.

Христиане, не понявшие, что Божье предназначение для их жизни связано с созиданием характера, обычно спотыкаются и падают. В соответствии со словами Петра, они забыли, что были очищены от прошлых грехов. То есть забыли, кем они являются во Христе. А если вы это забыли, то что вам нужно сделать? Просто вспомнить!

Как это работает на практике? Мать, которая хочет создать счастливую семью, выражает благочестивое желание, но не может гарантировать его выполнение. А если она заменит свое стремление на другое: «Стать такой женой и матерью, какой Бог хочет меня видеть»? Вот это уже настоящая цель! Единственный человек, который может этому помешать — сама женщина.

Она может спросить: «А что если у мужа будет кризис среднего возраста или дети перестанут меня слушаться?» Эти проблемы не смогут помешать ей самой стать такой, какой Бог хочет ее видеть. В трудные времена семья как раз и будет нуждаться в подобной жене и матери.

Пастора, чье ощущение успеха и самооценка зависят от достижения цели привести людей ко Христу или иметь успешное молодежное служение, ожидает множество разочарований. Эти желания достойные, но их реализация не должна определять его отношение к себе. Какова же правильная цель? Стать таким пастором, каким Бог хочет его видеть. Ни один член церкви или окружающего общества не может помешать достижению этой цели.

Трудности помогают в достижении Божьей цели

Возможно, вы думаете, что ваши прошлые или нынешние обстоятельства настолько трудные, что могут помешать вам становиться таким человеком, каким Бог хочет, чтобы вы были. Однако апостол Павел говорит, что мы можем радоваться горю, «...зная, что от скорби происходит терпение, от терпения опытность, от опытности надежда» (Рим. 5:3–4).

Апостол Иаков дает подобный совет:

> С великою радостью принимайте, братия мои, когда впадаете в различные искушения, зная, что испытание вашей веры производит терпение; терпение же должно иметь совершенное действие, чтобы вы были совершенны во всей полноте, без всякого недостатка (Иак. 1:2–4).

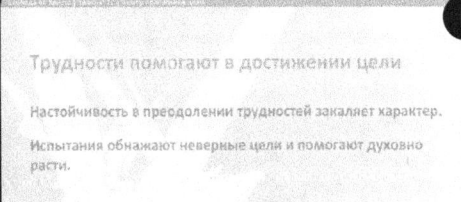

▶ Настойчивость при преодолении трудностей закаляет характер. Испытания помогают нам становиться все более подобными Христу. Божья цель для нас связана с нашим характером, то есть с тем, какие мы, а не тем, что мы делаем. Поэтому проблемы и могут помочь достижению этой цели!

Предположим, жена-христианка обратилась к нам за поддержкой, потому что ее бросил муж. Как ей помочь? Наверное, пообещать: «Не волнуйся, мы его вернем»? Но подобная надежда может оказаться напрасной. Это законное желание, но неправильная цель, которая может привести к попыткам манипуляций, чтобы вернуть мужа.

Лучше сказать: «Я помогу вам преодолеть этот кризис (результат — стойкость), чтобы вы стали таким человеком, каким Бог хочет вас видеть (результат — характер). Если вы еще не поставили цель стать такой женой и матерью, какой Бог призвал вас быть, сделайте это сейчас. Вы не можете изменить своего мужа, но в вашей власти изменить себя, что в итоге может оказаться самым лучшим средством для его возвращения. И даже, если он не вернется, вы преодолеете это испытание с закаленным характером и станете более подобной Христу — и в этом ваша надежда».

Не поймите меня неправильно: я не хочу сказать, что в случившемся вина самой женщины. Возможно, главный виновник ее муж. Тем не менее, у нее нет контроля над его поступками. Она не может изменить его. Решая изменить себя, она будет активно работать над тем, что находится в ее власти. Вернется муж или нет, Бог может использовать эти трудные обстоятельства, чтобы помочь ей приблизиться к главной цели — стать подобной Христу. ▶ Испытания обнажают неверные цели и помогают нам в духовном росте.

 Могли бы вы привести примеры из своей жизни, когда сложные обстоятельства помогли вам духовно вырасти и стать более похожим на Христа?

Супруги, разочарованные друг в друге, думают, что их брак безнадежен, и пытаются «решить» проблему посредством изменения друг друга. Некоторым людям кажется, что их работа или церковь безнадежны. И они уходят, только чтобы обнаружить, что новая работа или другая церковь такие же безнадежные. Что нужно сделать? Остаться и расти самим! Трудные ситуации призваны помочь осуществить главную Божью цель. Конечно, бывает правильное время для смены работы или церкви. Однако, если мы просто убегаем от собственной незрелости, она будет следовать за нами, куда бы мы ни пошли.

Есть ли более легкий путь преобразования своего характера и уподобления Христу, чем прохождение через испытания? Наверное, мы все пытались его найти, но именно тяжелые времена, приведшие к духовной зрелости, сделали нашу жизнь наполненной

ПАУЗА ДЛЯ РАЗМЫШЛЕНИЯ 2

ЗАДАЧА:

ПОМОЧЬ УЧАСТНИКАМ ПОНЯТЬ РАЗНИЦУ МЕЖДУ ЖИЗНЕННЫМИ ЦЕЛЯМИ, ОТРАЖАЮЩИМИ БОЖЬЮ ВОЛЮ, И БЛАГОЧЕСТИВЫМИ ЖЕЛАНИЯМИ. ПОКАЗАТЬ, ЧТО НЕ СЛЕДУЕТ ОЦЕНИВАТЬ УСПЕШНОСТЬ СВОЕЙ ХРИСТИАНСКОЙ ЖИЗНИ ИЛИ САМИХ СЕБЯ ПО ТЕМ РЕЗУЛЬТАТАМ, ДОСТИЖЕНИЕ КОТОРЫХ МЫ НЕ МОЖЕМ И НЕ ВПРАВЕ КОНТРОЛИРОВАТЬ.

▶ ВОПРОСЫ:

КАК ПОНИМАНИЕ РАЗНИЦЫ МЕЖДУ БЛАГОЧЕСТИВЫМИ ЖЕЛАНИЯМИ И БОЖЬИМИ ЦЕЛЯМИ МОЖЕТ ПОЗИТИВНО ПОВЛИЯТЬ НА НАШЕ ЭМОЦИОНАЛЬНОЕ СОСТОЯНИЕ И ЖИЗНЬ В СВОБОДЕ?

КАКОВА ГЛАВНАЯ БОЖЬЯ ЦЕЛЬ ДЛЯ ВАС? ПОЧЕМУ ЕЕ НЕВОЗМОЖНО ЗАБЛОКИРОВАТЬ?

ПОЧЕМУ ЗНАНИЕ ТОГО, ЧТО НИКТО И НИЧТО НЕ МОЖЕТ ПОМЕШАТЬ НАМ СТАНОВИТЬСЯ ТАКИМИ, КАКИМИ НАС СОЗДАЛ БОГ, ДАЕТ НАМ ОЩУЩЕНИЕ СВОБОДЫ?

смыслом. Всем необходимо иногда бывать на вершине, но плодородная для роста земля находится в долинах.

▶ Когда нашей целью становится любовь

Любовь определяет характер Бога, потому что Он есть любовь (1 Ин. 4:7, 8). Если вы поставите своей главной целью в жизни воспитание характера, подобного Христу, тогда плодом Духа Святого в вашей жизни будет любовь: ▶ гнев уступит место терпению,

▶ беспокойство — душевному миру, ▶ депрессия — радости.

Как бы вы теперь ответили на вопрос, который мы задали в самом начале?

Если вы сравните этот год с прошлым, то по каким признакам вы будете судить, насколько успешна была ваша христианская жизнь? Чего вам нужно было достичь, чтобы вы почувствовали удовлетворение и, глядя назад, сказали: «Это был хороший год»?

Теперь вы можете привести свои цели в соответствие с Божьей целью и сказать, что меряете свой успех развитием собственного характера, в котором видны плоды Духа Святого. Итак, какова ваша главная цель в жизни? Я надеюсь, что теперь вы скажете: «Стать такой личностью, какой Бог хочет меня видеть, и никто и ничто не может этому помешать».

Когда люди принимают такой подход, происходит интересная вещь. Священник, цель которого теперь «стать таким пастором, каким Бог хочет меня видеть», обнаруживает, что ему в самом деле удается привести окружающих людей ко Христу. Домохозяйка, которая решает стать «такой женой и матерью, какой Бог хочет меня видеть», находит, что это положительно отражается на всей ее семье. Почему? Потому что, если вы живете в соответствии с Божьей волей, ваша жизнь обязательно приносит добрые плоды.

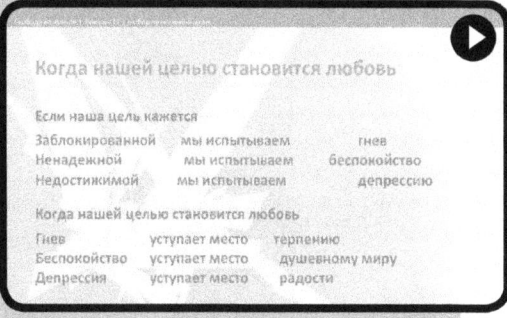

На следующем занятии вы проанализируете восемь конкретных сфер своей жизни и определите, есть ли там цели, не соответствующие Божьей воли. Закончим это занятие историей, иллюстрирующей, как мы часто неправильно понимаем, чего Бог от нас хочет:

Жил-был один человек. Однажды ночью его что-то

внезапно разбудило. Вся комната наполнилась светом, в ней появился Христос и сказал ему: «У Меня есть для тебя одно задание». Господь показал огромный валун и попросил толкать его изо всей силы. И вот изо дня в день мужчина подпирал камень плечами и толкал что есть мочи. Каждый вечер бедняга возвращался домой уставший, с ноющими мышцами и сомнениями, не напрасны ли его труды.

Заметив, что человек начал унывать, сатана решил вмешаться и стал подкидывать ему грустные мысли: «Зачем убиваться, тебе никогда не удастся сдвинуть этот валун» или «Ты так долго трудился, но ничего не достиг». Мужчина поверил, что никогда не добьется успеха, что он плохой слуга, поскольку не смог выполнить поставленную перед ним задачу.

Эти мысли привели его к упадку духа, и человек перестал напрягаться. «Зачем стараться, если результата все равно нет?» — думал он. Но однажды все-таки решил пожаловаться Богу. «Господь, я работал много и долго, служа Тебе, отдавая всего себя делу, которое Ты мне поручил. И все-таки мне не удалось сдвинуть эту глыбу даже на миллиметр. Почему так? Я Тебя подвел?»

«Сын мой, — сказал Бог, — когда Я попросил тебя служить Мне и ты согласился, Я дал тебе задачу изо всех сил толкать этот камень. Ты это и делал. Но ни разу Я не упомянул, что хочу, чтобы ты его сдвинул. Твоей задачей было толкать! Сейчас ты пришел ко мне, считая себя неудачником. Но так ли это? ▶ Посмотри на себя: твои руки сильны, твоя спина стала мощной и загорелой, твои ноги окрепли. Преодолевая сопротивление, ты возмужал, и теперь твои возможности умножились. Тебе так и не удалось сдвинуть валун, и ты пришел ко Мне с тяжелым сердцем и истощенными силами. Сынок, Я Сам сдвину этот камень. Твое призвание было послушаться и толкать, закалять свою веру и довериться Моей мудрости. И это как раз ты и сделал».

Я хочу попросить вас выполнить к следующему занятию небольшую работу. В вашем «Руководстве для участника» (стр.102) есть анкета под названием «Чему я верю?» Постарайтесь заполнить ее дома и принести на следующее занятие. ▶

СВИДЕТЕЛЬСТВО

Как способность различать цели и желания может помочь вам свидетельствовать об Иисусе Христе более эффективно?

НА СЛЕДУЮЩЕЙ НЕДЕЛЕ

Посвятите немного времени заполнению анкеты «Чему я верю?» в «Руководстве для участника» (стр. 102) (в «Руководстве для Ведущего» стр.272). Она поможет вам лучше понять, чему вы верите о себе и своей жизни.

Вас не попросят поделиться результатами с группой. Постарайтесь отвечать искренне и серьезно.

Чему я верю?

		Низкий балл				Высокий балл

1. Насколько я успешен? 1 2 3 4 5

   Я был бы более успешным, если бы _____

2. Насколько я значим? 1 2 3 4 5

   Я был бы более значимым, если бы _____

3. Насколько я удовлетворен жизнью? 1 2 3 4 5

   Я был бы более удовлетворен, если бы _____

4. Насколько я реализовался в жизни? 1 2 3 4 5

   Я был бы более реализован, если бы _____

5. Насколько я счастлив? 1 2 3 4 5

   Я был бы более счастлив, если бы _____

6. Насколько моя жизнь радостна? 1 2 3 4 5

   Я жил бы радостнее, если бы _____

7. Насколько я защищен? 1 2 3 4 5

   Я был бы более защищен, если бы _____

8. Насколько моя жизнь мирная? 1 2 3 4 5

   У меня было бы больше мира, если бы _____

Занятие 13

СЛЕДОВАНИЕ ВЕРНЫМ ПУТЕМ

Занятие 13. Следование верным путем

КЛЮЧЕВОЙ СТИХ:

Фил. 4:11–13: Говорю это не потому, что нуждаюсь, ибо я научился быть довольным тем, что у меня есть. Умею жить и в скудости, умею жить и в изобилии; научился всему и во всем, насыщаться и терпеть голод, быть и в обилии и в недостатке. Все могу в укрепляющем меня Иисусе Христе.

ЦЕЛЬ ЗАНЯТИЯ:

Помочь участникам рассмотреть свои убеждения в свете Слова Божьего и, при необходимости, внести в них коррективы, чтобы двигаться по пути духовного роста и становиться все более подобными Иисусу Христу.

КЛЮЧЕВАЯ ИСТИНА:

Если мы хотим стать действительно успешными, реализованными, довольными собственными достижениями, нам необходимо избавиться от ложного восприятия себя и решить верить истине в Библии.

Заметки для ведущего

На этом занятии мы рассмотрим наши убеждения о восьми аспектах жизни. Важно понять, каким образом эти идеи влияют на нашу повседневную жизнь.

Люди не всегда на самом деле верят тому, чему, как им кажется, они верят. Если участники вдумчиво ответили на вопросы анкеты из прошлого занятия «Чему я верю?», то результаты покажут их истинные убеждения относительно восьми ключевых аспектов жизни. В настоящее время наши слушатели живут в соответствии с этими мыслями. На этом занятии перед ними будет стоять задача пересмотреть то, чему они верят, и привести свои убеждения в соответствие с истинами Слова Божьего.

Вы поможете участникам увидеть обман в их жизни, над устранением которого они смогут работать, пользуясь освоенными на этом курсе стратегиями.

Примечание. Если кто-то из присутствующих не заполнил анкету «Чему я верю?», дайте ему несколько минут на ее заполнение в начале занятия.

РАСЧЕТ ВРЕМЕНИ ЗАНЯТИЯ:

ЗНАКОМСТВО	10 мин.	0:10
ПРОСЛАВЛЕНИЕ	10 мин.	0:20
СЛОВО. ЧАСТЬ 1	23 мин.	0:43
ПАУЗА ДЛЯ РАЗМЫШЛЕНИЯ 1	25 мин.	1:08
СЛОВО. ЧАСТЬ 2	22 мин.	1:30
ПАУЗА ДЛЯ РАЗМЫШЛЕНИЯ 2	30 мин.	2:00

 ## ЗНАКОМСТВО

Вас когда-нибудь заставляли поверить в то, что на самом деле оказалось неправдой?

 ## ПРОСЛАВЛЕНИЕ

Предлагаемая тема: воздать Богу хвалу за то, что Он способен завершить начатую в нас работу.

Предложите участникам поблагодарить Господа за то, что Он открыл им на этом курсе.

Прочитайте Фил. 1:6:
«...Начавший в вас доброе дело будет совершать (его) даже до дня Иисуса Христа».

Иуд. 24:
«Могущему же соблюсти вас от падения и поставить пред славою Своею непорочными в радости,
Единому Премудрому Богу, Спасителю нашему чрез Иисуса Христа Господа нашего, слава и величие, сила и власть прежде всех веков, ныне и во все веки. Аминь».

Предложите людям прославить Бога за истину в этих отрывках.

 ## СЛОВО

Чему вы действительно верите?

На могиле одного человека именем Полет Райт, умершего 22 июля 1779 года в возрасте 40 лет, есть длинная надпись, заканчивающаяся словами: «Он умер в Бристоле, куда приехал для восстановления своего здоровья». Бедный Полет. Целебные свойства Бристоля явно не оправдали его ожиданий. Его цель была заблокирована самым решительным образом!

▶ Нам всем суждено умереть, если только, конечно, Иисус Христос не вернется до того времени. Однажды мы потеряем абсолютно все, что имеем, включая работу, близких, имущество и деньги. (На последнем занятии я хочу вас немного подбодрить!)

Мы не лишимся только одного — наших отношений с Господом и всего, что с ними связано. И это несоизмеримо лучше, чем все остальное. Для христиан смерть — не конец, а, наоборот, замечательное начало.

▶ Поэтому апостол Павел и сказал: «Ибо для меня жизнь — Христос, и смерть — приобретение» (Фил. 1:21). Попробуйте заменить слово «Христос» в этих словах на какое-нибудь другое, и эта фраза не будет иметь смысла.

Ибо для меня жизнь — моя карьера, и смерть — … потеря. ▶

Ибо для меня жизнь — моя семья, и смерть — … потеря. ▶

Ибо для меня жизнь — мое христианское служение, и смерть — … потеря. ▶

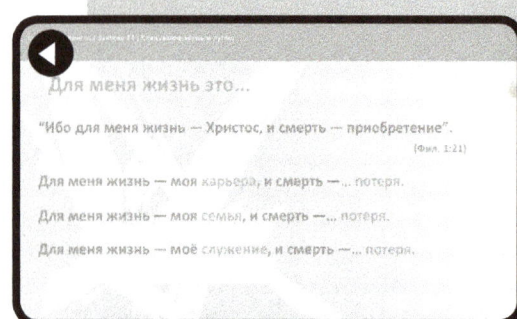

Если весь смысл нашей жизни здесь и сейчас — это Христос и уподобление Ему, то после смерти все будет несравнимо лучше.

▶ Наша жизнь как верующих людей напоминает гольф. В этой игре при помощи клюшки нужно забросить мячик в специальную лунку, находящуюся на значительном расстоянии. Спортсмен может это сделать несколькими ударами, каждый раз подправляя направление. Представьте десятилетнего мальчика, бьющего по мячу изо всех сил. Самое дальнее, куда он может добить, — это 60–70 метров. Допустим, направление удара отклонилось от цели на 15 градусов. Поскольку мяч улетел недалеко, он не слишком сильно отклонился от конечной цели.

▶ Мальчик растет и становится мужчиной и теперь может послать мяч на 150 метров. Если направление удара все еще отклоняется от правильного на 15 градусов, то теперь мяч окажется намного дальше от цели, чем раньше. Точность удара будет еще более важна для игрока, который может послать мяч на 300 метров. То же отклонение в 15 градусов, которое не имело серьезных последствий для мальчика, отправит мяч взрослого очень далеко от цели.

Как начинающий христианин, вы в своих убеждениях могли отклониться от правильного курса на 15 градусов (например, все еще верили, что успех в жизни означает наличие хорошего дома, работы и семьи). На том этапе последствия такого убеждения не были бы слишком серьезными. От нас не ожидается мгновенного взросления. Но если жить с подобной верой долгие годы, то в конце концов можно оказаться от истинной цели достаточно далеко.

На этом занятии мы рассмотрим некоторые убеждения о различных аспектах жизни и постараемся определить, не отклонились ли мы от правильного курса, соответствующего главной цели Бога для нашей жизни — уподобляться Христу.

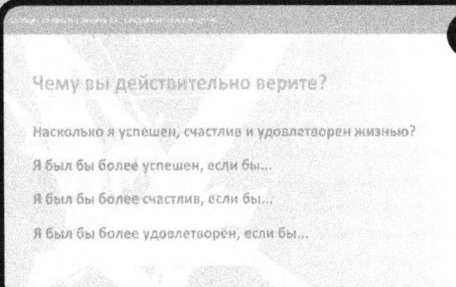

В вашем «Руководстве для участника» на странице 102 есть анкета под названием «Чему я верю?». Если вы ее еще не заполнили, пожалуйста, сделайте это сейчас.

▶ Если базовые, минимальные потребности (в пище, безопасности и жилье) удовлетворены, то люди стремятся достичь того, что, по их мнению, сможет обеспечить им успешность, значимость, реализованность, удовлетворенность, счастье, радость, защищенность и мир.

▶ То, какими словами вы завершили фразы «Я был бы счастливее, если бы..» или «Я был бы успешнее, если бы...» отражает, чему вы действительно верите об этих аспектах своей жизни. В настоящий момент вы живете в соответствии с этими убеждениями.

Допустимо христианину поставить высшую оценку в ответе на вопрос «Насколько я успешен?» или «Насколько я значим?» и так далее? Хочет ли Бог, чтобы вы были успешным? Хочет ли Он, чтобы вы были защищенным? Конечно, ведь Господь не призвал вас быть незначительным, несостоявшимся человеком!

Если вас смущает тот факт, что христиане могут оценить высшим баллом свое чувство успеха, значимости и так далее, то, скорее всего, ваше определение этих качеств не такое, как у вашего Создателя. Вследствие этого, вы, возможно, живете, не раскрывая потенциал, которым наделил вас Бог, и можете сделать в жизни несколько неверных поворотов. Ключ к выбору верного пути — истинное осознание подобных понятий. Мы должны осознать, видим ли мы эти аспекты жизни так же, как их открывает Бог.

Надеюсь, мне удастся вам показать, что на каждый вопрос возможно ответить баллом 5, и что это не будет зависеть от других людей или обстоятельств.

На странице 111 вашего «Руководства для участника» (и стр. 291 «Руководства для ведущего») вы найдете краткое содержание основных моментов этого занятия.

Успех приходит с выбором верной цели

Давайте посмотрим, что означает успех для верующего.

Одна христианка, которая постоянно впадала в сексуальный грех, договорилась о встрече со своим пастором. Она процитировала 3 Ин. 2: «Возлюбленный! молюсь, чтобы ты здравствовал и преуспевал во всем...» и затем спросила: «Если Бог обещал преуспевание во всем и хорошее здоровье, почему их нет в моей жизни?» К сожалению, женщина не дочитала стих до конца, который заканчивается словами «...как преуспевает душа твоя». На самом деле, эти слова из Библии отражали правду ее жизни: она испытывала столько успеха, насколько позволяло состояние ее души! Успех в глазах Бога определяется нашим внутренним состоянием.

Вполне возможно выглядеть полным неудачником в глазах мира, и в то же время быть успешным в глазах Бога. Например, ветхозаветный пророк Иеремия был презираем людьми, но высоко почитался Богом. И, наоборот, вы можете достичь огромного успеха сейчас, но потерпеть полную неудачу в вечности.

▶ Успех связан с жизненными целями. Он приходит с выбором верной цели.

На предыдущем занятии мы читали отрывок из 2 Пет. 1:3–10, в котором увидели, что главная забота Бога — это не то, что мы делаем, а то, какие мы есть. Его цель для нашей жизни — это уподобление Христу.

Как это сделать? Мы начинаем со своих убеждений, с того, во что верим. После этого, нашей главной целью становится развитие в себе черт характера Господа: добродетель, рассудительность, воздержание, терпение, благочестие, братолюбие и любовь. Выбор подобной цели приведет к успеху в глазах Бога. Петр говорит, что если мы будем вырабатывать эти черты через практику, то мы будем успешны и плодотворны в своей духовной жизни и никогда не споткнемся. Вы хотели понять истинную основу жизненного успеха и своей самооценки? Вот она. Самое замечательное, что никто не может в этом вам помешать!

Вы, возможно, считали, что не можете стать успешными или счастливыми из-за недостатка таланта, ума или других способностей? Однако в приведенном списке нет никакого упоминания о них. В самом деле, способности распределены между людьми неравномерно: одни имеют один талант, другие — десять. Вы можете сказать: «Но ведь это несправедливо! Как Бог мог такое допустить?» Вам это может казаться нечестным потому, что по этим качествам вы оцениваете свою личность. Тогда как ваш успех должен определяться двумя вещами: положением во Христе и преобразованием характера.

Хотя способности и возможности распределены между людьми неравномерно, зато Бог распределил равномерно Самого Себя. Мы все Его дети. И каждый человек, один у него талант или десять, имеет одинаковую возможность духовно расти и усовершенствовать свой характер.

Христиане, которые не поняли Божью цель, направленную на изменение характера, могут спотыкаться и падать, как женщина, упомянутая ранее. По словам апостола Петра, подобные люди забыли об очищении своих прошлых грехов (2 Пет. 1:9). Другими словами, забыли, кто они теперь во Христе. Но, как мы увидели на прошлом занятии, если мы забыли о своем положении во Христе, то что лучше всего сделать? Вспомнить!

Другим примером здорового представления об успехе, помимо Иеремии, может быть Иисус Навин, когда он вводил израильтян в Землю Обетованную. Бог сказал ему:

> Только будь тверд и очень мужествен, и тщательно храни и исполняй весь закон, который завещал тебе Моисей, раб Мой; не уклоняйся от него ни направо ни налево, дабы поступать благоразумно во всех предприятиях твоих. Да не отходит сия книга закона от уст твоих; но поучайся в ней день и ночь, дабы в точности исполнять все, что в ней написано: тогда ты будешь успешен в путях твоих и будешь поступать благоразумно (Нав. 1:7–8).

Зависел ли успех Иисуса Навина от других людей или благоприятных обстоятельств? Нет, он достигнет цели, если поверит тому, что сказал Бог и сделает то, что Он поручил. Кажется все просто, но Господь немедленно послал его вере испытание. Он дал Иисусу Навину довольно необычный военный план для захвата Иерихона: обходить город маршем в течение семи дней и затем вострубить в трубы. Представьте, что бы об этом подумали военные стратеги?!

Но Иисусу Навину было сказано сделать именно это. Его успех нисколько не зависел от обстоятельств битвы, а полностью зависел от послушания Богу.

▶ Успех означает принять Божью цель для своей жизни и по Его благодати становиться таким человеком, каким Он призвал быть.

Значимость приходит с правильным

> Ответьте на каверзный вопрос: Можно ли быть успешным в бизнесе и ни разу не пойти против Слова Божьего? Или возможно ли быть членом парламента или органа местной власти, ни разу не поступившись христианскими принципами?

Успех — принять Божью цель для своей жизни и по Его благодати становиться таким человеком, каким Он призвал быть.

использованием отпущенного нам времени

▶ Значимость связана с тем, как мы используем отпущенное нам на этой земле время. Что забывается, то имеет мало значения. Что помнится и важно для вечности — имеет огромное значение. Апостол Павел писал: «У кого дело, которое он строил, устоит, тот получит награду» (1 Кор. 3:14). Он учил Тимофея: «…Упражняй себя в благочестии, ибо телесное упражнение мало полезно, а благочестие на все полезно, имея обетование жизни настоящей и будущей» (1 Тим. 4:7, 8). Если вы хотите повысить свою значимость, тратьте силы на существенные дела, те, которые важны для вечности.

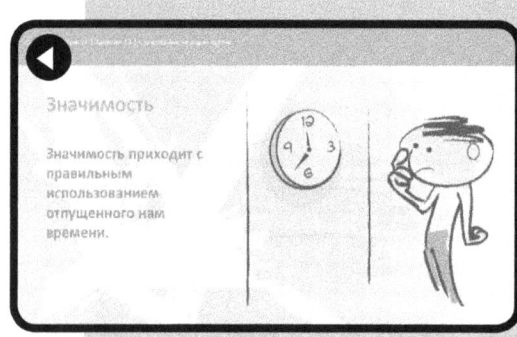

Вы когда-нибудь задумывались, что считается значимым в окружающем вас обществе и как это соответствует Слову Божьему? Кубок мира по футболу привлекает повышенное внимание, но, помните ли вы, кто его выиграл 25 лет назад и, вообще, есть ли кому до этого дело? Подросткам рок-группа может казаться очень важной, но что с ней станет через 20 лет? Мы отмечаем великие события и возводим мемориалы, однако, часто уже в пределах одного поколения осуществляется что-то более судьбоносное, и память о прошлом стирается.

▶ Что со временем забывается, имеет мало значения.
▶ Что помнится вечно, имеет самое большое значение.

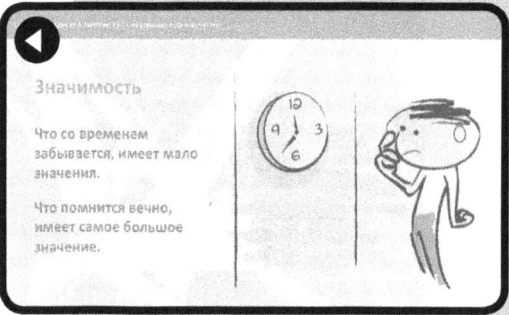

Трагедия в том, что мы часто не осознаем собственную значимость. Христиане трудятся в Царстве Божьем над делом, результаты которого важны для вечности. Вы можете сказать: «Все, что я делаю, — это помогаю в воскресной школе». Вот это да! Вы учите пятилеток самой важной истине! Их жизненный выбор будет иметь последствия для вечности. Вот это исключительно значимо. Служение в воскресной школе может казаться незначительным, но оно также позволяет родителям присутствовать на служении в церкви и глубже познавать Господа. Не бывает незначимых детей Божьих, и в Царстве Его нет незначительных дел.

Самореализация приходит со служением ближним

▶ Петр писал: «Служите друг другу, каждый тем даром, какой получил, как добрые домостроители многоразличной благодати Божией» (1 Пет. 4:10). Самореализация — это открытие своей уникальности во

Христе и использование способностей и даров для помощи ближним и прославления Бога.

Вопреки распространенному мнению, самореализация мало зависит от внешних обстоятельств.

Нам удается реализоваться в жизни, когда мы «растем там, где посажены», вместо того, чтобы считать, что для нашего развития должны измениться обстоятельства или люди.

Один инженер, став христианином, организовал группу по изучению Библии и повесил об этом объявление на работе. Его коллега сорвал листовку и отдал ему со словами «Ты не можешь принести сюда Христа».

Через какое-то время этот инженер ушел на пенсию и передал ведение занятий своему другу. Однажды, когда он пришел навестить группу, друг сказал: «Помнишь того коллегу, который сорвал объявление? Он заболел и чуть не умер. Я каждый вечер навещал его в больнице. Я думаю, ты будешь рад услышать, что он пришел ко Христу».

Этот инженер стал духовным наставником молодых христиан. А все началось с того, что у себя на работе он создал маленькую группу по изучению Библии, чтобы делать то, о чем писал апостол Павел: «...Совершай дело благовестника, исполняй служение твое» (2 Тим. 4:5).

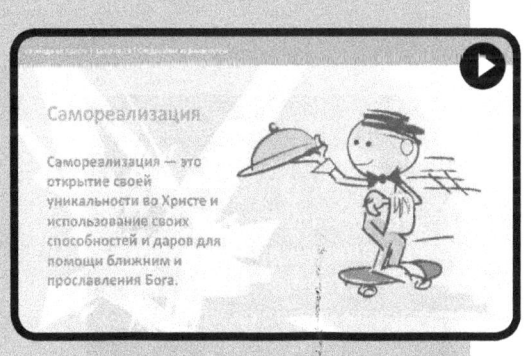

У Бога есть уникальное место служения для каждого из нас. ▶ Самореализация — это открытие своей уникальности во Христе и использование способностей и даров для помощи ближним и прославления Бога. Ключ к личной реализации в том, чтобы увидеть те особые, предназначенные только лишь нам роли, и решить в их исполнении быть такими, какими Бог хочет нас видеть. Например, из почти семи миллиардов человек в мире, вы единственный, кто играет уникальную роль мужа, отца, жены, матери, родителя или ребенка в вашей семье. И никто другой не может быть в вашей роли лучше вас, потому что она предназначена вам. Бог поставил вас на это место, чтобы вы служили Ему, служа своей семье.

Более того, вы единственный, кто знает своих соседей так, как знаете их вы. Вы играете особую роль посланника Христа у себя на работе. Это поля вашей миссионерской деятельности, и вы тот работник, которого Бог для этого предназначил. Вы сможете полностью реализоваться в жизни, если выберите то уникальное место, которое Бог для вас определил, и будете делать все возможное, чтобы на этом месте развиваться и параллельно восполнять нужды окружающих вас людей. Нам необходимо «расти там, где мы посажены». Очень грустно видеть многих людей, которые, пытаясь достичь самореализации мирскими способами, упускают свое главное призвание в жизни. Найдите свою реализацию в Царстве Божьем, решив стать посланником Христа в мир (2 Кор. 5:20).

Не пытайтесь быть кем-то другим. Будьте тем уникальным человеком, каким создал вас Бог. Создатель не спросит меня, почему я не стал знаменитым проповедником. Но Он может спросить меня, почему я не был самим собой!

Удовлетворенность приходит с качеством жизни

▶ Что может нам дать настоящую удовлетворенность жизнью? Иисус сказал: «Блаженны алчущие и жаждущие правды, ибо они насытятся» (Мф. 5:6). А вы также думаете? Если да, то чем бы вы занимались? Вы бы жаждали и искали правды? И если вы этого не делаете, то верите ли вы словам Христа?

Ничто другое по-настоящему не удовлетворит нас, кроме познания истины и жизни, основанной на этой истине.

Что заставляет вас чувствовать неудовлетворенность? Если вы спросите людей, в какой момент они начали испытывать это чувство, они обычно вспомнят то время, когда испортились отношения или снизилось качество их работы или служения.

Удовлетворенность — это вопрос не количества, а качества. Мы чувствуем себя намного лучше, когда делаем пусть мало дел, но зато хорошо, чем много, но в спешке и как попало. Ключ к удовлетворенности не в том, чтобы делать больше, а в том, чтобы улучшить качество того, чем вы уже занимаетесь.

То же самое относится и к отношениям с людьми. Если нет удовлетворенности, может быть у вас слишком много отношений. Царь Соломон писал: «У кого друзей много, тому несдобровать, но любовь иного друга — крепче братской» (Прит. 18:25, Библия. Современный русский перевод). Удовлетворение приносят отношения с близкими друзьями, верными и преданными людьми.

Интересно заметить, что часто, когда люди на что-то жалуются, устранение проблемы их все равно не удовлетворяет. Это можно увидеть и в церквях. Кто-то жалуется, что им «слишком холодно» или «слишком жарко». Если проблему исправить, те же самые люди обычно находят что-то еще, чем они бывают недовольны. Удовлетворенность жизнью приходит от праведной жизни и от значимых отношений с людьми.

Пример этого дал нам Христос. Он учил большие толпы людей и подготовил для служения семьдесят человек, но больше всего времени Он посвятил двенадцати ученикам. Из этих двенадцати Иисус выбрал троих —

Петра, Иакова и Иоанна, которые были с Ним в самые важные моменты Его жизни: на горе Преображения, на горе Елеонской и в Гефсиманском саду. Перед смертью Христос передал Иоанну заботу о Своей матери. Вот такие отношения являются качественными, и нам всем необходимо чувство удовлетворения, которое они дают.

▶ Мы испытываем удовлетворенность, когда ведем праведную жизнь и стремимся улучшить качество отношений с людьми и качество всего, что делаем.

ПАУЗА ДЛЯ РАЗМЫШЛЕНИЯ 1

ЗАДАЧА:

ОСОЗНАТЬ, ЧТО ДОСТИЖЕНИЕ БОЖЬИХ ЦЕЛЕЙ ДЛЯ НАШЕЙ ЖИЗНИ ПРИХОДИТ С ПРИНЯТИЕМ ЕГО БЛАГОДАТИ, СТРЕМЛЕНИЕМ БЫТЬ ПОДОБНЫМИ ХРИСТУ И УЛУЧШЕНИЕМ КАЧЕСТВА ВСЕГО, ЧТО МЫ ДЕЛАЕМ, В ТОМ ЧИСЛЕ И ОТНОШЕНИЙ С ДРУГИМИ ЛЮДЬМИ.

▶ ВОПРОСЫ:

ЧТО, ИЗ ТОГО, ЧТО МЫ ОБСУДИЛИ, ОСОБЕННО ПРИВЛЕКЛО ВАШЕ ВНИМАНИЕ? ПОЧЕМУ?

ОТ ЧЕГО ЗАВИСИТ УСПЕХ ВАШЕЙ ХРИСТИАНСКОЙ ЖИЗНИ?

ПРИВЕДИТЕ ПРИМЕРЫ ТОГО, ЧТО МИР СЧИТАЕТ ЗНАЧИМЫМ, НО ЧТО СОВСЕМ НЕЗНАЧИМО ДЛЯ ВЕЧНОСТИ?

КАК ВЫ МОЖЕТЕ ЛУЧШЕ РЕАЛИЗОВАТЬСЯ В СВОЕЙ ЖИЗНИ?

ВСПОМНИТЕ, КОГДА ВЫ ЧУВСТВОВАЛИ СЕБЯ ПО-НАСТОЯЩЕМУ УДОВЛЕТВОРЕННЫМИ ТЕМ, ЧТО СДЕЛАЛИ ИЛИ ПОЛУЧИЛИ. ЧТО ЗАСТАВИЛО ВАС ТАК ЧУВСТВОВАТЬ?

▶ **Счастье приходит тогда, когда мы хотим то, что уже имеем**

Представление мира о счастье — это иметь то, что хочется. Реклама пытается убедить нас в необходимости владеть более быстрой машиной, более соблазняющими духами или любым другим, что лучше, быстрее или легче в использовании, чем то, что у нас есть. Нас со всех сторон бомбардируют рекламными роликами, и мы теряем покой и начинаем хотеть все последние новинки моды или популярные товары. Нам кажется, что мы не будем до конца счастливы, пока не получим то, что хотим.

Никогда в мире не было такого общества, как сейчас, когда у людей так много всего, и, тем не менее, они так несчастливы. Почему? Потому что вещи не делают нас счастливыми! Настоящее счастье можно определить одной фразой: «Счастливы те, кто хотят то, что уже имеют». Пока вы сосредоточены на том, чего у вас нет, вы будете несчастны. Но, если научитесь ценить то, что у вас уже есть, то будете счастливы всю свою жизнь. Апостол Павел писал:

> Великое приобретение — быть благочестивым и довольным. Ибо мы ничего не принесли в мир; явно, что ничего не можем и вынести из него. Имея пропитание и одежду, будем довольны тем (1 Тим. 6:6–8).

В действительности, у вас уже есть все, что необходимо, чтобы чувствовать себя вечно счастливыми. У вас есть Христос. У вас есть вечная жизнь. Вы любимы Отцом Небесным, который обещал восполнить все ваши нужды. Не удивительно, что Библия призывает нас быть за все благодарными (1 Фес. 5:18), особенно если вспомнить, что на самом деле мы заслуживаем ада! Если вы хотите быть по-настоящему счастливыми, учитесь быть довольными жизнью и благодарными за то, что у вас уже есть во Христе.

Однако мы постоянно склонны говорить: «Я хочу большего!» Бог вывел израильтян из рабства, Сам вел их по пустыне (столп пыли днем и столп огня ночью) и обеспечил их пропитанием. Что они на это ответили? «Мы хотим большего!» Они постоянно жаловались и даже сказали, что предпочли бы вернуться в Египет. Когда вы предстанете перед Богом, и Он спросит про вашу жизнь, ответите ли вы: «Она была так, ничего себе, но я хотел бы большего…»?

Когда Он скажет: «Я дал тебе Своего единственного Сына», сможете ли вы повторить: «Я хотел бы большего»?

▶ Счастливы те, кто хотят то, что имеют. Мы будем счастливы всю свою жизнь, если будем благодарны за то, что у нас есть, а не фокусироваться на том, чего у нас нет.

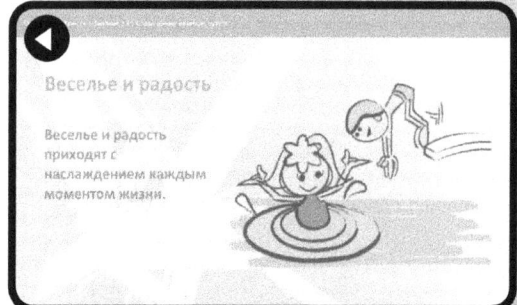

Веселье и радость приходят с наслаждением каждым моментом жизни

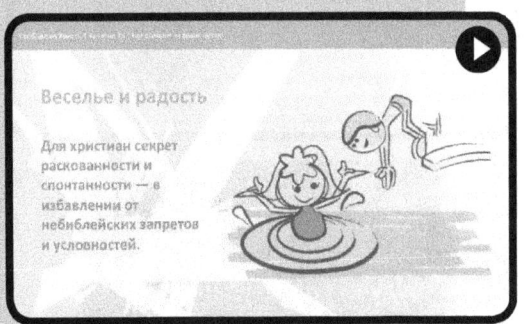

▶ Наша жизнь становится веселее и радостнее, когда мы отбрасываем условности и становимся спонтанными. Вы когда-нибудь планировали большой праздник? Когда веселье планируется, почти всегда что-нибудь срывается и идет не так, как ожидалось. Скорее всего, последний раз, когда вам было в самом деле весело, это случилось спонтанно и тогда, когда вы отбросили условности и забыли про свои комплексы.

Все знают, что для хорошего веселья нужно избавиться от скованности. Это одна из причин, почему люди употребляют алкоголь. Нам же для веселья нет необходимости пить. ▶ Для христиан секрет раскованности и спонтанности ¬— в избавлении от небиблейских запретов. Главное, что может помешать нам по-настоящему веселиться, — это склонность соблюдать условности и ложные приличия — «А что люди подумают?» Мы не хотим выглядеть смешно, неуместно или упасть лицом в грязь, поэтому мы душим свою спонтанность ложным приличием. Это влияние нашей плоти и происходит от желания понравиться людям. Павел писал, что тот, кто живет, угождая окружающим, не служит Христу (Гал. 1:10). Такой человек живет в боязни: «Что обо мне скажут?!» Свободный во Христе решит: «Кого волнует, что скажут люди? Мне важно только то, что скажет Бог, и я перестал играть на публику с тех пор, как стал играть на Тренера».

Мне так нравится раскованное веселье царя Давида. Когда ковчег завета возвратился в Иерусалим, Давид, празднуя это событие, прыгал и танцевал от радости. Присутствие Бога вызывало в нем ликование. Но жена царя Мелхола посчитала такое поведение недостойным и раздраженно его отчитала. На что он ответил: «... Пред Господом играть и плясать буду» (2 Цар. 6:23). Намного радостнее угождать Богу, чем пытаться понравиться людям.

Защищенность приходит с фокусированием на вечных ценностях

Мы чувствуем себя незащищенными, если основываем свою жизнь на временном и преходящем, зависимом от земных вещей, над которыми у нас нет никакого контроля. Вы осознаете, что Бог потрясает основы этого падшего мира? Отсутствие безопасности является глобальной проблемой. Не нужно быть гением, чтобы понять, что впереди нас ждут трудные дни. С быстрым ростом населения и уменьшения природных ресурсов мы на пути к катастрофе. Происходящие в мире трагедии могут коснуться каждого из нас, и тогда мы поймем, в чем заключается наша настоящая безопасность и защищенность.

Мы найдем реальную защищенность только в одном: в вечной жизни, дарованной нам Иисусом Христом. Иисус сказал, что никто не может похитить нас из руки Отца Его (Ин. 10:27–29). Павел нас заверил, что ничто не может отлучить нас от любви Божьей в Иисусе Христе (Рим. 8:35–39) и что мы запечатлены «в Нем» обетованным Духом Святым (Еф. 1:13, 14). Какой еще безопасности вам не хватает?

Абсолютно все, что у нас сейчас есть, мы однажды потеряем. Джим Эллиот сказал: «Тот не глупец, кто отдает то, что не может сохранить, чтобы обрести то, что не может утерять». Павел писал: «Но что для меня было преимуществом, то ради Христа я почел тщетою. Да и все почитаю тщетою ради превосходства познания Христа Иисуса, Господа моего: для Него я от всего отказался, и все почитаю за сор, чтобы приобрести Христа» (Фил. 3:7, 8).

▶ Мы будем чувствовать себя защищенными, если будем основывать свою жизнь на вечных ценностях.

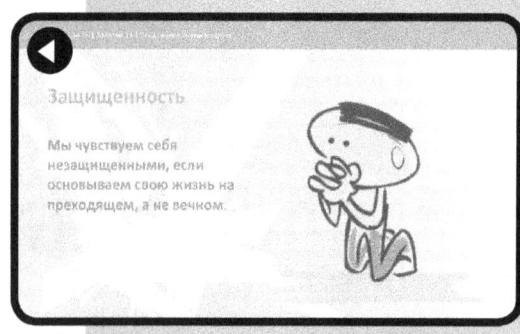

Джим Эллиот (1927–1955) написал эти слова, будучи еще студентом, когда искал Божьей воли для своего миссионерского служения. В своем дневнике он также записал: «Отец, если на то Твоя воля, чтобы я поехал в Южную Америку делать Твое дело и умереть... дай мне это сделать как можно быстрее». В 1955 году он и четверо других молодых ребят, которые служили в «Миссионерском братстве авиаторов» (Missionary Aviation Fellowship), были убиты в восточном Эквадоре индейцами племени Аука. Через два года после убийства его жена с трехлетней дочкой и еще одна женщина поехали к этим индейцам и остались у них на долгое время. В конце концов, все племя приняло Христа.

Мир приходит с утиханием внутренней бури

Все хотят «мира на земле и доброй воли всех людей». Это замечательная мечта, но плохая цель. Никто не может гарантировать нам внешнего мира, поскольку никто не в состоянии контролировать всех людей и обстоятельств. Подписания и разрывы мирных договоров происходят с пугающей регулярностью. Группа мирных демонстрантов сталкивается с группой активистов и все заканчивается тем, что они бьют друг друга плакатами по голове. Супружеские пары жалуются друг на друга, считая, что в их доме настанет мир, только если другой изменит свое поведение.

▶ Если мы ожидаем мира внешнего, то нас ждет разочарование. Мир, который от Бога, — не внешний, а внутренний, это то, что происходит внутри, а не вокруг нас.

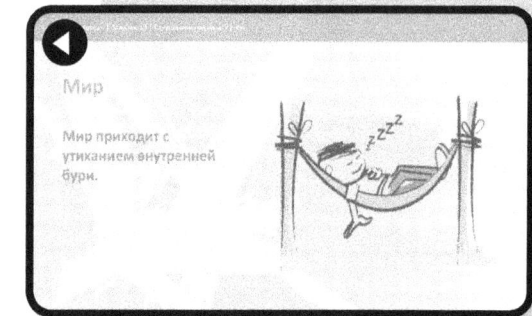

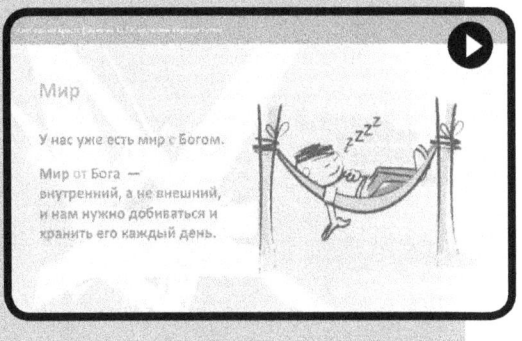

▶ Мир **с** Богом — это то, что мы уже имеем (Рим. 5:1).

▶ Мир **от** Бога — это то, что нам нужно обретать и хранить в себе каждый день. У нас может быть внутренний мир даже во время шторма, бушующего вокруг нас. «Мир оставляю вам, мир Мой даю вам; не так, как мир дает, Я даю вам. Да не смущается сердце ваше и да не устрашается» (Ин. 14:27). Наш внешний мир может быть нарушен многими факторами, потому что мы не можем контролировать все обстоятельства и отношения своей жизни. Но мы можем управлять тем, что происходит внутри нас, своими мыслями и чувствами, каждодневно позволяя Божьему миру править в наших сердцах. Вокруг нас может быть полный хаос, но Бог больше любой бури. С вами не может случиться ничего такого, с чем Он и вы не в состоянии были бы справиться.

Прославление, молитва, общение с Господом и погружение в Его Слово помогут нам испытать душевный мир, который может нам дать только Он один (Кол. 3:15, 16; Фил. 4:6, 7). Ведь, в конце концов, Христос — Князь мира (Ис. 9:6).

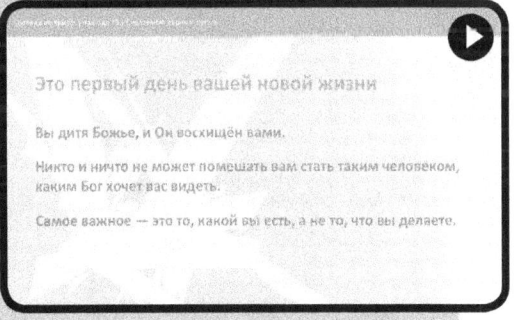

Это первый день вашей новой жизни

▶ Сегодня первый день вашей новой жизни! Хотели бы вы жить дальше, посвятив себя Божьей цели, предназначенной для вас, — становится все более подобными Христу?

Жизнь в вере сводится к каждодневному решению доверять тому, что Бог называет истиной, и жить в соответствии с этой истиной в силе Духа Святого.

На этом занятии вы рассмотрели различные аспекты своей системы убеждений. Все ли они соответствуют Слову Божьему? Отклонились ли вы в чем-то на 15 градусов от правильного направления? Если да, то теперь вы знаете, что делать: примите решение верить истине и обновляйте свой разум. Истина делает нас свободными, и мы преобразуемся обновлением своего ума.

Идя по пути становления все более подобными Христу, вам нужно будет снова и снова делать выбор, чтобы отбрасывать старые убеждения и принимать истину, которую Бог открывает в Библии. Теперь для этого у вас есть несколько практических стратегий. Каждый из нас в состоянии идти по этому пути. Творец дал нам способность решать, чему верить. Если я могу поверить тому, что Бог называет истиной, то и вы тоже!

▶ Где бы вы ни находились на пути уподобления Иисусу, сегодня вы можете двигаться дальше с твердой уверенностью, что вы дитя Божье, и что Он вас любит. Какой бы ни была ситуация, вашего Отца заботит мельчайшая деталь вашей жизни, и Его «...намерения во благо, а не на зло, чтобы дать вам будущность и надежду» (Иер. 29:11).

▶ Вы можете идти дальше, зная, что ничто и никто не может помешать вам становиться такой личностью, какой хочет видеть вас Бог. Это зависит исключительно от вашего решения принять Его цель.

▶ Цель Бога для вашей жизни — это сделать вас подобными Христу; эта цель касается вашего характера, того, какие вы есть, а не того, что вы делаете.

Я хочу закончить это занятие прочтением одного письма неизвестного автора и спросить вас: «Примете ли вы похожую позицию для своей последующей жизни?»:

> Я принадлежу к «Обществу оправданных». Во мне сила Духа Святого. Жребий брошен. Решение принято. Черта переступлена. Я — Его ученик. Я не буду оглядываться назад, замедлять шаги, отступать или застывать на месте. Мое прошлое искуплено, настоящее наполнено смыслом и будущее в безопасности. Я навсегда покончил с никчемной жизнью, мелкими планами, бесцветными мечтами, приземленными разговорами, мизерными пожертвованиями и карликовыми целями!

> Меня более не прельщает превосходство, процветание, положение, продвижение по службе, аплодисменты или популярность. Мне теперь не обязательно быть правым, первым, самым лучшим, признанным, хвалимым, уважаемым и вознагражденным. Я теперь живу в присутствии, опираюсь верой, люблю терпением, поднимаю молитвой и тружусь дарованной мне силой.

> Моя позиция определена, моя походка быстра, моя цель ясна, моя дорога узка, мой путь труден, моих попутчиков немного, мой проводник надежный, моя миссия понятна. Меня нельзя купить, скомпрометировать, свернуть с дороги, переманить, задержать или повернуть назад. Я не дрогну перед необходимостью жертвы, не поколеблюсь перед лицом трудностей, не буду вести переговоры с врагом, не завязну в болоте популярности и не буду бродить без цели в лабиринте посредственности.

ℹ️ Это заявление широко известно в мире. Но автор его неизвестен. Некоторые говорят, что оно принадлежит одному африканскому пастору, замученному за веру. Другие утверждают, что оно было составлено во время выездного семинара «Братства христианских спортсменов» в США в 1966 году. Кто бы его ни написал, это — страстное объявление приверженности Христу. Только будьте внимательны, чтобы людям было ясно, что его источником является вера, а не желание заслужить расположение Бога.

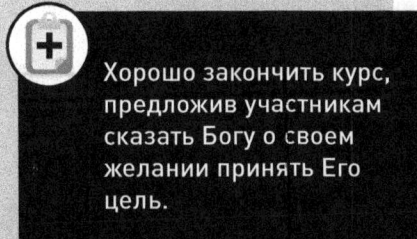

Хорошо закончить курс, предложив участникам сказать Богу о своем желании принять Его цель.

Я не сдамся, не замолчу, не отпущу и не сгорю, пока я могу проповедовать, молиться и продолжать делать дело Христа.

Я — последователь Иисуса. Я должен идти, пока Он не придет, рассказывать, пока все не узнают и трудиться, пока Он не остановит.

И когда Он вернется, чтобы забрать Своих, узнать меня Ему будет легко. Мои одежды будут чисты.

То, что мы совершаем для Бога, мы делаем не для того, чтобы заслужить Его одобрение или показать себя. А потому, что любим Его. И благодарны за то, что Он сделал для нас.

Вся ваша последующая жизнь перед вами. Это увлекательно. Вы можете стать такой личностью, какой хочет видеть вас Бог. И никто и ничто не может остановить вас на этом пути.

Закончите занятие следующей молитвой:

Господи,

Можно предложить участникам подумать, хотят ли они время от времени продолжать встречаться. Это может быть полезно для обмена новостями, поддержки друг друга, сравнения достижений по разрушению твердынь и просто для дружеского общения.

спасибо Тебе за то, что, благодаря Христу, наша сущность теперь праведная и святая. Наша цель — стать такими людьми, какими Ты нас создал. Спасибо, что ничто и никто не может преградить нам путь. Христос нас освободил, чтобы мы жили в свободе.

Мы посвящаем себя истине, чтобы преобразовываться обновлением своего ума.

Пожалуйста, наполни нас Духом Святым, чтобы в Его силе мы становились подобными Христу, возрастали в ученичестве и приносили духовные плоды в своей жизни.

Пошли нас в мир наставлять других и делать их учениками Господа.

Спасибо, что ничто не может отлучить нас от Твоей любви. Спасибо, что Ты всегда с нами.

Мы любим Тебя, Господь, и выбираем Тебя центром своей жизни. Для нас жизнь — Христос, и смерть — приобретение. Аминь.

ПАУЗА ДЛЯ РАЗМЫШЛЕНИЯ 2

ЗАДАЧА:

ПОБУДИТЬ УЧАСТНИКОВ ЗАДУМАТЬСЯ, ГДЕ ОНИ НАХОДЯТСЯ СЕЙЧАС В СВОЕЙ ЖИЗНИ, И ПРИНЯТЬ РЕШЕНИЕ ПРИМЕНИТЬ НА ПРАКТИКЕ ОДНУ-ДВЕ ИДЕИ ИЗ ТОГО, ЧТО ОНИ УЗНАЛИ.

▶ ВОПРОСЫ:

ЕСЛИ СЧАСТЬЕ — ЭТО «ХОТЕТЬ ТО, ЧТО УЖЕ ЕСТЬ», А НЕ «ПОЛУЧИТЬ ТО, ЧТО ХОЧЕТСЯ», КАК ВЫ МОЖЕТЕ ИЗМЕНИТЬ СВОЕ ОТНОШЕНИЕ К ЖИЗНИ?

ВЕСЕЛЬЕ МОЖЕТ БЫТЬ БЫСТРОТЕЧНЫМ, НО РАДОСТЬ В БОГЕ ДЛИТСЯ ВЕЧНО. КАК ВЫ МОЖЕТЕ ИСПЫТЫВАТЬ ЭТУ ГЛУБИННУЮ РАДОСТЬ И, В ТО ЖЕ ВРЕМЯ, СДЕЛАТЬ СВОЮ ХРИСТИАНСКУЮ ЖИЗНЬ БОЛЕЕ ЗАНИМАТЕЛЬНОЙ И ВЕСЕЛОЙ?

ЧТО ЗАСТАВЛЯЕТ ЛЮДЕЙ ЧУВСТВОВАТЬ СЕБЯ НЕЗАЩИЩЕННЫМИ? КАК ВЫ МОЖЕТЕ СТАТЬ БОЛЕЕ ЗАЩИЩЕННЫМИ?

ЗАПИШИТЕ ДВА АСПЕКТА СВОЕЙ ЖИЗНИ ИЗ ТЕХ ВОСЬМИ В АНКЕТЕ «ЧЕМУ Я ВЕРЮ?», КОТОРЫЕ КАЖУТСЯ ДЛЯ ВАС САМЫМИ ТРУДНЫМИ. КАК ВЫ МОЖЕТЕ УЛУЧШИТЬ СВОЮ ЖИЗНЬ В ЭТИХ СФЕРАХ?

СВИДЕТЕЛЬСТВО

Выберите два или три аспекта своей жизни, рассмотренные на этом занятии. Если вы будете применять изученные принципы на практике, как это может повлиять на неверующих людей вокруг вас?

НА СЛЕДУЮЩЕЙ НЕДЕЛЕ

Какие вопросы анкеты «Чему я верю?» оказались для вас самыми трудными? Посвятите время чтению соответствующих отрывков из Библии, данных в разделе «Божьи ориентиры для жизни в вере» (стр. 111 «Руководства для участника»). Вы можете использовать эти стихи для создания «Разрушителя твердынь» и ежедневного обновления своего ума.

Божьи ориентиры для жизни в вере

Успех приходит с выбором верной цели

Успех означает принять Божью цель для своей жизни и по Его благодати становиться таким человеком, каким Он призвал вас быть (Нав. 1:7, 8; 2 Пет. 1:3–10; 3 Ин. 2).

Значимость приходит с правильным использованием отведенного нам времени

Что со временем забывается — не представляет особой важности. Что помнится вечно — имеет самое большое значение (1 Кор. 3:13; Деян. 5:33–40; 1 Тим. 4:7, 8).

Самореализация приходит от служения ближним

Самореализация — это открытие своей уникальности во Христе и использование своих талантов для помощи ближним и прославления Бога (2 Тим. 4:5; Рим. 12:1–18; Мф. 25:14–30).

Удовлетворенность приходит с качеством жизни

Удовлетворенность приходит, когда мы живем праведно и стараемся улучшить качество отношений и всего, что делаем (Мф. 5:5; Прит. 18:24; 2 Тим. 4:7).

Счастье приходит, когда мы хотим то, что уже имеем

Счастье — это чувствовать благодарность за то что мы имеем, а не концентрироваться на том, чего у нас нет, потому что счастливые люди хотят то, что у них уже есть! (Фил. 4:12; 1 Фес. 5:18; 1 Тим. 6:6–8).

Веселье и радость приходят от наслаждения каждым моментом жизни

Секрет умения веселиться и радоваться лежит в избавлении от небиблейских запретов, условностей и ложных приличий (2 Цар. 6:20–23; Гал. 1:10, 5:1; Рим. 14:22).

Защищенность приходит от фокусирования на вечных целях

Мы не чувствуем себя защищенными, когда основываем свою жизнь на преходящем, а не на вечном (Ин. 10:27–30; Рим. 8:31–39; Еф. 1:13, 14).

Мир приходит с утиханием внутренней бури

Мир от Бога — внутренний, а не внешний (Иер. 6:14; Ин. 14:27; Фил. 4:6,7; Ис. 32:17).

Библейские принципы, преподаваемые на этом курсе, применимы ко многим другим областям нашей жизни. После того, как вы освоите курс ученичества, рассмотрите использование этих принципов в следующих вопросах:

- **Разрешение глубоких проблем**
- **Освобождение брака**
- **Освобождение церкви**
- **Освобождение окружающего вас сообщества**

Найти более подробную информацию о служении Свобода во Христе и курсе ученичества, а также скачать **слайды PowerPoint презентации** к этому курсу можно на сайте по ссылке http://www.ficminternational.org/country/russia.

www.ingramcontent.com/pod-product-compliance
Lightning Source LLC
Chambersburg PA
CBHW082334180426
43198CB00039BA/2582